2023年上海市教育委员会本级项目"小学兴趣化、初中多样化体育与健康课程改革及师资队伍建设"（项目编号：117-AC9103-23-039）

上海市中小学体育课程改革优秀案例选编

张元梁 ◎ 主编

吉林大学出版社

·长春·

图书在版编目（CIP）数据

上海市中小学体育课程改革优秀案例选编/张元梁
主编. -- 长春：吉林大学出版社，2023.10
ISBN 978-7-5768-2556-5

Ⅰ．①上… Ⅱ．①张… Ⅲ．①体育课—教学改革—成果—汇编—中小学 Ⅳ．① G633.962

中国国家版本馆 CIP 数据核字（2023）第 221561 号

书　　名：	上海市中小学体育课程改革优秀案例选编
	SHANGHAI SHI ZHONG-XIAOXUE TIYU KECHENG GAIGE YOUXIU ANLI XUANBIAN
作　　者：	张元梁
策划编辑：	卢　婵
责任编辑：	卢　婵
责任校对：	张采逸
装帧设计：	三仓学术
出版发行：	吉林大学出版社
社　　址：	长春市人民大街 4059 号
邮政编码：	130021
发行电话：	0431-89580036/58
网　　址：	http://www.jlup.com.cn
电子邮箱：	jldxcbs@sina.com
印　　刷：	武汉鑫佳捷印务有限公司
开　　本：	787mm×1092mm　1/16
印　　张：	20.75
字　　数：	360 千字
版　　次：	2023 年 10 月　第 1 版
印　　次：	2024 年 7 月　第 1 次
书　　号：	ISBN 978-7-5768-2556-5
定　　价：	98.00 元

版权所有　翻印必究

前　言

　　为落实上海市教育综合改革的要求，建立科学、完善、有机衔接的上海市学校体育教育教学体系，帮助学生掌握1～2项可伴随其终身发展的体育技能。2012年，上海市率先启动了"高中体育专项化"的学校体育课程改革，并确定了上海市光明中学等17所高中为本市"高中体育专项化"教学改革试点单位。在此基础上，为使义务教育阶段的体育教学能够与高中体育专项化教学有机衔接，2015年5月又下发了《上海市教育委员会关于进一步推进学校体育课程改革试点工作的通知》，启动了"小学体育兴趣化、初中体育多样化"的学校体育课程改革，在全市选定了16个区的22所小学和23所初中作为首批改革试点学校，并确定徐汇、闵行、宝山为本市学校体育课程改革整体试点区。此后，随着市教委先后印发《上海市高中体育专项化课程改革指导意见（试行）》《上海市小学体育兴趣化、初中体育多样化课程改革指导意见（试行）》的通知，"三化"体育课程改革在扎实有序的开展过程中已经取得了一定成效，并得到了师生的广泛认可。

　　经过十年的实践，上海市"三化"体育课程改革试点工作已积累形成了较为丰富的具有上海实践特色的学校体育课程改革基本经验。为全面展示上海学校体育近十年课程改革的成果，促进学生全面发展的创新与成效，本书提炼了具有上海特点的学校体育课程改革新模式、新亮点、新成就，2022年11月26日，由上海市教育委员会主办，上海师范大学体育学院承办了"踔厉十载强体魄，以体育人向未来"上海学校体育课程改革十年回顾与发展论坛，并面向全市各中小学征集了997项体育课程改革案例。

为了便于交流和总结，我们着重从学生体质健康提升与体育素养涵育、"指向核心素养培育"的教与学方式变革、"教会、勤练、常赛"一体化校本创新、基于"教育数字化转型"的体育教学、基于"三化"的体能教学、场地器材革新与智慧体育教学、校园体育和体教融合等七个主题对体育课程改革的优秀案例进行选编，从而更好地呈现学校体育课程改革特色与实践工作经验、以"体"育人成效及辐射影响力，发挥典型优秀案例的示范引领作用。

本书在编写过程中得到了上海市教委体卫艺科处，上海市"小学体育兴趣化、初中体育多样化"学校体育课程改革工作推进协调小组，上海市教委教研室，上海市教师教育学院及试点学校领导和教师的大力支持。上海师范大学体育学院为本书编写的主要负责单位，编委成员主要包括：李芳芳、马瑞、杨燕国、赵理魏、马慧芸及体育课程改革案例的作者，在编写过程中花费了大量时间与精力，在此一并表示感谢！

由于时间紧迫，在对部分体育课程改革案例内容进行编辑整理时难免出现疏漏和不当之处，希望能得到大家的谅解和指正。

张元梁

2023年9月

目　　录

上篇　上海市中小学体育"三化"课程改革的发展变迁

上海市中小学体育"三化"课程改革的实施背景 …………………… 3

上海市中小学体育"三化"课程改革的发展变迁 …………………… 6

下篇　上海市中小学体育"三化"课程改革优秀实施案例

专题一：学生体质健康提升与体育素养涵育

"三化改革"，让体育力量充盈生命 ……………………………… 21

聚焦学科核心素养

　　——构建"动趣"体育课堂 ……………………………… 28

携手同行课改路　"兴趣·多样"谱新篇 ……………………… 33

"植物大战僵尸"我们一起玩
　　——营造一个"乐学、能学、好学"的课堂氛围 ……… 43
素养导向下高中体操结构化教学设计
　　——以十年级女生双杠"外侧坐越两杠挺身下组合动作 4-2"
　　为例 ……………………………………………………… 49
依托微论坛，武术融入中学体育教学实践研究
　　——以中国中学《武韵中国　行稳致远》武术微论坛为例 …… 56
学科德育　彰显生命教育之魂
　　——四年级"空中课堂""正面助跑屈腿跳高"教学案例 …… 62

专题二："指向核心素养培育"的教与学方式变革

播下"常赛"的种子，收获"素养"的果实 ……………………… 70
生态小主人，安全伴我骑 …………………………………………… 78
素养指向学科德育的云课堂教学实践研究
　　——以"抗疫"主题啦啦操创编教学为例 ………………… 82
不轻视，用心听，合作创新 ………………………………………… 88
由学生"相撞"引发的思考 ………………………………………… 93
蒙正小兵向前冲 ……………………………………………………… 99
寻技趣互补之精髓　传立德树人之文化 ………………………… 106
环保卫士显本领　劳体结合乐生活 ……………………………… 112
践行结构化教学，落实课程核心素养
　　——以"跑：障碍跑 3-（2）"教学为例 ……………… 118

以体育人，为学生的终身幸福奠基
　　——学校文化滋养下的体育课程建设案例 ·············· 125

专题三：教会、勤练、常赛一体化校本创新

聚焦"学练赛"一体化的课堂新实践
　　——以四年级"篮球：行进间运球"为例 ·············· 131

冬奥项目
　　——冰壶走进中学校园 ······························ 139

双新背景下体育教师特色课程的开发与实施
　　——以上财北郊射箭"一条龙"项目为例 ·············· 143

"绳"彩飞扬·"云"动四季
　　——上外云间小学创意体育活动案例 ················ 148

项目和特色课程引领　注入师生发展新活力
　　——"小学体育兴趣化"课程改革试点实施案例 ········ 155

立潮头奋楫逐浪　踏征程百舸争流
　　——十年级赛艇专项课教学 ······················ 164

专题四：基于"教育数字化转型"的体育教学

数字化转型背景下教学新实践
　　——3D策略让线上排球课"动"起来 ················ 170

云中携手，"疫"起动起来 ···························· 175

科技助推发展　数字变革未来 ·························· 180

· 3 ·

探究多样教学手段 提高线上教学实效 ………………………… 185

"三段式"互动教学助小学生体育在线学习 ……………………… 191

信息化手段助力高效课堂 …………………………………………… 196

大数据分析助力篮球专项教学效率和竞技水平的提升 ………… 201

"云端"赛场 活力无限 …………………………………………… 207

专题五：基于"三化"的体能教学

巧设计 添兴趣 以技锻体促发展

——"体能：发展爆发力"教学案例分析 ……………… 214

以数学为载体 实现以体育人

——各种单、双脚跳跃方法 ………………………………… 221

打造高品质的"云上"居家体育健身 ………………………… 227

"教会、勤练、常赛"视域下单元教学实施路径

——六年级耐力跑单元案例分析 …………………………… 235

室内嗨运动 雨天也精彩 ………………………………………… 243

专题六：场地器材革新与智慧体育教学

没有足球场的学校获得了足球比赛冠军

——崇明区西门小学校内外联动开展校园足球案例 ……… 249

小场地上的大文章

——上海市光明中学因地制宜开展高中专项化体育

课程改革 …………………………………………………… 255

巧用辅助小教具　教学实效大提升

　　——以《十年级技巧啦啦操托举组合二：高托站立举组合6-4》

　　为例 ··· 261

"居家运动健康管理师"项目化学习案例 ······················· 266

玩转"木砖高跷"培育核心素养 ································· 274

整合学练情境　提升互动实效

　　——以四年级空中课堂"投的游戏：打雪仗"为例 ········· 280

创新巧用器材　助力勤练常赛

　　——多功能跳高架的制作与使用 ····························· 285

专题七：校园体育和体教融合

教会、勤练、常赛一体化教学与学校体育一条龙项目

　　合力构建体教融合育人新平台

　　——以交大附中篮球项目为例 ································· 289

多学科融合促学练　构建体育活力课堂 ······················· 296

踔厉奋发勇前行·"1758"筑成长 ······························ 302

项目引领　玩转体育课堂 ·· 308

大手牵小手　"云"前同相守

　　——家校合作提高小学生线上体育课学练主动性的

　　实践案例 ··· 316

上 篇

上海市中小学体育"三化"课程改革的发展变迁

上海市中小学体育"三化"课程改革的实施背景

一、国家政府对青少年体质健康的重视和关心

2007年5月,中共中央、国务院发布了《关于加强青少年体育增强青少年体质的意见》[①],在意见里明确提出"要高度重视青少年体育工作,认真落实加强各项措施工作,确保学生每天锻炼1小时,小学体育课1~2年级每周4课时,3~6年级和初中每周3课时,高中每周2课时,没有体育课的当天,学校必须组织学生进行1小时的锻炼活动。加强领导,齐抓共管,形成全社会支持青少年体育工作的合力。"

2012年10月,在实施《关于加强青少年体育增强青少年体质的意见》文件精神5年后,教育部、发展和改革委员会、财政部、体育总局联合发

---

① 中共中央国务院关于加强青少年体育增强青少年体质的意见[EB/OL].(2007-05-07)[2022-09-25]. http://www.gov.cn/gongbao/content/2007/content_663655.htm.

布了《关于进一步加强学校体育工作的若干意见》[①]。文件中指出了目前学校体育的不足：学校体育仍是教育工作中的薄弱环节，学校体育未能得到足够重视，评价机制不够完善，体育教师短缺，场地设施缺乏，影响和制约了学生体质健康水平的提升等。再次提出了各地各部门要充分认识加强学校体育的重要性，明确学校体育总体思路和主要目标，落实学校体育的重点任务，建立健全学校体育的检测评价机制。

2016年4月，国务院、办公厅发布了《关于强化学校体育促进学生身心健康全面发展的意见》（以下简称《意见》）。这部《意见》是对十八届三中全会《中共中央关于全面深化改革若干重大问题的决定》提出："强化体育课和课外锻炼，促进青少年身心健康、体魄强健"做出的战略部署。《意见》指出，学校体育目前仍然存在许多问题，学生体质健康水平仍是学生素质的明显短板。提出要深化教学改革，强化体育课和课外锻炼；注重体教结合，完善训练和竞赛体系；增强基础能力，提升学校体育保障水平；加强评价监测，促进学校体育健康发展。[②]

二、上海市政府对学校体育工作的重视和关心

2011年，中共上海市委、上海市人民政府发布了《关于切实提高青少年身心健康水平实施学生健康促进工程的通知》（沪委发〔2011〕15号）。

[①] 国务院办公厅转发教育部等部门《关于进一步加强学校体育工作若干意见的通知》国办发〔2012〕53号〔EB/OL〕.（2012-10-22）〔2022-09-25〕. http://www.gov.cn/zwgk/2012-10/29/content_2252887.htm.

[②] 国务院办公厅《关于强化学校体育促进学生身心健康全面发展的意见》国办发〔2016〕27号〔EB/OL〕.（2016-04-16）〔2022-09-25〕. http://www.gov.cn/zhengce/content/2016-05/06/content_5070778.htm.

这份通知要求充分认识促进青少年学生身心健康发展的重要性和紧迫性，将实施学生健康促进工程作为提高青少年健康素质的核心任务，并进一步强调学生身心健康和每天锻炼1小时的重要性，认真落实促进青少年学生身心健康发展的各项措施，形成良好的工作格局。

2015年5月，为使义务教育阶段体育教学尽快适应体育课程改革的方向，实现与高中专项化改革的有机衔接，上海市教委发布了《关于进一步推进学校体育课程改革试点工作的通知》（沪教委体〔2015〕30号）。通知明确提出了体育课程改革试点范围、工作要求、时间安排以及工作安排等内容，正式启动了新一轮上海市中小学体育课程改革。

2018年7月，上海市教委为进一步推动学校体育全面改革，建立科学的"小学体育兴趣化、初中体育多样化、高中体育专项化、大学体育个性化"学校体育教育体系，专门制定了《上海市小学体育兴趣化、初中体育多样化课程改革指导意见（试行）》（沪教委体〔2018〕36号）（以下简称《意见》）[1]。《意见》明确了课程改革的重要意义、要全面深化"体育与健身"课程改革、体育课程改革的基本任务以及深化学校体育的措施保障等工作内容。同时，通过多种方式向师生以及家长宣传学校体育改革，大力推进上海市中小学一体化体育课程体系的建设。

---

[1] 上海市教育委员会关于印发《上海市小学体育兴趣化、初中体育多样化课程改革指导意见（试行）》的通知［EB/OL］．（2018-07-16）［2022-09-25］．http://edu.sh.gov.cn/xxgk2_zdgz_qtjy_01/20201015/v2-0015-gw_415082018005.html．

上海市中小学体育"三化"课程改革的发展变迁

一、上海市小学体育兴趣化课程改革的发展变迁

上海作为一个大都市，在"五个中心"建设、"健康上海 2030"等各项措施的推动下，政治、经济、文化等方面取得了快速发展，人们的体育观发生了根本性转变，传统的体育教学已无法满足青少年学生的体育需求，为了更好地促进中小学生"终身体育"观的建立，学校体育工作需要引进新思想，实现新突破。

2015 年 5 月，上海市教委正式启动小学体育兴趣化体育课程改革试点工作，在全市 16 个区选定 23 所小学作为第一批"小学体育兴趣化"学校体育课程改革试点学校，并确定徐汇、闵行、宝山为学校体育课程改革整体试验区，其他区县根据实际情况在区县内扩大试点范围。

2016 年 6 月，上海中小学体育课程改革试点学校体育教师专题培训在上海师范大学举行。这次培训对"小学兴趣化、初中多样化"体育课程改革教学大纲的具体内容进行了详细解读，对全市 130 名中小学体育教师开

展了为期3天的集中培训,根据啦啦操、体育游戏、板球、空手道、功夫扇、体育舞蹈6个项目按小学和初中组类别分别组织培训。①

2017年3月,"小学体育兴趣化"学校体育课程改革推进会暨专题培训动员会在上海师范大学召开。这次动员会对2016年5月至2017年2月的改革试点工作总体推进情况进行了总结,并对下一阶段的试点工作进行了规划。②

2017年5月,以"乐学善练 挑战自我"为题的"杨浦区小学体育课程改革试点项目组"(小学体育兴趣化)教学研讨活动在杨浦区世界小学举行。在课堂研讨时,试点学校老师进行了课堂展示,在课堂中结合实际安排了"龟兔红绿灯""龟兔赛游戏比赛"。利用游戏的娱乐性、竞争性、规则性的特点,大大提高了学生的练习兴趣,激发了学生的好奇心。对于"兴趣化"的研讨,各个专家提出了不同的意见,为未来杨浦区"小学体育兴趣化"体育课堂助力。③

2017年5月,以"奔向未来,活力成长"为主题的上海市"小学体育兴趣化、初中体育多样化"学校体育课程改革专题研讨会在闵行区教育学院召开。上海市委领导提出了进一步明确学校体育改革的重要意义;要以学校体育课程改革为契机,进一步推动学校体育全面改革;完善体育课程改革的保障机制,营造良好的课程改革氛围。④

---

① 上海市民办教育委员会.本市中小学体育课程改革试点学校体育教师专题培训举行[EB/OL].(2016-07-01)[2022-09-25].http://www.shmbjy.org/item-detail.aspx?NewsID=6378.

② 上海师范大学新闻网.上海市中小学体育课程改革推进会暨专题培训动员会在我校召开[EB/OL].(2017-03-09)[2022-09-25].http://xw.shnu.edu.cn/75/fc/c16366a620028/page.htm.

③ 上海市杨浦区教学医学院.乐学善练 挑战自我——"杨浦区小学体育兴趣化"教学研讨活动在世界小学举行[EB/OL].(2017-06-06)[2022-09-25].http://ypjxxy.edu.sh.cn/info/1013/2405.htm.

④ 陈之腾.上海持续推进"小学兴趣化,初中多样化"体育改革[J].上海教育,2017(18):6-6.

2017年12月,上海市"小学体育兴趣化、初中体育多样化"学校体育课程改革推进会在宝山区行知中学举行。以宝山区为例,宝山区教育局局长做了题为《凝心聚力促发展 问道课改谋深化》的交流发言,介绍了宝山区在政府层面对体育课改的高度重视,教育局不断创新机制,努力构建大体育的框架体系;以课改为抓手,促进教师专业发展,深化区域体育教育品牌内涵,努力提升学生综合素养。体育课程改革工作推进协调小组组长对两年来小学、初中的体育课改工作进行了总结,并对下一阶段的工作进行具体布置。①

2018年7月,上海市教委正式颁布了《上海市小学体育兴趣化、初中体育多样化课程改革指导意见(试行)》(沪教委体〔2018〕36号),确定上海市黄浦区卢湾第一中心小学等80所小学为本市"小学体育兴趣化"课程改革第二批试点学校。

2018年11月,以"小学兴趣化、初中多样化的有效体育教学"为主题的2018年长三角地区中小学体育特级教师教学研讨活动在东华大学附属实验学校举行,上海体育教师团队呈现了精彩的教学技能展示、课改经验总结、模拟教学展示以及主题论坛研讨交流会,充分展现了上海市小学兴趣化、初中多样化的有效体育教学的特色成果,为长三角其他地区提供了借鉴。②

2019年5月,上海市"小学体育兴趣化、初中体育多样化"学校体育课程改革推进会及教学研讨活动在上海市金山区罗星中学举行。会议为进一步提升体育课教学质量和发挥体育学科在全面育人中的功能和价值指明

---

① 上海教育.本市积极推进"小学兴趣化 初中多样化"学校体育课改.[EB/OL].(2017-11-30)[2022-09-25]. http://edu.sh.gov.cn/xwzx_bsxw/20171130/0015-xw_95182.html.

② 搜狐.热点聚焦:育人为先 强体为重 增质为上——长三角中小学体育特级教师研讨活动在松江召开[EB/OL].(2018-11-23)[2022-09-25]. https://www.sohu.com/a/277512393_725768.

了方向。在体育课程改革背景下，一批优秀教学设计案例诞生，并在推进会现场对优秀教学改革者进行了颁奖。[①]

截至2022年，小学体育兴趣化试点学校共103所。

二、上海市初中体育多样化课程改革的发展变迁

在变迁历程方面，上海市"初中体育多样化"和"小学体育多样化"大致相同，并且培训或者研讨会也是同时实施。但是"初中体育多样化"不仅仅是上海市教育委员会举办，各个区教育院也分别展开了"初中体育多样化"交流活动。在小学体育兴趣化的基础上还有其他研讨会。

2015年5月，上海市教委正式启动初中体育多样化体育课程改革试点工作，经过研究，全市各区县各确定1所初中开展初中多样化试点工作。

2016年12月，以"多样教学 动感培育"为主题的上海市初中体育多样化教学研讨活动在上海师范大学举行。会议上，试点学校进行了展示课，同时，各位专家对课的各个方面进行了点评。展示结束后，与会专家和代表就初中体育多样化课程改革过程中遇到的问题以及注意事项等进行了全面而深入的研讨。[②]

2017年5月，以"多样化的思考、多样化的落实"为主题的杨浦区初中体育多样化交流研讨活动在控江初级中学隆重召开。研讨会除了基本的课程展示外，也对初中开展体育多样化课程改革的形势和面临的困境展开

[①] 搜狐.上海市"小学体育兴趣化、初中体育多样化"学校体育课程改革推进会及教学研讨活动在金山区举行［EB/OL］.（2019-11-20）［2022-09-25］.https://www.sohu.com/a/355081430_529011.

[②] 上海师范大学新闻网.上海市初中体育多样化教学研讨活动在我校举行［EB/OL］.（2016-12-09）［2022-09-25］.http://xw.shnu.edu.cn/75/a9/c16366a619945/page.htm.

了讨论和交流，并提出要把握好初中体育未来发展的方向。①

2017年5月，以"助推阳光少年快乐成长 探索初中体育课程改革"为主题的普陀区初中体育多样化课程改革展示交流活动在曹杨二中附属学校举行。这次交流活动分别对篮球、足球、羽毛球、乒乓球、健美操等5个体育专项进行了展示。普陀区对试点学校进行了总结，同时试点学校分享了校本课程改革实施方案，为其他试点学校提供依据。②

2018年7月，上海市市教委正式颁布了《上海市小学体育兴趣化、初中体育多样化课程改革指导意见（试行）》（沪教委体〔2018〕36号），确定上海市大同初级中学等80所初中为本市第二批"初中体育多样化"课程改革试点学校。

2019年5月，杨浦区"初中体育多样化"互查互学活动最后一站在杨浦区控江初级中学举行，此次主题为"开起体育多样化的步，探走课程改革的路"。这次活动由试点学校控江中学就4年来体育多样化课程实施方案、开展情况、问题总结、调整改进等方面做了详细的情况汇报，并分享改革经验。同时进行课堂教学展示，区体育专家进行点评，最后进行活动总结。③

2020年3月，以"体育运动无处不在 居家教学同样精彩——初中体育多样化线上教学探索之路"线上教研活动在闵行区拉开帷幕。面临疫情，无

---

① 上海市控江初级中学. 控江初级中学：多样化的思考多样化的落实［EB/OL］. （2017-06-16）［2022-09-25］. http://edu.eastday.com/node2/jypd/n5/20170516/u1ai4541.html.

② 普陀区教育局. 助推阳光少年快乐成长 探索初中体育课程改革——2017年普陀区举行初中体育多样化课程改革展示交流活动［EB/OL］. （2017-05-18）［2022-09-25］. https://xxgk.pte.sh.cn/ezfx/article/2017/0518/46598/default.html.

③ 上海市控江中学. 开启体育多样化的步，探走课程改革的路——上海市控江初级中学初中体育［EB/OL］. （2019-05-29）［2022-09-25］. http://fwpt.yp.edu.sh.cn/shskjcjzx/info/1036/3368.htm.

法开展线下体育课，各位老师因地制宜，利用家中有限的资源、器材来开展线上体育课，使小空间发挥大效用，受到专家的肯定，同时专家为线上体育课提供了一些建议。此次线上研讨会议有400多名体育教师出席。①

2020年10月，浦东新区"基于课标、乐享学练"为主题的基于课程标准的初中多样化教学研讨活动在上海市实验学校附属光明学校举行。会议首先进行了教学展示，不同项目的教师运用多种教学方法进行教学，充分发挥了教师的主导作用和学生的主体作用。结束后，学科导师就课堂各环节的时间分配、表扬技巧、讲解示范时机等细节给出指导性意见。②

2020年12月，杨浦区初中体育多样化课程改革推进会在二十五中学召开，会上成立了杨浦区初中体育多样化课程与教学改革行动项目研究课题组，且对杨浦区初中体育未来提出了期望。③

2022年6月，由黄浦区教育学院教研室主办，上海理工大学附属储能中学承办的黄浦区体育"三化"教学改革——初中体育多样化教学（线上）展开线上研讨。这次研讨主要关注如何使用信息技术进行居家体育线上教学，同时解决初中体育多样化问题，对于线上教学要不断创新，提高学生参与体育的积极性。④

截至2022年，初中体育多样化试点学校共102所。

---

① 闵行区中学体育.体育运动无处不在 居家教学同样精彩——初中体育多样化线上教学探索之路［EB/OL］.（2020-03-26）［2022-09-25］.https://www.meipian.cn/2tuuoij0.

② 浦东教育体育.基于课标 乐享学练——浦东新区强校工程实验校体育与健身学科联盟教学研讨活动.［EB/OL］.（2020-11-05）［2022-09-25］.https://www.sohu.com/a/429815154_650212.

③ 杨浦区教育局.杨浦区初中体育多样化课程改革推进会召开［EB/OL］.（2020-12-31）［2022-09-25］.https://www.shyp.gov.cn/shypq/yqsyw-wb-tpxw-jyj/20210108/372910.html.

④ 黄浦区教育学院.黄浦区体育"三化"教学改革——初中体育多样化教学（线上）展示活动［EB/OL］.（2022-06-09）［2022-09-25］.https://j.eastday.com/p/1654750929044661.

三、上海市高中体育专项化课程改革的发展变迁

近年来，上海中小学体育课程一直在不断进行改革，并取得了一定的进步。在经济迅速发展的同时，传统的体育教学模式通常是以班级为单位进行团体教学。然而，由于学生兴趣的差异和技能水平的悬殊，这种模式已经无法满足社会需求，也难以满足学生终身体育的要求。这不仅难以激发学生对运动的兴趣，而且未能发挥学校体育在培养学生、促进其全面发展等方面的功能。为此，上海市教育委员会以高中体育为突破口，实施了"高中体育专项化"改革。该改革旨在更新传统的教学方式，探索学校体育的全新途径、方法、管理和保障模式，以更好地适应社会的需求，推动学生在体育方面的全面发展。

2012年，上海市教委以《关于加强青少年体育增强青少年体质的意见》和《关于切实提高青少年身心健康水平 实施学生健康促进工程的通知》（沪委发〔2011〕15号）为依据，结合上海市二期课改的经验，制定了《关于开展"高中体育专项化"教学改革试点工作的通知》。通知中首次提出专项化体育教学，并在各区、县选一所高中作为试点学校实施专项化教学。专项化体育教学是中学体育教学中一种创新的教学方式。同时，通知中强调了要发挥"高中体育"承上启下的作用，为大学体育和义务阶段体育创新打下基础。[1]高中体育专项化课程改革由此拉开帷幕，全面统筹推进改革试点工作，并确定上海市光明中学等17所高中为上海市"高中体育专项化"教学改革第一批试点单位。2012年11月至2012年底，各试点学校根据市教学改革初步方案的精神，在充分调研的基础上，制定各校试点实施方案报市教委，

---

[1] 上海市教育委员会.关于开展"高中体育专项化"教学改革试点工作的通知［EB/OL］.（2012–12–07）［2022–09–25］.http://edu.sh.gov.cn/xxgk2_zdgz_qtjy_01/20201015/v2–0015–gw_415082012007.html.

市教委组织专家进行论证，并完善形成市教委实施方案。

2013年1月至2013年7月，各试点学校按方案进行试运行并完善方案。在此基础上，上海市教委正式批准学校试点实施方案。在试点学校的基础上成立了9个项目的市级项目中心组，开展专项教研活动，研制专项课程大纲，下拨专项资金建造"体能教室"，编制并试行9个项目（足球、篮球、排球、乒乓球、羽毛球、网球、游泳、健美操、武术）课程大纲。

2013年8月至2014年7月，各试点学校全面推进试点工作并就试点工作进行认真总结。市教委组织专家对试点工作进行检查评估。

2014年6月，上海市首届"高中体育专项化教学改革"试点学校体育教师培训班在上海体育学院开班。这次培训的对象是上海市"高中体育专项化"17所试点学校体育教研组骨干教师。共培训4个专项，分别是羽毛球、足球、排球、健美操。17所试点学校参加培训人数共42人。[①]

2015年6月，上海市教委在总结第一批试点学校经验的基础上，扩大高中试点学校范围，21所高中成为第二批高中体育专项化试点学校，徐汇、闵行、宝山三个区为上海市学校体育课程改革整体试点区。2015年8月，市教委印发高中专项化实施意见和9个专项教学大纲。

2015年10月，上海市教委正式下发《高中专项化体育课程改革指导意见（试行）》（以下简称《意见》）。《意见》对上海市高中体育专项化改革的背景和意义进行了解释，同时明确了改革的主要任务和组织实施，并提供了管理和保障。同年，分别对每一批试点学校的教师，利用暑假进行培训，培训时间为40个学时，纳入上海市学校教师培训学分计划；成立专项督导组，定期到试点学校对专项教学课进行督导，包括看课和与教

---

① 上海体育学院. 上海市首届"高中体育专项化教学改革"试点学校体育教师培训班在我校开班[EB/OL].（2014-07-02）[2022-09-25]. https://www.sus.edu.cn/info/1038/10040.htm.

师座谈交流。①

  2015年8月,上海市学校体育课程改革试点工作动员大会暨高中专项化课程大纲培训班开班仪式在上海师范大学东部教苑楼多功能厅举行。会议回顾总结了上海市高中体育专项化试点工作的主要成果,并根据《上海市高中体育专项化课程改革指导意见》对上海市体育课程改革下一阶段的主要工作进行了详细的部署。②

  2016年4月,上海市教委在上海理工大学附属中学召开上海市高中专项化体育课程改革试点工作现场会。在这次活动中,上海理工大学附属中学向全市38所试点高中进行了足球、篮球、羽毛球、乒乓球、网球、健美操6个专项的教学展示。展示结束后,上海市教委对本市高中专项化体育课程改革三年来的实施情况进行了全面总结,同时对下一阶段的改革试点工作进行了部署和动员。③

  2016年12月,为贯彻《上海市教育委员会关于遴选上海市高中专项化体育课程改革第三批试点学校的通知》(沪教委体〔2016〕57号)精神,在学校申报和各区县推荐的基础上,经市教委审定,确定上海市大同中学等74所高中为本市高中专项化体育课程改革第三批试点学校,并开展第三批试点。

  2016年12月,主题为"依托体育文化积淀推进专项课程改革"的上海市高中专项化体育课程改革推进工作现场会在上海市川沙中学召开。现

---

  ① 上海市教育委员会. 关于印发《上海市高中体育专项化课程改革指导意见(试行)》的通知[EB/OL].(2015-10-26)[2022-09-25]. http://edu.sh.gov.cn/xxgk2_zdgz_qtjy_01/20201015/v2-0015-gw_415082015008.html.

  ② 尚七网. 上海市学校体育课程改革试点动员大会在上海师范大学举行[EB/OL].(2015-08-18)[2022-09-25]. https://www.shnu.edu.cn/_t12/49/72/c16a608626/page.htm.

  ③ 上海教育. 本市高中专项化体育课程改革试点工作现场会召开[EB/OL].(2016-04-28)[2022-11-05]. https://2016.sus.edu.cn/info/1149/12285.htm.

场会上通过上海市川沙中学向全市第三批74所试点高中进行了足球、篮球、羽毛球、武术和健美操5个专项的教学展示，对第三批本市高中专项化体育课程改革试点学校进行了动员，并对下一步的改革试点工作进行了部署。[1]

2017年7月，上海市高中专项化体育课程改革试点学校教师专题培训班（第二期）在上海体育学院开班。本次培训班共涉及足球、篮球、排球、羽毛球、网球、乒乓球、健美操、游泳、武术9个项目的专项技术课学习和2次专题理论报告，开班以来，总教学时数290学时。共有来自上海市36所高中体育专项化第三批试点学校的207名学员参加了本次培训。[2]

2017年6月至2017年7月，上海市教委对各试点学校进行试点工作总结，同时开展试点学校经验交流会，进一步完善高中专项化实施意见。2018年，改革条件成熟，拟在全市范围内开展高中体育专项化课程改革工作，实现市教委要求的全覆盖。

2018年7月，上海市高中专项化课程改革试点学校体育教师教学技能专题培训在上海体育学院举办，培训为期5天，共涉及足球、篮球、排球、乒乓球、羽毛球、网球、健美操、游泳和武术9个专项，培训共290学时。共有来自上海市12个区、48所高中的186名体育教师参加。[3]

2019年继续深化推进课改工作。继续坚持高中专项化体育课程改革的方向，依据教育部下发的《普通高中课程方案》和《普通高中体育与健康课程标准》的原则精神，进行相应的调整和充实；继续加强教师专项专业

---

[1] 上海教育.上海市高中专项化体育课程改革推进工作现场会召开[EB/OL].（2016-12-15）[2022-11-01］. http://edu.sh.gov.cn/xwzx_bsxw/20161215/0015-xw_90309.html.

[2] 上海体育学院.2017年上海市高中专项化体育课程改革试点学校教师专题培训班（第二期）顺利结业[EB/OL].（2017-07-09）[2022-11-01］. https://2016.sus.edu.cn/info/1007/14486.htm.

[3] 上海体育学院.2018年上海市高中专项化体育课程改革试点学校体育教师专题培训班在我校圆满落幕[EB/OL].（2018-07-10）[2022-11-01］. https://2016.sus.edu.cn/info/1007/16318.htm.

发展工作和场地设备的开发及优化整合工作。在继续抓好专项技能和体能教学的同时，逐步将体育专项德育内容融入教学过程，整合课外体育环节，包括利用体育社团、体育俱乐部和体育竞赛开展专项教学训练活动，建设学校运动队，尤其是传统强项运动队，不断提高学校运动队的竞技水平。

2019年6月，《2019年上海市高中专项化体育课程改革试点学校体育教师专题培训》在上海体育学院举行。此次培训共涉及9个专项，参加本次培训班的学员来自本市浦东新区、闵行、黄浦、长宁、虹口、徐汇、宝山、嘉定、奉贤九个区50所高中的180位体育教师。①

2020年10月，上海市高中专项化体育课程改革体育骨干教师专题培训班在上海体育学院举行。由于疫情原因，10月16日至21日采取线上线下相结合的形式对各批次试点学校的体育教师进行专题培训，这次培训以提高高中学校体育发展和专项化体育课程改革理论水平为重点，具体包括体教融合理论、学生体育素养理论与专项化课程改革思路等。培训时间为5天，共计40个学时，参加培训班的学员来自上海市浦东新区等十六个区109所高中的110位体育教师和9名各区高中体育教研员。②

2021年7月，上海市高中专项化体育课程改革试点学校（浦东新区）体育教师专题培训班开班仪式在华师大二附中举行。这次培训共有来自上海市浦东新区47所高中的专项体育教师197名，涉及田径、足球、篮球等10个专项。

2021年11月，"素养·专项·融合——项目引领下的高中体育与健

---

① 上海体育学院.2019年上海市高中专项化体育课程改革试点学校体育教师专题培训班开班仪式在我校顺利举行［EB/OL］.（2019-07-02）［2022-11-01］.https://2016.sus.edu.cn/info/1007/17874.htm.

② 上海体育学院.2020年上海市高中专项化体育课程改革体育骨干教师专题培训班在我校举行［EB/OL］.（2020-10-19）［2022-11-01］.https://2016.sus.edu.cn/info/1007/21715.htm.

康课程校本化设置与专项化教学实践"市级研讨与展示活动在上海市继光高级中学举行。这次研讨采用"线上+线下"的形式，通过活动展示、课堂实践、主题报告、专家点评等形式，呈现了体育学科研究团队对上海市高中体育与健康"双新"推进的思考与实践。①

2022年11月，"踔厉十载强体魄，以体育人向未来"——上海学校体育课程改革十年回顾与发展论坛在上海师范大学召开。此次论坛分为主论坛和分论坛，主论坛以现场报告为主，分论坛为线上专题报告。论坛现场，专家对体育课程改革的十年回眸、学校体育发展成效与未来展望以及学校体育课程改革第三方评估进行交流。同时还进行了各学段学校体育课程改革优秀案例颁奖。下午分论坛进行8个主题研讨，各个分论坛进行了积极研讨。②

截至2022年，高中体育专项化试点学校共112所。

---

① 上海市继光高级中学. 项目引领下的高中体育与健康课程校本化设置与专项化教学实践[EB/OL]. (2021-11-23)[2022-11-01]. https://2016.sus.edu.cn/info/1007/17874.htm.

② 上海师范大学新闻网. 上海学校体育课程改革十年回顾与发展论坛在我校举行[EB/OL]. (2022-11-29)[2022-12-02]. http://xw.shnu.edu.cn/d0/c9/c16365a774345/page.htm.

下 篇

上海市中小学体育『三化』课程改革优秀实施案例

专题一：学生体质健康提升与体育素养涵育

"三化改革"，让体育力量充盈生命

吴金林，蒋维伟

（金山区教育学院）

一、案例背景

（一）现实背景

体育强则中国强，国运兴则体育兴。体育既可以通过科学方法锻炼身体、健全体格，又可以辅助教育培养人的优秀品质。而学校体育更是为学生而存在的，拥有健康才能拥有明天，热爱锻炼就是热爱生命。金山地域广阔，历史悠久，人文荟萃，物产丰富，是上海西南杭州湾畔的一颗明珠，全球最大的乐高乐园已落户金山。金山教育是金山的一道靓丽风景，学校体育更是金山教育的一张亮丽名片。近年来，我们全面扎实推进体教融合，提升学生身体素质，认真贯彻"资源共享，责任共担，人才共有，特色共建"原则，形成了体教一体、学体并重的良好局面，取得了显著的成绩。

（二）问题与价值意义

为了落实《关于全面加强和改进新时代学校体育工作的意见》（中办发〔2020〕36号）、《上海市高中体育专项化课程改革指导意见（试行）》、《上海市小学体育兴趣化、初中体育多样化课程改革指导意见（试行）》的要求，我区根据市教委统一部署，认真学习市教委关于"三化"推进课程改革指导意见。根据金山区地域广阔的特点，制定了相应的基于"小学体育兴趣化、初中体育多样化、高中体育专项化"课程改革指导意见的措施。在课程管理、课程建设、课程实施、课程评价等方面进行一系列的实践探索，积极对标，用实际行动加强优势面、填补弱势面、推进区内体育课程改革，形成了以校级联动、凸显特色、均衡发展的良好形势，为金山体育教育事业课程改革的持续推进提供了支持和保障，同时也为上海远郊地区推进体育"三化"课程改革提供了案例，促进了相互学习与借鉴。

二、案例描述

（一）现实基础

目前，金山区共有小学31所、初中30所、高中10所（包括公办、民办校），在校学生50 766人，在编在岗的体育教师约580人，学生与教师的配比基本能够满足课改的要求（如表1-1所示）。

表1-1 首批"三化"试点校建设推进表

小学	初中	高中
第一实验小学	蒙山中学	金山中学
第二实验小学	罗星中学	亭林中学
海棠小学	金山初级中学	张堰中学
朱泾小学	西林中学	
朱泾二小	山阳中学	

2016年，上海市新农学校被推荐为我区唯一一所市级"三化"试点学校。同年，在市级专家的指导、区级领导的组织下，全区中小学召开了"三化"推进会，在大会上挂牌了5所区级小学体育兴趣化、5所初中多样化，以及3所高中专项化实施布点学校。会上全面学习并强调了《中共中央国务院关于加强青少年体育增强青少年体质的意见》和《国务院办公厅关于强化学校体育促进学生身心健康全面发展的意见》两份文件，确立了以"为了每一个学生终身发展"的教育理论为引领，坚持"健康第一、全面育人"的指导思想，大力推进上海市中小学一体化体育课程建设，全面深化"体育与健身"课程改革的要求，确保每周小学4+2（即每周4节体育课，2节体育活动课）、初中4+1、高中实行专项课的组织模式，积极推进小班化教学，小学实行行政班教学、初中实行男女分班教学、高中实行选项班教学。到2022年为止，通过各级各层的努力，我区除前期试点学校外，基本已全部实施"三化"教学，共同推进课程改革，做好为国育人、为国育才的保障。

（二）整体规划

本次课程推进建立了由区主管部门牵头，通过教育学院、体育办公室研究落实学校体育改革的管理机制。

整体规划主要分工如下：

（1）在区级层面，建立由局长担任组长，教育局相关领导和体育局的分管领导担任组员的课改领导小组；教育学院层面，建立以院长担任组长，分管领导担任组员，学科教研员一起参与的改革小组；体育办公室由主任担任组长，下设各部门组成改革小组；在学校层面，建立由校长担任组长的学校体育改革小组，建立层级管理、监督机制，打通每层环节，确保"三化"推进方案有效落实。

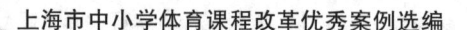

（2）构建了以"明天的导师"领衔的体育课程工作小组机制，由区内的首席教师、导师、骨干教师组成小学兴趣化、初中多样化、高中专项化推进实施小组，积极推进"三化"进程。

（3）落实体育课改经费，完善保障机制，由教育局每年专门拨款用于课程改革，保证体育课改的顺利实施。

（三）具体实施

区教育局为"三化"推进专门召开班子会议，由局人事科、教育学院学科教研员对每所学校体育教师进行摸底，为紧缺体育教师的学校制定相关政策，优先考虑招聘进编。

1. 拓宽人才引进通道，合理配置教师资源

自"三化"推进开始，我区招聘体育教师及相关体育人才已超过两百人，以满足学校的需要。同时采用两条腿走路，通过"校内+引进"相结合的模式，引进社会专业机构人员、优秀运动员和教练兼职等，进入学校担任体育教师。为了切实落实"三化"要求，教育局专门召开例会，对体育教师的招聘提供了新的政策，如上海体育学院原来是第二批招聘，现改为第一批招聘，让更多有一技之长的体育专门人才进入教师队伍，满足小学兴趣化、初中多样化、高中专项化的要求；又如，体育局推行了优秀教练员入校带训制度，将本局编制的18名教练员下派到各学校，指导实施科学训练，并建立了教练员转教师的政策，对符合教师资格的优秀教练员直接由教育局招录进入学校，大大改善了师资紧缺的状况。

2. 完善经费保障体系，推动基础设施建设

根据区教育局、体育局的统一规划，按学校特色体育项目的发展，积极筹建体育场馆等资源，多渠道增加学校体育场地经费的投入，协同体教融合办公室对现有的一些体育场馆进行改造、新建。经过近几年的建设，

已经建成了一大批专业体育场馆，如朱泾小学排球馆，金山小学射箭馆，亭新中学曲棍球球场，干巷游泳池，海棠小学网球场，金山中学排球场、沙排场、帆船训练基地，三附中游泳馆等。这些场馆不仅满足了学校特色体育项目的发展，还可供全区学校和学生共享，同时也满足了落实"三化"的硬件条件保障。

3. 加强教师队伍素养，发挥导师引路人作用

教育学院一直高度重视教师队伍建设，坚持以人为本，加强教学团队建设，注重培养教学名师，保证"三化"实施效益化。在团队建设过程中，着眼于不同梯队教师的现实需要积极开展相关培训，如1+5年青年教师以规范教学过程为目标，组织青年教师教学评优活动，为青年教师站稳课堂、规范教学打下基础；骨干教师以提升理论为目标，组织开展学科理论知识学习；学科导师以发挥引领作用为目标，引导教师在课堂教学中精准把握教材重难点，拓展创新教学方法，提高运用教材、分析教材的能力。通过项目引领，结合自身和学校的优势研制校本课程，发展学校特色项目，让每个孩子都能够提高对体育运动的兴趣，学会1～2项运动技术，丰富在校学习的经历。同时，教研室为区内骨干教师搭建了平台，利用研训教研、导师团项目，提高教师在"三化"推进中的课程指导力、教材解读力、课堂教学实践力，为课程推进提供坚实的保障。

4. 整合学校特色优势，促进区域协同发展

为实现区域学校体育的共同推进，除了保证课程推进"三化"要求外，我们还在活动课、阳光体育活动一小时、运动训练等方面拓展"三化"要求，如活动课除了保证学生常规活动外，我们还尝试将体育课内容延伸到课外体育锻炼一小时，与初三体育考试项目、学生体质健康标准项目相衔接，同时还增加了学生喜闻乐见的一些金山民间体育项目，并依据地区校特色，搭建校与校、校与镇的合作，主动开发体育教学资源，建立相关激励政策，

推动区域"一校一品""一校多品"格局的形成，为"三化"课程改革提供多种实施路径。

三、案例评析

（一）案例效果

第一，通过实施"三化"课程推进，基本实现区域学校均衡发展，结合我区集团化、学区化办学要求，有效地改变了校际的合作与联动，以强扶弱促进我区体育教学的均衡发展。全区中小学学生体质健康标准连续几年位于全市前列，合格率达到99%，优秀率达到48%，这很好地说明了通过"三化"课程改革，有效促进了学生身体素质的提升。

第二，进一步丰富了区域多元课程体系，各个学校积极开展体育教学活动，重视区域"一校一品""一校多品"的开发。在体教融合的实施策略下，全区近三分之二的学校已成为金山业余训练基地学校，在训学生达到1500多人。通过评审，确定了39所学校，布点体育项目增加到了26个，其中20个奥运项目、6个非奥运项目，其中足球、排球项目已有多人进入上海一线队、国青队效力。

第三，在"三化"课程改革推进过程中，促进了教师专业发展，提高了教师教学能力。2017年、2021年上海市中小学中青年教师教学评比中，我区中小学教师分别荣获一等奖，这得益于"三化"课程推进；2016—2018年上海市体育教师技能比赛，又荣获全市一等奖和金奖。

（二）案例反思

进一步做强并向深处延伸优势，继续开发符合学生身心发展特点的体育运动项目和课程教学，以结构化的教学体系、"学、练、赛"一体化的教学手段为依托，转变传统的教学观念，从培养学生的运动能力、健康行为、体育品德的课程目标出发，注重传统教学方式和新型教学方式（数字化转型）的有机结合，满足不同学生的需求，激发学生对体育运动的兴趣和向往。

进一步优化体育教学评价方式，借助信息化手段，改变评价内容，从过于注重运动成绩转向注重运动成绩、学习态度和行为表现相结合；评价方法从过于注重定量评价转向定量和定性相结合，从过于注重结果性评价转向结果性评价与过程性评价相结合；评价的主体从教师评价转向教师评价与学生自评和互评相结合。使评价从单一性转向多元性、从甄别性转向发展性，更关注学生的体能、知识技能、学习态度与合作精神等，体现体育学科育人的个体差异价值表现。

进一步提升体育师资队伍建设，培养一批"一专多能""能研善动"的教师。

聚焦学科核心素养
——构建"动趣"体育课堂

陈 立

(奉贤区育贤小学)

一、案例背景

2018年8月,上海市教委颁布了《上海市小学体育兴趣化、初中体育多样化课程改革指导意见》,着力破解"学生体质健康水平低下""学生喜欢体育但不喜欢体育课""学生只会技术不会比赛"等问题。2022年4月,《义务教育体育与健康课程标准(2022年版)》发布,正式明确了新课标将以培养学生"核心素养"为导向,同时强调每节课群体运动密度不低于75%,每节课10分钟左右体能练习,要用结构化的知识和技能解决复杂的真实运动情境中的问题。发展核心素养是教育本质的回归,是围绕"立德树人"这一根本性的任务而展开的。

(一)拟解决的问题

目前,小学体育课堂缺乏灵动、趣味和活力,存在"无难度、无对抗、无器材、无比赛、无负荷"的"养生课"情况，造成"学生体质健康水平低下""喜欢体育而不喜欢体育课"的现象。究其原因主要是教师的教学观念滞后，缺乏明确具体的课堂操作策略和方法。借助学科核心素养导向下的"动趣"体育课堂的构建，形成以学科核心素养为导向，基于价值引领，立足真实情境，追求"动趣"结合，体现生命活力的小学体育课堂。

（二）价值意义

1. 着眼面向核心素养发展的课程改革需要

体育学科核心素养如何在课堂教学中得到落实？体育教学中如何增强体质、健全人格、锤炼意志？无疑需要课堂教学中"动趣点"（情景、游戏、比赛、器材等）的创设来实现，让学生在情境中产生趣味感、在活动（游戏、比赛等）中产生快乐感、在磨砺中产生获得感。因此，引领学生素养提升的"动趣"体育课堂的构建显得尤为重要。

2. 基于核心素养的"动趣"课堂建构的需要

随着新课改不断推进，体育课应该怎么上，怎样让学生喜欢上体育课，怎样的体育课算上好了，这些问题引起了体育教学工作者的思考。许多体育课堂仍存在核心素养培养指向不明朗，教学只浮于表面，教学设计只注重趣味的形式，课堂教学看似热闹、实则学习深度不够等现象，这种缺乏生命力的教学最终导致学习驱动力不足，学生的体育学科核心素养无法得到有效提升。

二、案例评析

（一）学科核心素养导向下小学"动趣"体育课堂的整体构建

学科核心素养导向下小学"动趣"体育课堂强调应用情境下的结构化

教学，追求实效的体能发展，注重情境、游戏等手段的充分融入，凸显体育的育人功能，在实践中根据教材内容，选择、设计、运用不同情境，实现教材内容与情境的有机融合；设计科学合理、符合学生生理和心理特征的游戏或比赛，让学生动得有理、动得有度、动得有趣；通过变化身体练习的内容、方法、形式、场地器材等要素（动趣点），增加练习的趣味性和吸引力。

学科核心素养导向下的"动趣"课堂是基于小学体育"兴趣化"课程改革的落实与深化，是小学"兴趣化"课程改革延伸的一种课堂样态。它通过"动趣"课堂教学"五步曲"，即引趣、激趣、增趣、固趣、延趣，让体育课堂更加生动有趣；通过学练"六步骤"，即听（听得明白）、观（观得仔细）、思（思得深入）、练（练得有效）、赛（赛得有趣）、评（评得有理），促进学生深度学习。

（二）学科核心素养导向下小学"动趣"体育课堂"动趣点"的创设

体育教学有无"动趣点"直接影响学生能否在课堂上体验到运动的乐趣和愉悦，影响到他们是否喜欢体育和体育课，进而影响到他们健康行为的养成。因此，体育教学必须注重"动趣点"的创设，让学生在情境中产生趣味感、在活动（游戏、比赛等）中产生快乐感、在磨砺中产生获得感，表现出"主动、乐动、会动"，使学生愿练、乐练、常练，实现从"引趣、入趣"到"乐趣、志趣"的升华。

（三）学科核心素养导向下小学"动趣"体育课堂教学"五步曲"

1. 引趣

引起兴趣，重在"新"，旨在"引"。根据教学内容与教学过程，以

"新""异"来激发学生学习体育的直接兴趣；通过学生学习过程中的直接兴趣来引导学生产生间接兴趣。利用"情景"的设置，让每一个学生在玩和活动中积极思考、积极锻炼，感悟体育的兴趣和魅力。

2. 激趣

通过游戏、比赛吸引学生，激发他们的学习兴趣，帮助学生克服自身对体育运动的恐惧心理，增强自信心，养成勇于克服困难，开拓进取的优良品质，让学生乐中学、玩中学，使他们体会到上体育课的乐趣，切实做到身心愉悦。

3. 增趣

通过合作来增趣，在教学中要加强合作学练，通过小组合作、同伴合作等多种形式的练习，促进学生个体间的沟通与理解，使他们更加开朗活泼、充满自信，更主动地参与到体育课堂中来。

4. 固趣

针对每位学生制订个性化的任务单，使他们不再"很"简单抑或"很"难达成任务，而是让他们感受努力过后都能成功；妙用激励评价提升团队凝聚力，让学生在团队建设中学会为他人的失败鼓励，为他人的成功喝彩，感受团队荣誉感，提升团队凝聚力，让体育课堂真正落实核心素养。

5. 延趣

结合课堂教学实际，设计针对性的"挑战赛"，每周 PK、每月评选，激发学生课后锻炼的兴趣，让学生收获运动的成就感。

体育课的"动趣"并非迁就学生一时的、短暂的兴趣，而是要利用体育活动产生的直接兴趣，吸引学生投入练习，使他们体验到运动的乐趣和愉悦，继而转化为间接兴趣，形成参与运动的内部动机，所以"动趣"体育课堂要紧紧围绕教学目标，抓住关键点、学习兴趣的触发点。在如何引导学生参与体育课堂教学的创新，使教师的教学策略和教学手段产生更好的效果；如何在动和趣之间找到一个平衡点，让学生动得有度、动得有趣、动得有方；如何让"动趣课堂"检测评价更直观清晰等方面，还需进一步思考，从而进一步点燃学生的运动激情，提升学生的体育素养，让体育运动成为学生终身的兴趣，成为一种生活态度，成为未来生活的一部分。

携手同行课改路 "兴趣·多样"谱新篇

姚伟良

（宝山区教育学院实验学校）

一、案例背景

重点论述宝山区初中体育多样化教学改革的实践研究，优化教学目标的设计，创新课的教学内容，更新课的教学方法、教师教学评价与学生课堂学习评价，提升初中体育教学的有效性。

为贯彻落实《中共中央国务院关于加强青少年体育增强青少年体质的意见》，上海市作为全国体育改革的先驱，于2012年推行了"高中体育专项化"改革并取得显著效果。为使各学段学校体育教学的衔接更具科学性、合理性，2015年5月，上海市教委正式启动"小学体育兴趣化、初中体育多样化"改革的试点工作，发布了《关于公布上海市体育课程改革试点学校名单的通知》；随后，又颁布了《上海市初中体育多样化改革指导意见（试行）》。宝山区教育学院实验学校、宝山实验学校、淞谊中学、长江二中等四所学校从此踏上"初中体育多样化"课改之路。

二、案例描述

（一）建立课改专业团队

经历过二次课改的我们深知课改是国家意志的体现，因此"初中体育多样化"的理念和学校体育的总体目标是"自上而下"传导的，但具体落实走的是发挥基层主观能动性、积聚一线实践智慧的"自下而上"的路径。我们对"自下而上"的理解是，没有现成的理论可借鉴，也没有成熟的经验可遵循，依靠课改试点学校的深度思考与大胆实践，通过过程中总结、阶段后反思、再实践验证的多轮循环，归纳提炼成兼具实践策略、操作流程等，既有科学性，又有实践性、可复制性的课改指南等教学参考资源。

2015年，在区教育局体卫艺科的统筹组织下，成立了三个学段的体育课改工作室，将区域内一批有梦想、有智慧、有能力的体育人召集起来，以试点学校为基地，在这一平台上"学习理论、领会精神、切磋技艺、思想碰撞、提炼成果、破解难题"，为全区初中体育多样化课程改革提供参考样本。

（二）开展课改的实践探索

在上海市体育专家的指导下，笔者作为宝山区初中体育课改工作室的领衔人，带领18位（包括四所上海市课改试点学校和三所区试点学校以及五所非试点中学）中青年体育骨干教师，边学习、边实践、边研究、边思考，启动了体育课程改革试点之路。

研究伊始，对"初中体育多样化"教学改革的认识还相对肤浅，主要以六年级的篮球教学为例，围绕以"教学方法、学习经历、评价方式"为主题内容的教学设计与实践展开探索性研究。2015年12月2日，宝山区体育"小学兴趣化、初中多样化"课程改革教学研讨活动在宝山中学举行。实验小学杨新娟老师执教二年级"攀爬",宝山教育学院实验学校梁岩老师执教预备年级"篮球行进间运球";课后的研讨活动由上海市特级校长、特级教师徐阿根和特级教师俞定智分别做了点评与建议,至此,宝山的体育课程改革迈出了坚实的第一步。

随着"初中体育多样化"实践研究活动的不断推进,从原本的篮球单个项目向足球等其他体育运动项目教学多样化推进与辐射,同时针对"区域联合教研"方式展开了研讨。2017年6月6日,"基于标准多样教学动感培育——上海市初中体育多样化联合教研展示活动"在华师大杨行中学举行,首先由宝山、嘉定的体育骨干教研团队就本次联合教研做以"聚焦多样化:共研共享共成长"为主题的论坛交流,接着观摩了由杨行中学的董科和徐行中学陆婷婷老师联合执教的"足球运球+脚内侧传接球"教学课,最后由特教教师余定智、徐阿根分别对研讨活动做了点评,他们对本次研讨活动给予了高度评价,并提出了宝贵的建议。

随着体育课程改革研究的不断深入,课堂教学实践活动积累了一定的实践经验,同时加深了对体育课程改革理念的理解。2017年11月28日,"传播课改理念 打造兴趣课堂 聚焦多样教学"宝山现场展示活动暨上海市"小学兴趣化 初中多样化"体育课程改革推进大会在行知中学举行。与会嘉宾现场观摩了宝山区实验小学的篮球课"体前换手变向运球"、长江二中学女生的"罗汉十八手动作组合与攻防练习"和大华中学男生的"足球——脚内侧传接球"三堂体育课。长江二中学的女生们在"快、准、狠"的生动演绎中传达出中国武术精神的刚健之气,大华中学的男生们在学练中展现了足球运动的魅力与激情,凸显了中小学体育课程的改革成效。根据初中男生、女生不同的身心特点,开展男、女分班教学,充分体现了初中体育多样化在课堂教学中的适切性,受到了与会专家的好评。

倪闽景、李骏修等一批专家领导对宝山区积极推进小学兴趣化、初中体育多样化课程改革活动给予了充分的肯定，标志着自 2015 年以来，在徐阿根、俞定智、王立新、徐燕平等专家引领下的宝山体育骨干团队的课程改革的实践活动走在全市的前列，也为宝山的体育课改画上了一个阶段性的符号。

（三）在课改实践中凝聚

我们秉承陶行知的教育思想，在"做中学、学中做、做中思"，追问课改的目的和上海市教委针对体育教学工作提出的"小学兴趣化、初中多样化、高中专项化"的原因及其本质和特点。

通过两年课改学习、实践、思考、碰撞、提炼与归纳，我们大胆地认为："小学兴趣化、初中多样化、高中专项化"三者实为一体，相辅相成、相互影响又各具特点；三者也是一条递进的体育学习链，更是以体现学生身心发展来进行三个学段体育课程的整体设计与科学规划，旨在培育和提升体育学科所承载的核心素养，故而我们有理由认为本次体育课程改革的意义和特点是"源于兴趣、富于多样、臻于专业、归于体育"。

（四）在课改实践中凝练

起初"初中体育多样化"概念尚未明确界定，基于我们对"三化"的理解，通过查找资料，请教专家、学者，深入研讨，反复推敲与提炼，最终达成共识：初中体育多样化是基于《体育健康课程标准》，一方面是学校体育课程设置上尽可能创设兴趣多样的内容去满足学生体育锻炼的需求，使其体验多种运动项目的学习经历；另一方面是体育教学应围绕教学方式的转变来推进学习方式的改善，促进学生运动技术、技能、体能的全面发展，为高中专项化奠定基础。

初中体育多样化可以从学校体育课程设置和体育课程实施两方面去理解。

1.学校体育课程设置

可从目标、项目、结构、时间、空间、师资、保障机制等方面整体架构，以下为宝山教育学院实验学校的体育课程结构案例。

宝山教育学院实验学校根据学生人数多、运动场地少的特点，因地制宜，构建了由校长室、教务处、德育处、后勤处、体育教研组和其他各教研组的联动机制，整体架构了学校的体育课程教学、体育活动方案以及运行管理机制，统筹安排体育课程的课时、设施设备和人员分工。参与课改的人员有分管领导、体育教师、教务人员、总务人员、班主任、教练员和兼职教师，各方力量积极参与体育课改有助于达成体育课程改革的共识。此外，该校还邀请了体育局专业教练（4人）和外聘体育教师（2人）进入校园，保障了学校体育课程的实施。

2.体育课程实施

体育教学应围绕教学方式的转变来推进学习方式的改善，精选教学内容，合理选用多种教学方法，融合多变的教学组织形式，采取多元的教学评价方式，开发并创新教学教具设备，激发学生体育学练兴趣，做到教学目标多元性、教学内容多样性、组织形式多变性，将多样化的教学思想贯穿于教学始终，从而达到符合初中生身心发展特点需求的体育教学目标。

三、案例评析

（一）案例效果评析

中小学体育课程改革带动了教育思想观念、教学方式、学习方式、评价体系等方面的深刻变革。实施课程改革的最基本途径是教学活动过程。经过我们多年的探索性实践研究，"初中体育多样化"的课改理念已经在实践中得到了体现，引起了体育课堂教学的显著变化，具体体现在以下几个方面。

1. 教学内容由单个运动技术的教学转变为两个或两个以上动作的衔接与延伸

教学内容的拓展与延伸丰富了教学内容。在教学资源整合方面下功夫将有利于体育教学开展，促进学生成长资源的利用，使其更好地服务于体育教学工作。

2. 情境教学法的创设

情境教学法是指在教学过程中，教师有目的地引入或创设具有一定情绪色彩、以形象为主体的生动具体的场景，从而帮助学生理解教材，并使学生的心理机能得到发展的教学方法。在"初中体育多样化"课改理念的实施中，情境教学法不仅解决了学习的重难点，而且使学生体验到了学习的乐趣。

3. 混合式教学模式的运用

混合式教学模式提倡先学后教，强调以学生为主体，能让教师与学生轻松愉快地享受教与学的过程，让学习变得更轻松。混合式教学模式与传统教学模式不同，这种模式可以让学生在家借助网络自主完成学习，而现实的课堂变成了师生共同探讨问题、解决疑惑、交流互动的知识内化场所，从而达到更好的教育效果。

4. 教学组织形式向小组合作、对抗比赛、挑战赛等多种方式演变

教学组织形式是指为完成特定的教学任务，教师和学生按一定要求组合起来进行活动的结构。在教学实践中，充分运用分组教学技术，发挥小组骨干的作用，进行组内配合、组间竞争的教学形式，体现了小群体性和对抗比赛性，根据八年级男女生不同的身心特点，开展男女分班教学。

5. 教学评价向开放性、过程性、动态性、多元性的评价演变

课堂教学评价是促进学生成长、教师专业发展和提高课堂教学质量的重要手段，由于体育教学过程的特殊性，使得体育教学评价不同于一般学科的教学评价。学生学习体育的效果受先天差异的影响较大，且在体育教学过程中学生的体育学习行为具有隐性、显性和即时性。针对体育教学评价涉及面广、教学情境复杂多变等特点，需要探索适合初中阶段体育教学效果的评价方式。

6. 新型教具设备的研发

场地、器材是学校体育教学的基本保障。在教学中，教具与教材的关系十分密切，两者相辅相成。好的教具会丰富教材的内容，不仅能激发学生参与学练的兴趣，而且有助于培养学生的个性和提高学生的适应能力，同时也能培养体育教师的创新精神，推动体育课改的发展。

（二）继续实践与推广研究成果

对前期《宝山区初中体育多样化教学改革现状分析及对策研究》进行了阶段性总结，对"三化"课改理念与相关概念进行了梳理与提炼。以初中体育多样化课程改革为契机，更新体育教学观念，立德树人，提升体育课教学质量。"初中体育多样化"课程改革背景下体育课的特点主要包括：优化教学目标的设计；创新教学内容；更新教学方法；完善教师教学评价与学生课堂学习评价；形成多样化的教师教学风格。

1. 宝山区中小学体育场馆设施的现状调查与分析

一是中小学人均体育场地占有率较高，为学校体育教学、体育活动、课余训练提供重要物质保障。二是中小学室外体育场地设施较为完备，基本体育场地设施，如环形跑道、直道、篮球场、足球场拥有率达到100%。个别学校还配备了网球场、手球场等，为学校特色体育项目开展、

学生个性发展提供更多的优质资源。小学室内体育馆拥有率较中学室内体育馆拥有率明显不足,需进一步加快小学室内体育场馆建设。三是受天气因素影响时,室内体育馆基本都能满足体育课的开展。但由于小学体育馆建设相对滞后,在安排体育场地时较中学而言更多集中在教室中进行。四是中小学体育俱乐部覆盖率较低,仅为15%,其特点是小学以"自我吸收"为主,不对外营业,而中学则兼顾"内用"与"外需",实行体育管理与经营。五是中小学节假日对外开放率较高,其中,免费开放率达到86%,收费或不开放学校占14%,一定程度上保证了"全民健身计划"的落实。六是中小学体育器材配备较为完善,但在某些器材质量把关上仍需进一步加强管理,并且应考虑一些特殊学校的"特殊要求"。

2. 宝山区初中体育多样化教学开展现状的调查与研究

第一阶段:先确定研究对象,以宝山区初中的体育教研组长、体育教师、学生为调查对象。随后运用访谈法和问卷调查法,访谈提纲包括10个问题,主要访谈对象为各初中体育负责人;调查问卷涵盖当前初中体育多样化的教学现状与建议,包括学生问卷(15个问题)、体育教师问卷(24个问题),使用问卷星软件发放问卷。调查完成后,运用Excel对调查问卷进行数据整理和统计。

第二阶段:针对本地研究,共展开三项调查。第一,上海市宝山区初中体育多样化教学开展基本情况的调查与研究;第二,上海市宝山区初中学生体育多样化学习现状的调查与分析;第三,上海市宝山区初中体育多样化教学实施现状的调查与分析。第一项主要包括初中体育多样化教学开展规模、初中体育教师师资现状的调查与分析。第二项主要包括初中体育教师对多样化教学认知现状的调查与分析,初中学生体育多样化学习的兴趣、态度分析,初中体育教学中的多样化选择及体育项目的差异分析。第三项主要包括初中多样化课程改革实施途径情况的调查与分析、初中体育多样化内容开展的选择依据、影响初中体育多样化教学实施的因素、分组教学在初中体育多样化教学中的组织形式、初中体育教学多样化的组织应用、初中体育多样化教学运动负荷的安排、初中体育多样化教学评价情况、初中体育多样化教学实施的保障分析。

第三阶段：通过此次研究，总结出宝山区初中体育多样化教学现状的发展对策，即统一内容标准，强化师资队伍；注重教学交流，开展专业培训；完善评价体系，关注师生成长；完善场地器材，合理利用场馆；丰富课外活动，开阔学生视野。

3. 开展成果推广课改实践

基于对初中体育多样化教学改革现状分析及对策的实践研究，应将研究成果进行宣传与推广。一是继续做好调研工作。二是理念先行，将学校体育课程设置从目标、项目、结构、时间、空间、师资、保障机制等方面进行顶层设计、整体架构，将体育课程实施围绕教学方式的转变来推进学习方式的改善。三是教师培训，实施宝山区"十三五"共享课程"初中体育多样化课改背景下教师学科素养的提升"，组织体育教师静下心认真学习、领悟课改精神，开展新时期体育老师"教、学、研"一体化校本培训，让一线体育教师了解当下进行的初中体育多样化课程改革，理解课改的理念、概念的界定及实践要求，做到全覆盖、全知晓、全理解；在学科素养（知识、技能）的培训方面，强调通过对教材教法的研读来提升体育教师的专业能力并转化为实践操作的能力来提高体育课堂教学的实效性，提高体育课身体锻炼的趣味性，让学生掌握一个自己喜欢的体育项目，提高体育教学质量。四是校本研修，在课题的引领下深入一线进行实践研究。

4. 对宝山区所有新参加试点的学校的《国家学生体质健康标准》情况进行调研

2019年，多样化试点学校按《国家学生体质健康标准》测试上报数据，本次统计的样本量为7018人（包括宝教院实验学校、宝山实验、淞谊中学、长江二中、新民实验、宝钢新世纪、上大附校、刘行新华、罗南中学，共计九所中学），其中男生3692名，女生3326名。分析显示：一是多样化试点学校学生体质健康综合评价的优良率为53.4%，及格率为97.1%；二是多样化试点学校学生身高体重评价为低体重率4.2%，与本区平均水平基本持平，正常体重率67.2%，高于本区0.6个百分点，超重率15.0%，低于本区1.0个百分点，肥胖率14.3%，与本区平均水平基本持平；三是多样化试点学校学生肺活量评价的优良率为75.0%，及格率为99.4%，与本区基本持平；四是多样化试点学校学生一分钟跳绳、"50米×8"往返跑指标优良率评价均高于本区平均水平，50米跑、立定跳远、一分钟仰卧起坐、引体向上、1000米跑（男）/800米跑（女）指标优良率评价均低于本区平均水平，坐位体前屈指标优良率评价均与本区平均水平基本持平。

目前，初中体育多样化课改的实践研究虽然取得了一些阶段性的经验与成果，也通过观察分析验证了初中多样化教学改革的实施效果，但是我们仅仅是进行一个初步的实践探索与理论梳理，仍有许多值得我们去探讨和改进的地方。在双新背景下，"初中体育多样化教学改革的实证研究""初中体育多样化教学改革是否还受其他因素的影响""初中体育多样化的教学模式能否建构""'三化'教学改革与体育健康课程改革如何配套衔接"等都是值得我们后续思考和研究的问题。

"植物大战僵尸"我们一起玩
——营造一个"乐学、能学、好学"的课堂氛围

瞿伟华　钱　晨

（闵行区实验小学）

一、案例背景

本市的学校体育工作者率先在普通高中学校进行了"高中体育专项化"课程改革，为小学和初中学校的体育课程改革做出了表率，提供了经验与做法。加快课程改革是上海作为全国教育综合改革实验区的一项关键任务，也是整个基础教育改革的核心环节。体育课程是基础教育课程体系的重要组成部分，在教育改革与发展的今天，体育课程同样面临着艰巨的改革任务。实施"小学体育兴趣化、初中体育多样化"课程改革，必将对基础教育的改革和上海教育的发展起到积极的影响。

在小学体育课中，游戏的价值正在被越来越多人关注，游戏活动的有效开发和利用是体育课程实现"健康第一"的重要因素。因此，设计具有一定含金量的游戏活动可以使学生在身心两方面都得到健康发展。根据学

生年龄特征，设计高效的游戏活动可以提升课堂氛围，促进学生自主健身。

2015年9月，我校成为上海市小学体育"兴趣化"的首批试点学校，根据多次专家培训，近几年来，我校体育组针对"放慢教学进度、精简学习内容、改进学习评价、引导教师关注学习兴趣和学习习惯养成"进行了相关研究，并设计了一系列"游戏化"的体育活动，旨在营造快乐、健康的学习氛围，激发学生对"体育与健身"这门课程的兴趣，为学生打下"乐学、能学、好学"的基础。

二、案例描述

通过小学体育游戏化教学改革试点，课程目标与课程实践紧密结合，改变了传统的体育教材内容配置方式和教学组织形式，精心设计教学内容并创新教学方法手段，使小学生从入学开始就对学习体育产生兴趣，喜欢上体育课，乐于参加体育活动，增强学生身体活动能力，提高学生身体素质。这使得小学体育课程体系、教学目标体系、教学内容体系、教学评价体系的衔接更为紧密，为科学完善学校体育教育教学体系的建立探索可操作的运行机制。

在小学体育教学中，教研组认为对于小学生而言，培养运动兴趣是体育课程的首要目标，因为只有真正地形成了兴趣，学生才能积极、自觉地参与体育学习和活动，才能形成坚持体育锻炼的习惯，才能使体育锻炼成为生活中一个不可缺少的重要组成部分。此外，在体育教学中，许多活动需要通过器材的合理创新使用才能顺利完成，这是体育学科区别于其他学科的一个重要特征。在学生初次接触体育课程时，引导他们熟悉器材的作用以及帮助他们享受与伙伴一起活动的乐趣，也是"兴趣化"的一个不可或缺的目标。

"热身运动"在体育课的课堂教学中是一个不可缺少的重要环节，但该环节在教学时容易给学生呆板、枯燥的感觉，特别是低年级的学生容易走神、持久性差。那么教师在教学中应该运用什么样的教学方法来吸引学生，迅速达到热身的效果呢？

（一）教师创设学生喜欢的环境，结合网络游戏的情景开展教学，激发学生兴趣

教学情景一：

师：同学们，《植物大战僵尸》这个游戏你们玩过吗？想不想成为金牌射手？老师想考考你们，要成为金牌射手先要做什么呀？

生：玩过，玩过，要补充好能量（热身）。

师：对，看到老师手中的太阳了吗？在慢跑中根据老师的要求，不断地获取能量。

（场面）学生头戴头饰（各种植物），根据植物大战僵尸的音乐背景，不断地从教师手中获取能量，获取能量的要求也是从低到高，学生始终保持着高度的热情。

师：好，同学们，你们都获取了能量，再活动下关节部位如何？

（场面）学生在教师的引导下，根据音乐的节奏，他们自己选择伙伴进行热身活动，学生始终保持着兴趣和活力。

师：今天同学们都很聪明，出色地完成了老师交给你们的热身任务，相信在以后的课程中，你们一定也能按照老师的要求高质量完成我们的热身运动。

（二）教师巧用器材，学生共同完成学习任务，相互协作、体验成功

教学情景二：

师：僵尸出现了，射手们想不想把僵尸打得"哇哇"叫啊？这里有6个僵尸，我们分成6组，看看哪组的僵尸叫得最惨。

（注：教师不断巡视，提出教学的重难点，讲解时加入肢体动作、手势）

（场面）学生们选择相同植物的分为一组。在老师的引导下，各组开始忙着完成自己的任务。教师参与到各组中，帮助孩子们解决一些在小组中可能发生的问题，学生兴趣盎然。

师：增加难度了，老师变魔术了，僵尸露出了胸膛，想不想打破僵尸的胸膛啊？

（场面）学生们的积极性更高了，技术动作在游戏中不断巩固。

师：僵尸看到我们这些射手太厉害了，想逃走了。能不能让它逃走啊？

生：不能，不能。

（场面）课堂氛围达到最高潮，最后通过比赛来检验学生对教学重难点的掌握程度，学生们始终相互协作，体验到成功的乐趣。

三、案例评析

教学设计要依据《体育与健身课程标准》，课程教学内容的选编要适应义务教育阶段学生的身心发展特点，注重教材内容的健身性和兴趣性、游戏化和多样化。小学低年级学生的教学内容设计以体育游戏融入身体基本活动形式、练习方法及活动规则为主；小学低年级学生的教学组织要体现集体性、合理性和灵活性；小学低年级学生的体育教学方法与手段力求

趣味化、活动化和多样化。

（一）创设主题情境，融入趣味性活动，贴近学生生活

情境的设置对小学低年级学生学习体育来说是最好的刺激源，也是他们进行身体活动和完成学习任务的基本形式。本节课各练习部分设置的情境给学生营造出一种好学、喜学、乐学的氛围，调动了学生主动参与和锻炼的热情。课程的准备部分，教师运用音乐背景，让学生自告奋勇地出列带操，要求他们既要跳又要符合节奏，还要活动各关节。教师与学生一起模仿动作，使准备活动显得有新意，让学生快速进入运动状态。课程的基本部分，教师先示范讲解投掷'羽毛球'的动作要领，然后让学生扮演"植物"，用"僵尸"做投掷靶，引导学生演出一场植物大战僵尸剧，使得较难的技术学习变成生动活泼的练习，满足了学生自我表现的欲望，并学会了投掷的技能。最后，教师还运用僵尸靶设计了拼图接力比赛场景，不但锻炼了学生的社交能力，而且增强了他们的合作意识。

在低年级学生的课堂教学中，教师要积极创设主题情景，结合教材特点，融入趣味性的活动，把教材的难度降低，尽量贴近儿童的生活，采用灵活多变的教学方法，不断激发学生的运动兴趣，促使学生乐于参与体育活动。

（二）教师有意识地为学生创新活动器材，帮助学生体验成功

针对小学低年级学生难以掌握投掷动作，对投掷练习感到单调乏味而不感兴趣的现状，教师开发了"僵尸"投掷的器材靶子（用不锈钢制成一个高约1.6米、宽约0.6米的框架，画好僵尸卡通形象并粘贴在框架上，胸部用不同形状的板块拼接，腹部用纸糊成，底部安装轮子可移动），学生4人一组先用羽毛球练习投掷头部，其次练习投掷胸部，距离由近及远，再

投掷腹部并要求击穿，最后练习投掷移动的"僵尸"靶，整个基本部分的练习层层递进，既保证了练习密度和一定的运动量，又使知识技能的学习落到实处，有效地解决了本课的教学难点。

（三）及时评价，适时鼓励，激发兴趣，帮助学生树立信心

小学低年级学生具有强烈的"向师性"，在学生的心目中，教师的形象很高大（往往比实际高大），他们对老师充满了崇拜与敬畏，教师的态度和评价对他们的成长起着至关重要的作用，因而教师应该对学生有较高的期望、面容和蔼、关注学生的态度、多一些提问与交谈、赞扬鼓励学生等。这些都会对学生的成长起到至关重要的作用，大大激发他们的学习兴趣。

素养导向下高中体操结构化教学设计
——以十年级女生双杠"外侧坐越两杠挺身下组合动作 4-2"为例

周艳萍

（上海市上海中学）

一、案例背景

2019年6月，国务院办公厅发布《关于新时代推进普通高中育人方式改革的指导意见》，要求2022年前全国普通高中全面实施新课程、使用新教材（以下简称"双新"），并遴选一批新课程、新教材实施示范区、示范校，发挥引领带头作用。《普通高中体育与健康课程标准》（2020年修订版）中提出：要以学科大概念为核心，使课程内容结构化；要注重评价的激励、反馈和发展功能，构建主体多元、内容全面、方法多样的评价体系，促进学生更好地达成课程目标和形成学科核心素养。

以"如何提高体操基本动作能力和比赛、表演能力"为标题的新教材学习内容中很难找到具体的教学内容，因此教师要将教材转变为教学内容。基于学生已有的知识结构、认知结构和动作结构，同时考虑到高中女生具有一定双杠基本动作能力、较强的思维能力、自主学习和自我表现能力，从跨学段教材的纵向结构进行构思，我们设计了以外侧坐越两杠挺身下为核心内容的双杠组合动作单元，共4课时，本课为第2课时。通过学习，学生能够掌握外侧坐弹杠快速收腹举腿臀离杠面和手推杠的技术动作，在保护与帮助下完成外侧坐越两杠挺身下动作，并尝试成套动作的练习与展示，培养优美的身体姿态；会运用学习任务卡开展小组合作学习，提高自主学习和主动学习的能力，养成善于观察与分析、欣赏与评价以及克服困难、挑战自我的良好品质。

本案例探讨了在教学中如何通过结构化的学习活动设计，采用多维度、多元素、多层次的课堂评价工具来推进目标的有效达成，将"双新"学科核心素养的要求真正落地。

二、案例描述

（一）体验感知

【创设情境】创设跨学科情境，结合物理学中的力学知识，探讨外侧坐举腿的影响因素。

【提出问题】影响外侧坐压杠举腿高度的因素有哪些？

【活动实施】以小组为单位，尝试外侧坐举腿练习，并进行探讨与交流。

【活动评价】评一评：通过体验感知后，你认为如何才能举高腿，臀离杠面？

A.压杠有力，摆腿迅速；B.直臂支撑，肩稍后倒；C.臀部离杠，举腿过头；D.手臂后撑，上体后倒。

【设计意图】基于学生认知经验，通过双杠技术与力学知识的"内容关联"，激发学生主动参与学习，实现主题与学生认知结构的有机联结，培养学生利用已有知识结构发现、分析问题的能力。体验感知后，及时将体验问题进行反馈收集，引出练习中的观测点，并发现问题（本课的学习重点），呈现初始性评价在学习初期活动中的作用。

（二）提高认知

1. 外侧坐压杠举腿碰标志物

【创设情境】利用花球为目标物，结合视频 AI 技术分析压杠举腿的动作技术。

【提出问题】如何提高外侧坐压杠举腿的高度？

【角色分工】一人练习、一人保护与帮助摆腿、一人举标志物、一人拍摄视频。

【学练提示】直臂支撑手靠臀，紧背立腰腿后伸，压杠收腹举双腿。

【设计意图】结合视频拍摄、慢动作回放、动作视频 AI 技术分析等信息技术的使用，助力动作技术的理解以及自身动作的及时反馈，提高学练效果。

2. 外侧坐越两杠成异侧坐

【创设情境】利用花球的三个不同位置，提高摆腿方向的变化和推手移重心。

【提出问题】如何提高压杠举腿与推杠移重心的协调配合？

【分层练习】（1）外侧坐举腿挺身下；（2）外侧坐弹杠进杠中—前摆成异侧坐；（3）外侧坐越两杠成异侧坐。

【设计意图】将数据结果与解决方法和分层练习场地相对应，引导学生按适合自己能力水平的练习进行分层练习，建构学生主动参与思考和解决问题的学练环境，并帮助其有效解决本课的重点与难点问题，体现过程

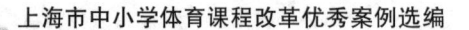

性评价的价值与意义。

3. 外侧坐越两杠挺身下

【创设情境】在保护与帮助下体验完整动作练习。

【学练提示】压杠举腿，推手换握杠，落地屈膝缓冲。

【保护与帮助方法】保护者站在练习者落地一侧，一手扶练习者上臂，另一手托其腰背，帮助完成越两杠并平稳落地。

【活动评价】评一评：通过这些练习之后，你认为还存在哪些不足和有待提高的地方？

A. 举腿不够高，臀部没离杠；B. 推手不够，出现臀擦杠；C. 动作姿态不优美，挺身动作不明显。

【设计意图】结合学习过程中相互观察以及自身的本体感觉，利用"评一评"，以数据链的形式直观地反馈给授课教师，有利于学生和老师更加客观、科学地共同发现靶点问题，在自主学练中，不断修正认知模型，实现"一模一样"的学练效果。

（三）巩固内化

【创设情境】以初次体验完整动作后的评价结果为依据提供选择性学练菜单。

【提出问题】如何根据自身问题选择相对应的练习进行巩固提高（如表1-2所示）？

表1-2 外侧坐越两杠挺身下存在问题与解决方案

序号	问题	解决方案
A	举不起腿或臀部不离杠	外侧坐弹杠举腿碰标志物同侧下
B	推手不够，出杠时臀部擦杠	分腿坐屈膝弹杠前摆下
C	挺身动作不明显，动作姿态不优美	支撑摆动前摆挺身下

【学练提示】根据以上分层练习，同学们可以根据自己的问题，重新分组，选择适合自己的方法进行提高和改善，并在问题得到改善后再次进行完整动作学练，提高动作质量和提升动作姿态。

【活动评价】测一测：你所在的小组有几个同学能在保护与帮助下完成完整动作？

【设计意图】通过完整动作练习之后结果性评价的相关数据，再次找出存在的问题，并引导学生进行选择性学练，进一步提高动作质量，真实地体现本课的学习成效与学习目标的达成度。

（四）运用实践

【创设情境】欣赏奥运会中国队优秀运动员双杠夺冠比赛视频。

【提出问题】如何进行双杠组合动作创编与展示？

【任务驱动】以小组为单位，结合双杠组合动作单元综合评价表进行组合动作创编与展示（如表1-3所示）。

【活动评价】各小组进行自评与互评，教师根据综合评价表进行评价。

表1-3 双杠组合动作综合评价表

评价维度	A	B	C
动作完成与姿态	动作安全合理，衔接流畅，身体形态和姿态控制能力好	动作安全合理，衔接较流畅，身体形态和姿态控制能力一般	动作衔接不流畅，基本完成动作
分享与自我管理	积极与同伴交流分享，具有保护与帮助、自评和互评能力	能与同伴交流分享，保护与帮助、自评和互评能力一般	没有与同伴交流分享，保护与帮助、自评和互评能力较弱
意志品质与表现	责任担当，不畏困难，勇敢自信，挑战自我	具有责任感，自信心不足，不敢挑战困难	不敢担责，畏难不自信

【设计意图】采用综合性评价，将比赛情境教学融入成套动作自信展现环节，让学生通过评价指标学会体操比赛欣赏与评价的同时，提升体操运动能力与克服困难、挑战自我的良好品质，将课堂教学活动与课堂评价

方式紧密相连，真正将学科核心素养落实在课堂教学之中。

三、案例评析

（一）以新课标和新教材为依据，在课程的优化建构中提高兴趣和效率

以新课标为依据，整合体操新教材、实践活动、思维活动、评价活动四个层次，从学生主体角度、思维创造角度、过程建构角度、动态立体角度出发，以外侧坐越两杠挺身下的双杠组合动作为学习内容，以如何提高双杠组合动作的展示能力为目标，结合物理中的力学知识以及"任务卡""学练评价表""综合评价表"等教学资源，实现用教材而非教教材。这激发了学生的自主性和能动性，突出了知识结构的核心理解，增加了学材开发的厚度与学生思维的深度，提升了学生对双杠组合动作学习的探究兴趣和学习效率。

（二）以学生学习活动为主线，在系统循环的过程中催生知识和能力

基于学生学习的思维结构与能力结构分为"体验感知""提高认知""巩固内化"和"运用实践"四个环节。在体验感知阶段降低摆越难度完整动作的尝试，建立初步完整的动作映像；在提高认知和巩固内化两个环节中逐渐增加摆越难度的分层学习，过渡到完整动作的学习；在运用实践环节进行组合动作的学习与展示。这种设计既保证了动作技术环节的完整性，又保证了根据学生由易到难的学习逻辑，按照学生学习经历和过程等不同层次的活动，逐步经历从观察走向实践，从体验走向能力的获得。

（三）以问题驱动为引导，在过程创造的思维中塑造能力和品质

创设问题情境：探究压杠举腿的影响因素？引导学生充分结合双杠教材与物理学科力学知识，探究提高压杠举腿的动作方法，使学生在单个技术中形成、在组合动作中增强、在综合创编与展示中应用。以真实性、开放性的驱动性问题贯穿学习的全过程，真正实现跨学科融合式教学，体现立体、动态的思维创造，培养学生在复杂情境中发现问题、分析问题和解决实际问题的深度思维和实践运用能力，以及积极进取、超越自我的体育精神。

（四）以信息技术和评价为工具，在自主学习和合作探究中提升核心素养

运用信息技术，利用投屏、回放、视频AI技术等时空资源帮助学生建立正确的动作概念并提供及时的反馈与评价，以及提升体操动作优美的身体姿态。以电子学习任务卡的形式，在学练过程中对动作进行及时的记录与评价，学会利用工具来帮助技能学习与掌握情况的即时反思与评价，也能帮助教师更加客观、科学地共同发现靶点问题，从而提升学练效果。同时，在分组学习中，将不同伙伴的自主与合作学习贯穿全课，培养相互学习、相互合作、相互信任的意识和良好的体育品格。

依托微论坛，武术融入中学体育教学实践研究
——以中国中学《武韵中国　行稳致远》武术微论坛为例

汤仲娟

（上海市中国中学）

一、案例背景

在以学科核心素养为指导，以"3+2+N"即文史哲核心课程全面融入办学特色、艺体课程情境化融入为学校特色指导思想的大背景下，2021年5月，体育教研组组织筹备参与了与"海派体育"同行为"三化课改"踔厉——上海市第四期"双名工程"高峰计划体育基地教学展示研讨活动（徐汇专场）。此次研讨活动主题内容主要围绕学校优秀传统体育文化武术课程的教学，用微论坛的形式呈现学校武术教学的研讨过程、武术各项活动的开展以及校园武术文化的传播。

我校作为初中体育多样化、高中体育专项化的试点学校，始终致力于

探索融合中华优秀传统文化教育的国家课程，构建具有鲜明办学特色的校本课程，实现"初高中一体化贯通"的课程体系。

体育教研组也以立德树人为根本任务，以健康第一为指导思想，聚焦课堂、强化课堂主阵地的作用，深化双新背景下的教学改革并因地制宜开展中华传统体育项目，制定《体育与健康学科课程教学指南》。以微论坛的形式展示了武术模拟教学片段，以微论坛的方式讲述丰富多彩的武术活动是如何从无到有在校园中蓬勃发展。微论坛给教师搭建了实践研讨的平台，让教师反复以"备课、说课、磨课、上课、评课"的形式，对教学实践不断反思，不断提高教育教学水平知识。

二、案例描述

（一）微论坛片段一：课程改革试点校，武术微论坛开启源头

作为上海市第一批初中体育多样化试点校、高中第三批专项化试点校，学校从体育教学入手，进行初高中教学上的贯通，即初高中教师"走校"进行教学。同时，学校进行"优秀传统文化教育"特色校创建，传统体育项目武术被列入教研组学科课程教学。教师对初高中武术教材进行研讨分析，并对初中武术教材中不同年级教学内容进行整合，对高中武术教材进行延伸教学讨论，比如武术情景剧的编排、演绎和武术项目的课题研究。

在区1号工程推进和区学科教学指南的指导下，我们从课程目标、内容、评价等方面编写了学校武术校本教材和体育教学手册，通过初中"三多"、高中"三自"，让学生习武又习德、强身又健体。武术特色课程就在我校落地、生根、发芽。

（二）微论坛片段二：微论坛搭建武术教学共研、共享、共进实践舞台

1. 共研课程设置

结合学校传统文化新六艺课程，教研组对初高中武术教材进行分析研讨，统筹整合教学内容。初中设置了每周一节武术特色课、一节武术选项课和一节拓展课，普及十步拳、少年连环拳、新编长拳、太极拳、易筋经；高中设置了一节80分钟专项课和一节80分钟的选修课，开展太极拳、五禽戏、功夫扇、剑术等项目。

2. 共享教学方法的革新

双师资教学。本校引入了知名武术教练进入课堂教学，武术教练专业的动作示范吸引了学生的学习兴趣，但由于教法单一、课堂练习密度小，导致教学效果欠佳，因此我们采用"教练+教师"双师资的教学模式，优化课堂教学，运用自制教具、运动手环、多媒体等多种载体丰富教学方法，激发学生兴趣，提高练习密度，增强运动负荷，提升课堂效率。

项目化教学。在高中武术专项教学过程中，一方面注重提升学生的武术专项能力，另一方面通过武术情景剧的编排、演绎和武术项目的课题研究，培养学生创作、编排、演绎和合作探究的能力。

3. 研究教学评价，达成团队武术教学实践共进意识

在一路的探索和实践中，教研组对武术课程教与学的推进和变革才是实现课程目标的主阵地。从多元、多维度设置评价体系，通过短期、中期和长期评价进行评价设计。短期评价通过课堂呈现；中期评价以单元、学期为周期，进行增值性评价；长期评价通过中考以及各类竞赛作为终结性评价。每一位教师都在不断累积教育教学经验，并不断改变教育教学认识，寻找研究问题的新方法和新途径。在共研和共享的基础上，实现共同发展和进步。

（三）微论坛片段三：武术模拟教学演练，提升体育教学实践研究能力

教师的教与学演示：

设计意图：初高中武术教学衔接不仅体现了初中体育课程改革的"多种选择、多样内容和多元评价"，还体现了高中生的"自主选择、自觉锻炼和自我评价"。

场景1：武术教练与体育教师的双师资教学：翻身劈砸、防身术压肘。

场景2：单练、互练、小组合作练习，体现结构化教学，并与生活实践建立关联，激发学练兴趣。

场景3：武术专项体能融入技能教学环节，运用运动手环进行科学锻炼，提高练习密度与强度，保证合理的运动负荷。

场景4：指导巡视、合作互练、师生挑战；生评、互评、师评，创设和谐的课堂氛围。

武术模拟教学让教师们从多方面、多渠道搜集武术相关学习资料，并进行深入思考。聚焦课堂，从内容、方法和评价等方面提出问题、质疑、研讨、探索，从动作发展的角度研究教学。

三、案例评析

"双新"推进背景下，如何基于海派体育文化进行体育教学改革，如何围绕学科核心素养变革教育教学方式，倡导以"教"为主向以"学"为主转变，建立多元多维教学评价，重视自主合作和探究学习，运用情境化、结构化教学，培养学生的运动爱好、运动专长，健全人格，需要一线教师们深度思考、潜心研究、大胆创新、敢于实践。

在微论坛的展示中，教研组团队就学校的武术推广和发展情况，通过丰富的形式，讲述了学校是如何从无到有、从有到变、从变到优，逐步形成学校特有的武术课程，走向探索特色化的发展之路。微论坛展现了体育教研组老师们的集体智慧和凝聚力，也展示出了海派体育文化发扬传统、海纳百川、兼容并蓄的韵味，展现了"三化"教学的特色。

这次的微论坛展示，也给予我以下启示。

（一）微论坛培养了有理论深度、有探究能力的教师

在此次教学论坛中，教师们敢于从不同角度出发思考、发现问题，学会探究，不断地将自己的想法和观点抛出。同时，教师们以《学科课程标准》为指引，从细微处着手，探索学生的探索，体验学生的体验，升华了对体育教育理论的理解。

（二）微论坛培养了有责任感的教师

在武术模拟教学过程中，教师将个体之间的差异作为教学资源，在差异中碰撞出智慧的火花，并及时反思、分析自己在教学行为中的不足；同时，教学实践性的提升也离不开同伴间的交流互助，发挥了集体的力量，也培养了教师的责任感。

（三）微论坛培养了有创新能力的教师

通过微论坛，教师在武术课程的建构、课程实施和评价等方面有了一个深入学习、交流和探究的机会。在教学实践中，研究"如何教""教什么""为什么教"。在备课中，除了研究某一武术动作，更研究这一技术动作的攻防含义和在日常生活中的运用，这需要教师运用武术教学过程的体验，研

究教学方法和创新的态度，来掌握丰富资源对教学实践的启迪。

在"融合传统、转型开拓"的工作思路引领下，结合学校特色高中创建，把体育文化作为增强学生"文化自信"的着力点；高举"立德树人"旗帜，注重师生体育精神的培养，创造性地把武术、易筋经等传统体育项目作为弘扬中华优秀传统文化的着力点和落脚点，紧紧围绕"中华优秀传统文化教育"的办学特色，聚焦学科核心素养，不断开拓学校体育工作的"新局面"。

学科德育　彰显生命教育之魂
——四年级"空中课堂""正面助跑屈腿跳高"教学案例

王冬香

（上海市奉贤区明德外国语小学）

一、案例背景

2022年4月，《义务教育体育与健康课程标准（2022版）》（以下简称《新课标》）正式颁布，其中对跨学科学习提出了明确的指向，鼓励体育学科与德育、智育、美育和国防教育相结合，进行多学科交叉融合的教学内容，这也是面对现今课堂教学过度学科化的问题提出的新的探索和要求，旨在培养学生发现问题、提出问题、分析问题和解决问题的综合能力。基于新课程、新教学的要求，本案例旨在探索在体育学科中融入德育的可行性，为学科德育提供一定的经验。

二、案例描述

本案例以《新课标》为纲，以《上海市体育与健身学科德育指导意见》（以下简称《德育指导意见》）为抓手，设置德育教学目标，积极参与跳跃单元活动，培养不怕困难、勇敢果断的意志品质，在教育场景和角色扮演中建立责任感和职业认同感，树立珍爱生命的意识。选取消防员作为学生角色扮演的对象，通过设置"我是消防员"的主题情境，着力进行职业教育和生命教育，借助在线教学的优势，运用语言描述、动画、视频以及音乐渲染创设更加具有真实性的情境，让学生身临其境，感受成为一名消防员训练的辛苦，以及作为一名消防员英勇救火的职责，从而形成一种职业认同，并通过学习遇到火灾时的自救方法，让学生懂得火灾时如何自救，最终实现生命教育的目标，强化体育学科中的德育教育。

（一）案例设计

1. 教学分析

（1）教材分析。正面助跑跳高是跳跃单元的主要教学内容之一，能够提高弹跳力，发展下肢力量和身体协调能力，为后续学习蹲踞式跳远等项目打下基础。学生在三年级时已经学过正面助跑跳高的动作，本节课在三年级基本学会正面助跑跳高动作的基础上，向更高、更远的目标挑战。本课的重点是屈膝上提，难点是收腹及时。

（2）学情分析。三年级时，学生已经学习过正面助跑跳高，作为四年级的学生，他们对动作技术有一定的了解，对学习的重难点也有一定的认知。因此，教师要根据居家实际，充分利用多媒体信息技术创设有趣的情境，运用现有的居家器材，采取相应的教学方法呈现与三年级学习时不同的学习方式，激发学生学习的兴趣，从而促进学习目标的达成。

2. 教学目标

（1）在教师指导下和"我是消防员"的运动情境中，进一步学会"正面助跑屈腿跳高"的动作，掌握屈膝上提的动作要领。

（2）发展下肢力量和身体的协调及平衡能力，提高弹跳能力。

（3）积极参与跳跃活动，培养不怕困难、勇敢果断的意志品质，在教育场景和角色扮演中建立责任感和职业认同感，树立珍爱生命的意识。

3. 教学重难点

教学重点：屈膝上提。

教学难点：收腹及时。

4. 课时安排

本单元共安排1课时。

（二）主要教学过程

主要教学过程与内容，如表1-4所示。

表1-4 教学过程与内容

时间	教学内容	运动负荷			教与学的活动	组织与队形
		次数	时间	强度		
1'30"	课堂常规： （1）师生问好 （2）宣布课的内容 （3）提示所需器材				◎向学生问好 ◎出示需要准备的器材 ◇30秒内进行器材的准备 ☆认真听讲、积极准备	
2'30"	主题："我是消防员" 热身活动：搏击操 （配乐：狂浪）	1	1'30"	中	◎播放消防员日常演练的视频，导入主题情境"我是消防员"，引导学生扮演"消防员"，跟随教师进行练习 ◇听音乐跟随教师一起练习 ◎及时进行语言、动作提示 ☆融入情境，充分活动身体	
设计意图： 　　播放消防员日常消防演练的视频，通过教师语言的引导，让学生了解今天学习时自己扮演的角色是消防员，通过搏击操让学生快速进入角色和情境，为接下来的学练过程中进行德育教育做好铺垫						

续表

时间	教学内容	运动负荷			教与学的活动	组织与队形
		次数	时间	强度		
2′	主题:"重温本领" 热身活动:正面助跑屈腿跳高的动作 (配乐:春雨)	4~5		中		

设计意图:
  设置"重温本领"的教学情境,引导"消防员"回顾上节课已经学过的正面助跑屈腿跳高的基本动作,了解正面助跑屈腿跳高所运用的身体部位和活动方法并能够做出基本动作

| 2′20″ | 主题:"冲过火海"初级版
热身活动:正面助跑屈腿跳高撞掉一定高度的胶带
(配乐:Trippy Love) | 6~7 | 1′ | 中 | ◎播放拍摄的学生视频,并示范,引导学生思考:他(她)的腿部动作和老师跳过时腿部动作的区别?
◇仔细观看,并回答问题,得出老师的腿收得比他(她)高
◎导入"冲过火海"初级版的情境,请同学们观察示范动作,引导学生跳过一定高度的胶带,同时用空中并拢的小腿撞掉另一高度的胶带
◇布置场地并进行练习,记录自己挑战成功的次数
◎提示用小腿撞掉胶带、屈膝上提
◎统计每人成功的次数,点评,表扬与鼓励
◇汇报挑战成功的次数
◎出示评价标准,请学生记录下自己获得的大拇指个数
☆屈膝上提,落地缓冲 | |

设计意图:
  导入"冲过火海"初级版的教学情境,运用椅子和两根胶带布置场地,设置两个维度和两个高度。靠近椅子脚的胶带为需要跳过的高度,椅背上的胶带高度为腰的高度,需要学生在空中成蹲踞式,用空中并拢的小腿撞掉这根胶带,引导"消防员"通过记录自己成功的次数来判断自己动作的完成度

续表

时间	教学内容	运动负荷 次数	运动负荷 时间	运动负荷 强度	教与学的活动	组织与队形
2′	主题："冲过火海"进阶版 热身活动：正面助跑屈腿跳高挑战撞掉更高高度的胶带（配乐：战斗主题音乐）	5~6	1′	中	◇学生举手发言提出挑战的想法 ◎教师继续导入情境，引导学生挑战更高高度的胶带，请学生调整胶带的高度，拉长助跑的远度，同时关注三个评价点 ◇布置场地并进行挑战 ◎提示落点，强调动作的要点 ◎出示评价标准，请学生根据评价点进行评价 ◇根据评价点进行自我评价 ☆蹬地有力、屈膝上提、收腹及时	

设计意图：
　　继续导入情境，将撞掉的胶带设置到更高的高度，引导"消防员"要自信，敢于挑战自己，不断苦练自己的本领

时间	教学内容	次数	时间	强度	教与学的活动	组织与队形
1′40″	主题："消防演练" 热身活动：正面助跑屈腿跳高（配乐：刀塔传奇）	6~7	1′	中	◎继续导入情境，引导学生挑战跳过一定的高度并挑战更远的远度 ◇布置场地并进行挑战 ◎强调安全和动作要领 ◇反复挑战，努力跳到更远的距离 ◎表现优秀的"消防员"进行点评 ☆蹬地有力、屈膝上提、收腹及时	

设计意图：
　　导入"消防演练"的情境，拿掉椅背上的胶带，在垫子上设置两个远度，引导"消防员"自信地设立更远的目标并进行挑战，苦练本领，为后续的"紧急救援"做好准备

专题一：学生体质健康提升与体育素养涵育

续表

时间	教学内容	运动负荷 次数	运动负荷 时间	运动负荷 强度	教与学的活动	组织与队形
2′30″	主题："紧急救援1" 热身活动：爬、钻、跨过障碍 （配乐：战斗类游戏音乐1）	1	1′	大	◎播放警报声，导入动物园着火的情境，讲解紧急救援的方法 ◇布置场地，观察场地，选择救援的方式（爬、钻、跨等） ◎发布救援指令 ◇运用自己选择的救援方式进行紧急救援 ◎强调不能碰倒"墙体"，要保证自身安全 ◇记录救出的小动物的个数 ◎出示评价标准，引导学生进行自我评价 ◇记录获得的大拇指个数 ☆勇敢挑战，反应果断	
设计意图： 设置"紧急救援1"的情境，用胶带贴出倒塌的"墙体"，选用符合情境的音乐营造紧急救援的氛围，让"消防员"在场景中找到自己角色的认同感，激发其责任感，从而激励其现场判断，并运用合适的救援方式进行救援，感受救援成功后的喜悦						
2′	主题："紧急救援2" 热身活动：爬、钻、跨等方式过障碍 （配乐：战斗类游戏音乐2）	1	1′	大	◎继续导入情境，强调房屋倒塌得更加厉害了，示范讲解再次救援的方法 ◇布置场地，观察现场，选择救援的方式（爬、钻、跨等） ◎发布救援指令 ◇运用自己选择的救援方式合作进行救援 ◎强调不能碰倒"墙体"，要保证自身安全 ◇记录救出的小动物的个数 ◇汇报救出的个数，根据评价标准对自己进行评价 ☆果断勇敢，关注自身安全	
设计意图： 设置"紧急救援2"的情境，改变胶带的贴法，设置倒塌得更加严重的"墙体"，增加救援的难度，让"消防员"在保证自身安全的前提下继续寻求更合适的救援方式营救小动物，体验一名消防员在紧急关头快速做决定的果断和智慧，同时享受顺利救援后的成功感，懂得每一个生命都值得救援，强化"消防员"职业的责任感和使命感						

· 67 ·

续表

时间	教学内容	运动负荷			教与学的活动	组织与队形
		次数	时间	强度		
3'30"	放松小结： （1）放松活动：自我救护、报警呼救、捂鼻逃生、喷水灭火、移动逃生、整理衣物（音乐：安全第一） （2）总结 （3）下课，收拾器材	1	2'10"	小	◎教师导入情境 ◇跟随音乐和教师的语言学习逃生方法 ☆学会自救，放松身心 ◎引导学生回顾本课所学知识 ◇回顾自己所学知识 ◎向每位消防员授予消防衔，肯定本节课的学习效果，激励大家在未来能够成为消防员，用自己的所学守护大家的安全 ☆积极参与，感受成功	

设计意图：

  引出消防员的工作具有危险，充满挑战，要做到安全第一，引导学生学习自救的方法，实现生命教育的主题。缓慢的节奏和动作能充分放松身体，使心率逐渐恢复正常。

  总结消防员是最伟大的逆行者，带领所有学生通过敬队礼的方式表达崇敬之情，强化职业认同感。最后运用授予消防衔的方式总结本课，既对学生的学习效果进行了肯定，又让学生了解了消防员的消防衔级别，更让学生获得了一种荣誉感

三、案例评析

（一）代表人物、立足德育，积极正向育人

  教育是国之根本。《习近平新时代中国特色社会主义思想学习纲要》明确提出："要着力培养担当民族复兴大任的时代新人。要坚持立德树人、以文化人，弘扬民族精神和时代精神，加强爱国主义、集体主义、社会主义教育。"因此，在学科教学中，要把握国家的方针。本案例中，《正面助跑屈腿跳高》是跳跃类的教材，其主要培养学生不怕困难、勇于挑战自己的良

好品质。案例在关键人物的选择上非常具有代表性。教师选择了学生崇拜的消防员作为学生的角色扮演对象。消防员是具有国家形象的群体代表，学生内心非常爱戴他们。因此，让学生进行扮演，学生既兴奋，又感到光荣，是一种积极向上的引领，为后续教学中进行德育渗透做好了充分铺垫。

（二）情境支架、信息融入，凸显德育策略

《德育指导意见》为教师们提供了进行学科德育的策略，其中之一为"三引"策略，即目标引领、内容引入、方法引导。教师充分地运用了该策略，在进行教学内容设计时首先选择了设置本节课的德育目标，根据德育目标再进行教学内容的设计。围绕教学重难点和教学内容，借助信息技术的支持，充分应用PPT、音乐、视频等信息工具，创设生动有趣、具有代入感的教学情境，并根据教学内容的设计设置分主题情境，将德育内容有机融入教学内容中，让学生在不同的场景中沉浸式体验和学练。情境教学的应用、信息技术手段的加持以及设置体育练习任务的德育策略融合在教学的整个过程中，使得学练活动情景交融、学生边学边练边悟，实现素养的生成，富有效果。

（三）深思意义、多方体现，升华育人价值

在本案例的设计中，教师通过主题情境"我是消防员"创设了系列情境，让学生在其中体验消防员的本领，体验消防员在从事救火工作中的艰难，让学生体会到消防员的辛苦以及他们肩负的使命和责任感。教师同时也让学生明白，遇到火警时不能被动等待救援，而要学会自救，在放松环节的火警自救操中让主题从被救引导为学会自救，传递给学生一种伟大的逆行者守护我们，我们也要尽自己所能保护自己，同时守护他们的信念，将生命教育的价值进一步升华。

专题二："指向核心素养培育"的教与学方式变革

播下"常赛"的种子，收获"素养"的果实

胡 彬

（上海市复旦中学）

一、案例背景

2020年10月，中共中央办公厅、国务院办公厅印发了《关于全面加强和改进新时代学校体育工作的意见》（以下简称《意见》）。该《意见》明确提出以下目标：到2022年学校体育教学、训练、竞赛体系普遍建立，教育教学质量全面提高，育人成效显著增强，学生身体素质和综合素养明显提升。2021年7月，中华人民共和国教育部印发了《〈体育与健康〉教学改革指导纲要（试行）》（以下简称《纲要》），其目的是深化体育教学改革，构建科学、有效的体育教学新模式，促进学生核心素养的形成，而《纲要》中提及的"学会、勤练、常赛"的六字方针是完成这一目标的必经之路。

2021年，上海市复旦中学成为上海市篮球"一条龙"布点学校。经过

专题二："指向核心素养培育"的教与学方式变革

多年发展，形成了深厚的校园篮球文化底蕴，在校学生对于篮球项目的喜爱也是溢于言表，同时涌现了多名擅长篮球教学的优秀教师，在市区级教学评比中均获得过一等奖的佳绩。2018年，我校开始全面实施高中专项化教学，通过前期走访、调研、学习，全面分析学校师资、场地、校园体育文化、体育传统等多方因素，开设了以篮球为首的6门体育专项课程，逐渐形成了"学、练、赛、评"一体化的教学模式。

本案例聚焦"常赛"这一教学理念，描述了2018—2021年三年间学校体育教研组针对篮球专项化教学与学校体育活动开展的一系列思考、探索与实践过程，旨在更高效地促进学生核心素养的发展、更好地完善学校竞赛体系的构建，为践行体育课程改革提供方法借鉴。

二、案例描述

男生浩浩是我校一名2018级新生，个子偏小，但是非常热爱篮球。在高一选择体育专项项目时，他陷入了困境。他找到我，问："胡老师，你看我个子不高，只有170，是个篮球'小白'。在赛场上，运动员们为了梦想拼尽全力的样子一直感染着我，我也特别喜欢看篮球比赛。您看，我能学好篮球吗？"我拍了拍他的肩膀，诚恳地回答他："当然，兴趣和热爱是你最好的老师，你一定能学好篮球！而且经常打篮球不仅能增强身体机能，还能长个子呢！"

我校篮球专项课程从高一年级起就是零基础、缓进阶，由基本功开始，逐步教授学生篮球技战术。经过整个高一上学期的课内勤学苦练，浩浩同学已经掌握了一定的篮球技战术。看着浩浩的进步，我内心也暗暗高兴。可是到了高一下学期，浩浩来到体育组办公室，拿着转课单找我签字。我疑惑地问浩浩原因，浩浩说："胡老师，课堂中所教授的技战术我已能熟练掌握，课后也一直勤加苦练，但是在和同学们的实际比赛中却总是有劲无处使，既摸不到球，又投不进篮，学了也没意思！"浩浩的话引发了我深深的思考，通过与部分学生的交流访谈后，我发现这是一个普遍存在的问题。教研组经过专项学习、集体教研，根据对过往课堂的分析发现，教学过于注重学生掌握技战术的情况，相对忽视了比赛的作用。"以赛促学"是一个"学以致用"的过程，我们要多在课堂内给学生搭建实际运用和比赛展示的平台。事后，我找到浩浩，拍着胸脯和他说："再学半学期，你肯定有进步。"

2018年的第二学期，体育组展开了一次基于"学、练、赛、评"的课堂教学变革。课内的"常赛"从"技术比赛、战术比赛、体能比赛、实战比赛"四大内容推进。通过设计多维度教学评价，让"常赛"浸润于日常教学中。评价的设置不仅包括篮球技战术方面，还涵盖篮球文化基本知识、篮球裁判法运用、赏析点评篮球赛事等内容，为"常赛"模式的教学保驾护航。浩浩等一批同学因为有了实战机会，所以篮球水平和自信心都有了突飞猛进的进步。到了2019年高二上学期的一天下午，浩浩主动来找我聊天："小胡老师，经过去年课内的教学比赛，我和伙伴们进步很大，在赛场上更加自信也越发喜爱篮球运动了。今年想和其他班的同学切磋球技，能不能多组织点课后的比赛呀？"这一诉求体现了学生已经不满足于课内的"常赛"，同时启发了教研组对于"常赛"理念的新思考，拓宽了学校体育对于"常赛"工作的新思路。基于课内"常赛"的经验，教研组决定在课外推进"常赛"工作。一是开展班内、年级内、校内、校际四级"赛场"，丰富课外"常赛"实施途径；二是建立课外"常赛"保障机制。每一次比赛，学校精心准备，学生当"裁判"。赛场上，学生球员你来我往；赛场边，班级同学呐喊助威。既是一场篮球盛宴，又凝聚了整个班级和年级团队。同时，每年学生市、区、校级的评优活动中，学校都会把体育成绩与学校体育活动表现作为评选的重要依据。不知不觉中，学校体育活动已经成为学生综合素质评价中非常重要的指标。

时光飞逝，转眼间到了2020年，浩浩已是高三学生，那一方篮球场成为他和伙伴们舒缓压力的天地。"老胡，你看我这三分球可比两年前投得准多了！""嗯嗯，你的突破速度比刚上专项课那会儿快多了，个子也长高了。""真心感谢老胡，我想体育和'篮球'将会陪伴我的一生。"最后，浩浩也顺利考入了理想的大学。三年来，浩浩对我的称呼，由"胡老师"转变为"小胡老师"再到"老胡"。他在篮球的学习中体会到了体育的乐趣，在"常赛"中找到了自信和欢乐。而在复旦中学，有越来越多像浩浩一样的学生和篮球结缘，和体育结缘。

三、案例评析

（一）案例分析

注入"常赛"理念后，经过了三年的篮球专项化教学，学校体育教学、训练与竞赛都有了显著的变化。校园中，参与篮球运动的学生也变得多了起来。教学中，不仅学生的整体技战术水平突飞猛进，还掌握了篮球裁判规则、制定锻炼计划、比赛组织编排等篮球项目的体育知识。训练中，教练也发现校篮球队八成以上的运动员是通过日常教学与课外比赛选拔出来的，这批运动员们在市级、区级的篮球比赛中也获得了优异的成绩。通过三年的深度实践，以下五方面的做法值得借鉴。

1. 教师育人理念转变是"常赛"培育的大前提

"常赛"具体来说，是通过"智育"储备知识技能，将"德育"贯穿于"体育"的过程。在教学过程中，培养学生核心素养的目的不仅仅是传授知识与技能,更是促进学生全面发展。"体育"的达成是通过五育之间的紧密联系、相互贯通,发挥体育学科的育人功能。

2. 课堂推进是"常赛"开展的主阵地

课堂是教学实施的主阵地。课内的"常赛"从内容上分成四大类展开,分别是技术比赛、战术比赛、体能比赛、实战比赛。教师可以根据四类比赛的特点,选择相对匹配的组织形式,例如:运球技术可以选择1对1的比赛,传切战术可以选择3对3的比赛,体能比赛可以是多人赛,实战比赛可以是5对5的形式进行,通过多样化、多形式、多频次的比赛,将比赛贯穿于整堂课的学练活动中,提高学生学以致用的能力(如表2-1所示)。

表2-1 课内"常赛"

课内"常赛"	频次	节节赛
	形式	1V1
		3V3
		5V5
		多人赛
	内容	技术赛
		战术赛
		体能赛
		实战赛

3. 课外融合是"常赛"实施的重要渠道

课外是体育教学的第二课堂,其实施途径可以多样化。利用课外活动时间开展1对1、3对3、5对5的班内比赛,开展行政班、专项班之间的年级比赛,开展跨年级、师生之间、师师之间的校内比赛,开展社团与篮球队之间的校际比赛。在此期间,学生不仅仅是运动员,还要在教师的指导下进行赛事编排、裁判执法、现场组织等一系列与比赛相关的工作。通过"四级"赛场的构建,扩大"常赛"的规模,营造校园篮球的氛围,让体育运动成为学生校园生活的一部分(如图2-1所示)。

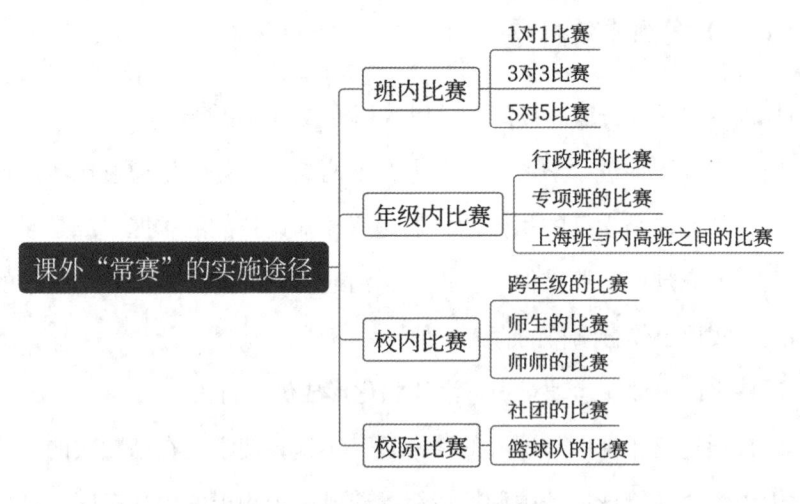

专题二："指向核心素养培育"的教与学方式变革

```
                          ┌─ 1对1比赛
                ┌ 班内比赛 ─┼─ 3对3比赛
                │         └─ 5对5比赛
                │         ┌─ 行政班的比赛
                ├ 年级内比赛 ┼─ 专项班的比赛
课外"常赛"的实施途径 │         └─ 上海班与内高班之间的比赛
                │         ┌─ 跨年级的比赛
                ├ 校内比赛 ─┼─ 师生的比赛
                │         └─ 师师的比赛
                │         ┌─ 社团的比赛
                └ 校际比赛 ─┴─ 篮球队的比赛
```

图 2-1　课外"常赛"实施途径

4. 保障机制是"常赛"运行的坚定助力

对于整个课外"常赛"工作的推进，涉及学校7个部门紧密协作。体育教研组主要负责整个赛事的协调、组织、实施工作，同时还要向上级汇报课外"常赛"的实施方案，向下传达"常赛"的细分要求；校务办承担了比赛决策、信息的发布工作；教学处承担了比赛时间安排与协调工作；德育处承担了组织班级参赛与赛事报名工作；学生团委承担了招募志愿者与现场赛事管理工作；信息中心承担了比赛摄像与摄影工作；卫生室承担了比赛急救与安全处理工作。

5. 评价体系是"常赛"达成的关键标尺

评价是"常赛"过程的重要组成部分，是达成"常赛"质量的重要环节。"常赛"评什么？评核心素养的达成；怎么评？融合过程性评价与终结性评价、定量评价与定性评价；谁来评？学生自评、互评与师评。将评价嵌入"常赛"过程，使之成为"常赛"的整体环节，才能更好地刺激学生能力的提升，促进全面发展。

（二）案例成效

1. 以赛促学提升篮球技能，学以致用养成体育品德

以"常赛"促进"学习"的魅力在于两点，一是学生通过比赛进行自我反思，从而提高学练的积极性，加速篮球知识技能的掌握。二是通过比赛学会了遵守规则、尊重他人，提高了沟通协调的能力，培养了坚忍的意志品质，实现了体育学科的育人价值。

2. 持之以恒灌输运动意识，潜移默化形成健康行为

学校通过三年课内与课外的"常赛"实施，使学生在高频次的比赛教学氛围中学会在篮球运动中调控情绪，养成乐观积极的生活态度与良好的锻炼习惯，为未来的健康生活方式奠定了良好基础，逐渐建立了终身体育意识。

3. 以点带面扩大常赛规模，由下而上构建培养体系

从课堂环节的比赛到体育课程的比赛、从班级层面的比赛到校级层面的比赛、从校内级别的比赛到市区级别的比赛，学校体育立足于教学，将"常赛"理念从针对课堂局部疑惑点拓展到学校整体竞赛面，从而构建了以篮球专项班为基础、以篮球社团为路径、以训练队为目标的运动员培养体系。

（三）案例展望

"常赛"只是体育课程改革中的一小步，要想走好课程改革这一大步，还需要一线教师长期的积累与坚持不懈的努力。通过学校"常赛"模式的成功经验，以下总结教研组对体育课程改革的三点思考。

1. 常思改革之策，坚持完善理念

体育课程改革的主要参与者是一线教师，教师的专业发展水平直接影响着课程改革的推进速度。因此，教师需要不断更新教学观念，强化教育

理念，通过自我学习与提升、教研组互助与研讨、专家引领与指导等策略，才能适应教育的快速发展与课程改革的要求。

2. 常怀教育之本，坚持优化教学

在全国教育大会上，习近平总书记强调，"培养什么人、怎样培养人、为谁培养人"始终是教育的根本问题。教育从本质上理解是培养"人"的活动，学生是所有教学活动指向的目标。体育课堂是课程改革的主阵地，教师应该结合新的教学理念，重点关注学生发展需求，从知识技能的习得、综合能力的提升、品德与价值观的形成等方面思考，不断改进优化教学方法，从而实现课程改革目标，为国家培养出适应社会发展的有用之"人"。

3. 常存自省之念，坚持细化评价

体育课程改革需要社会资源的支持、学校教育的推进、家庭观念的转变，这个过程漫长且充满荆棘。除了不断向前努力，还需要时常回头自省，而自省的标准是需要坚持细化课程改革的评价来实现的。可以通过设置学生学习水平的评价、教师工作实效的评价、学校开展体育工作成效的评价等方式确保改革之路的畅通无阻。

生态小主人，安全伴我骑

陈 兵

（上海市崇明区汲浜小学）

一、案例背景

2016年12月，《崇明世界级生态岛发展"十三五"规划》发布，崇明开启了"世界级生态岛建设"的新征程。建设生态岛必须培养"生态人"，而培养"生态人"必须从小学生开始，从小培养他们"绿色出行，低碳生活"的理念，养成良好的生活方式和生活习惯。这种习惯的养成是一个不断渐进的过程，也是一个通过模仿操作、实践体验，从而达到感悟明显的过程。

小学生的交通安全问题是刻不容缓、不可忽视的问题。国外一些发达国家已将小学生交通安全教育纳入学校素质教育的范畴，而在我国，小学生获得的交通安全知识比较零碎，没有系统化，是导致交通事故频发的重要原因之一。通过安全教育，提高小学生的自我保护能力，可以避免80%的交通意外伤害事故。因此，如何从小培养小学生自觉遵守交通规则的习惯、增强自我保护意识的问题，刻不容缓，值得研究探索。

在小学生中开展自行车运动，不仅能培养小学生绿色低碳的理念，同时也为培养绿色出行方式、安全骑行意识打下扎实的基础，印证了"少年若天成，习惯成自然"。2015年10月，自行车运动作为时尚的体育项目进入我校的体育课堂，深受学生喜爱。几年来的实践证明，在丰富学生校园体育文化生活的同时，小学生自行车运动还能有效地培养学生的创新精神和实践能力，对小学生的心理认知及社会适应能力具有重要价值。

二、案例描述

（一）"低碳生活，绿色出行"理念蔚然成风

在崇明向世界级生态岛的进军过程中，环境的变化起着决定性的作用。因此，在自行车社团成立了探究小组，在教师的指导下设计宣传单和调查问卷，向家长发放宣传材料并邀请家长填写问卷调查表，通过收集的数据分析结果的呈现，一方面唤醒环境意识正处于"朦胧"状态的家长们，提高他们"低碳生活、绿色出行"的意识，并号召他们从行动上积极地落实"低碳生活、绿色出行"；另一方面让学生们全面深入了解环境现状，组织自行车社团队员和部分学生参加东滩海洋垃圾收集活动，感受自己生活的环境，感悟"低碳生活、绿色出行"的重要性，在宣传教育别人的同时，不断提高自己的环保意识和知识水平。同时，通过"小手牵大手"向身边的人宣传"低碳生活、绿色出行"的意义和方式，让更多的人加入到绿色出行的队伍中来，真正将低碳生活的理念体现到生活中。让我们的家园多一片蓝天、多一丝绿色、多一路畅通、多一些文明。真正起到"教育了一个人、带动了一个家庭、影响了整个社会"的作用。

学生们参与实践活动，进一步了解低碳生活、绿色出行的实际情况，增长了见识，丰富了阅历，对"低碳生活、绿色出行"的现状也有了直观感触。同时，能结合相关资料提出有价值的建议。同学们认为："我们都是崇明人，应该为家乡做点贡献，我们虽然还小，但可以从现在开始用我们的方式来倡导'低碳生活，绿色出行'，等到了12周岁就可以骑自行车上学了。"也有同学说："以后告诉父母外出尽量少开车，能步行就步行，能乘公交车就乘公交车。"有的同学还说回去动员爷爷奶奶、父母和叔叔阿姨们树立"低碳生活、绿色出行"的健康理念，加入"低碳生活、绿色出行"队伍中来。同学们都立志要做小生态人，"低碳生活，绿色出行，从自身做起"，这种理念已蔚然成风。

（二）"遵纪守法、安全骑行"意识茁壮成长

许多发达国家已经把自行车运动纳入学校素质教育的范畴，在小学毕业前对小学生进行自行车骑行交通法规和实践考核，而我国在这方面尚处于空白状态。学生从学会骑自行车到上公路骑行，从未接受过系统的交通规则教育。然而学生对交通法规的学习和掌握是一个日积月累的过程，仅依靠一个讲座或一两节课解决不了根本问题。我们依据与自行车相关的法律法规系统地编制了安全骑行手册，并通过模拟练习、现场操作等生动的实践活动，让学生掌握相关的骑行法规、法则。同时引进了苏州昆山市小学生自行车技能比赛项目，包括绕"8"字、过"独木桥"、蛇形绕桩，既能增加学生骑行的乐趣，同时丰富了学校自行车运动的训练内容，更能帮助学生更好地掌握自行车骑行的实用技能。

通过系统地对学生进行交通安全知识的教育，能够减少伤害事故的发生，同时还可以教会学生骑行中的一些技巧、生活常识，如头盔的正确佩戴、骑行前准备、刹车的合理使用等，养成骑车必戴头盔的良好习惯，同时还

教导学生遵纪守法，增强学生的安全意识和自我保护意识，规范交通行为，使其更加规范、安全地骑行。

三、案例评析

生态岛建设最大的难点在于"小生态人"的建设。对此，我们让学生亲自参与社会调查实践活动，一方面从小培养学生绿色低碳理念，养成绿色出行的良好习惯；另一方面吸引更多的小学生加入自行车运动的行列中来。学生掌握了骑行交通法规，懂得遵纪守法，感悟珍爱生命，在获得了一项生存技能的同时，还收获了健康和快乐。

自行车运动作为学校时尚体育项目，它简便易学、趣味性浓、活动量大、场地设施简单，是开展校园体育活动最受欢迎的项目。因为这是学生最喜爱的项目，因此在教学教育过程中能起到事半功倍的作用。但它也是一个"隐性工程"，短时间内呈现不出效果，这是带给学生们终身的福祉，也是每一位海岛教育工作者义不容辞的职责。从小做起，从点滴做起，是崇明教育必须具备的社会功能和必须承担的历史责任。

素养指向学科德育的云课堂教学实践研究
——以"抗疫"主题啦啦操创编教学为例

张 倩

(上海市闵行区颛桥中学)

一、案例背景

2020年10月,中共中央办公厅、国务院办公厅印发了《关于全面加强和改进新时代学校体育工作的意见》(以下简称《意见》),将"健康第一""立德树人"作为课程的指导思想,加强弘扬社会主义核心价值观,培养学生的爱国主义、团队合作精神和奋发向上、顽强拼搏的意志品质,实现以体育人的目的。2022年,我国对《体育与健康课程标准》的体育学科核心素养内涵提出了更深层次的理解,认为体育品德包括体育精神、体育道德和体育品格三个维度,对当前体育课程德育在课堂中的渗透具有指导意义。

在上海市"三化"体育课程改革背景下,初中学校开设了多样化的课程供学生选择。本案例以新冠疫情期间的兴趣课主题啦啦操创编教学为例。

该兴趣课将编排、音乐、服装作为创编元素，运用知识和技能解决运动情境中的问题。在云课堂教学中，教师作为课堂教学的主导者，让学生更多地从"运动能力层面"上升到"健康行为层面""精神道德层面"，将爱国情怀、团队合作等德育教育元素融入体育教育和教学过程中，让学生在利用线上教学资源、信息化手段进行锻炼的过程中理解、感悟此类主题教育的价值和意义，帮助学生树立正确的世界观、人生观和价值观。

二、案例描述

（一）巧妙设问，创设情境，引出主题

设计问题：同学们，疫情无情，但人间有爱。你们要不要为身边的抗疫英雄们加油助威？本次云课堂的教学内容是要求学生以小组为单位，通过角色扮演的方式创编一套"抗疫"主题啦啦操，用身体表现凝聚抗"疫"之魂，为上海加油！为中国加油！

设计意图：通过"内容关联"，扮演不同职业角色，调动学生投入学练的主动性和积极性，唤醒学生的爱国情怀和民族精神，培养团队合作的体育品德，实现主题教学与学生认知结构的有机衔接。

（二）自主探究，合作学习，尝试创新

设计活动：以小组为单位，扮演各种职业角色，创编一套"抗疫"主题啦啦操。

（1）任务驱动助力学生群策群力。教师根据不同的职业角色创设不同的"任务卡"。例如：方舱医院的医护人员、送菜的外卖员……供学生自主探究各职业的工作特点，分组讨论，并根据评价表确定主题情境。

（2）捕捉学生畏难情绪，对症下药。教师在巡视过程中发现一组成员相互抱怨"太难了！我不是护士！怎样用啦啦操动作体现医护人员抗疫的过程？"教师适当用言语点出学科核心素养要点："同学们，创编本来就有难度，不要怕困难！这难道会比长期抗疫在一线的医护人员更困难吗？要开动脑筋、发散思维，多途径寻求解决方法！你们可以先搜索网络视频，观看医护人员在抗疫时到底做了哪些动作，工作有哪些特点？然后再串联之前所学动作，这样是不是就打开思路了？"

（3）创编多样化元素，鼓励学生合作创编。啦啦操可以从音乐、动作、队形、服装等方面创编，鼓励学生结合疫情封控的背景特点，利用居家锻炼器材有的放矢进行编排。例如，在进行啦啦操创编时，涉及团队配合的托举项目，无法实现肢体接触，可借助家中的桌椅作为"队友"，提升空间变化，增加视觉冲突，激发学生的创造想象力，提升创新能力。

设计意图：通过"方法关联"，培养学生多角度思考问题，提升思维能力，培养学生求索创新的品质和勇敢无畏、积极进取的精神。

（三）分层学练，实战演练，身手不凡

设计活动1：关注差异，分层学练。

通过腾讯会议平台，将学生按技术水平高低进行分组。能力高的小组成员分工明确，对于音乐选取与剪辑、动作与队形的编排、服装的选择，根据成员个人特点各自领取任务，统筹策划，学练动作；能力低的小组通过查阅视频、资料或者向教师请教，所有成员一起创编学练动作。

设计意图：通过"任务关联"，针对不同身体条件、运动基础和兴趣爱好的学生因材施教，关注学生差异。学生运动能力水平有高有低，通过分层学练，学生能选择难度适宜的创编内容，积极参与，体验运动带来的快乐，发挥主观能动性，增强学练的自信心，培养团队合作能力，在原有

基础上得到成长。

设计问题：同学们，你们的"抗疫"主题啦啦操创编好了吗？"云舞台"已经为你们搭建好了，快来挑战吧！

设计意图：通过"实战演练"，为学生搭建展示交流的平台，培养学生的良性竞争意识，提高社会交往及自我锻炼能力，发展团队合作精神、社会责任感等体育品德。

设计活动2：查漏补缺，循环练习。

在"云舞台"小试牛刀后，组内成员对个人、团体进行自评、互评，查漏补缺，并循环练习。

设计意图：通过"循环练习"，引导学生内化知识结构，建立新的知识体系。同时加深对"抗疫"主题的理解，产生共鸣，厚植爱国情怀，提升团队凝聚力。

（四）放松调整，多元评价，总结课程

设计活动：身心放松，多元评价。

（1）在舒缓的音乐下进行放松活动，逐渐恢复正常心率。

（2）师生间做好过程性评价与终结性评价，师评、自评与互评相结合，注重构建评价内容多维、评价方法多样、评价主体多元的评价体系。在多元教学评价中，实现"教、学、评"一致性，教师最后做归纳总结。

设计问题：同学们，通过"抗疫"主题啦啦操创编的学习，除了学会运动知识和技能外，以小组为单位谈一谈还有哪些收获？

设计意图：通过"小组讨论"，加深学生对学科德育的关注，以"抗疫"主题啦啦操创编为契机，引导学生在学习和生活中形成责任担当意识，愿意主动合作，提高学生在合作中变换角色的能力，并增强学生的爱国主义精神。

三、案例评析

（一）落实德育教育，培育学科核心素养

在"初中多样化"体育课程改革实践中，体育"云课堂"教学能够利用线上教学资源和信息化手段进行教与学的活动，将"爱国情怀"和"团队合作"精神渗透到教学环节中，对学生形成良好的体育品德能够产生良好的促进作用。本节课，通过设计问题、设计活动和设计意图的层层设计，注重教学方式的变革，强调从"知识与技能为本"向"以学生发展为本"转变，创设了不同角色的创编情境，构筑了结构化的教学模式。通过云课堂教学传达了"爱国情怀"和"团队合作"的体育品德，充分体现了体育学科独特的功能与价值，有利于体育学科核心素养的养成。

（二）树立民族精神之根，铸就爱国主义之魂

人民教育家于漪老师说过："教师首先是个大写的人。为人需要我们爱国，有一颗中国心，做一位有中国心的现代文明人。"立德树人是教师的根本，为师者首先要立好自己的德，而这第一大德莫过于爱党爱国爱人民。作为一名人民教师，不仅要把爱国之情、报国之志融入和渗透到血液中，更要孜孜不倦地把这种伟大情怀播撒在孩子们的心田，让其生根发芽，绽放出一朵报效祖国、造福人民的理想之花。本节课以"抗疫"为题材，让学生扮演不同角色的抗疫人员，创编啦啦操，让学生感悟中华民族是具有强大凝聚力、智慧力、坚韧力和创造力的民族，在教育教学过程中传递正确的价值观、人生观，涵养家国情怀，增强文化自信。

（三）聚焦自主、合作、探究学习，构建团队合作一体化

2022年版《体育与健康课程标准》强调体育教师要引导学生进行自主、合作、探究学习，发挥教师的主导性，注重学生主体性发展，构建团队合作一体化体系。培养学生用结构化、综合性知识与技能分析问题、解决实际问题的能力。本节课中，教师只是传达了一个目标，通过引导激发学生自创、自编、自排、自拍"抗疫"主题啦啦操的意愿，让学生们迎难而上，根据目标进行小组合作探究，发挥集体智慧，高效完成创编任务。这不仅培养了团队的默契度和配合度，还使个体充分融入集体，在团队中建立了良好的人际关系，实现了以体育人的目的。

不轻视，用心听，合作创新

韩振元

（上海市青浦区凤溪中学）

一、案例背景

2012年11月，上海市首批17所高中开始进行体育专项化改革，开启了高中体育专项化的探索之路，经过近三年的不断努力取得了良好的改革效果。2015年，上海市教委决定扩大高中体育专项化试点范围，并正式启动"小学体育兴趣化、初中体育多样化"改革试点工作，与高中体育"专项化"形成独具上海特色的"小学体育兴趣化、初中体育多样化、高中体育专项化"（简称"三化"）体育课程改革局面。

目前，对于区、校级公开课，大多数学校都以体育教研组为备课单位，共同磨课研讨，最终确定公开课的呈现方式和过程。在这个过程中，执教老师的压力很大，一方面来自教研组，另一方面来自学生。如果不按照教研组确定的教学流程来上课，教研组就会对执教老师有意见。如果按照教研组的方案上课，就要反复磨课，让所有学生都必须"听话"，这样一来执教老师最终成了双重压力下的"机器人"，学生则成了教研组加工厂的"产品"。对于这种"演课"，学生自然会缺乏"激情"。如何打破这样的局面呢？

体育课堂是学生和老师共同参与的课堂，无论是日常课，还是公开课，都不能置学生的感受和建议于不顾，要承认学生是课堂的主体，不应轻视任何一个学生，应用心聆听学生的心声，邀请学生共同参与教学的设计和实施，这样的体育课堂才能有创新，才能更有趣，才能点燃更多学生对体育课的热情。

二、案例描述

（一）接到任务，寻求突破

2021年5月，在区种子团队中，笔者承担了一项区级展示公开教学任务。借班上课半天，课题是七年级跨越式跳高（6-2）。作为一位具有15年教龄的老教师，本节课的教学并不难，但是如何能上出新意，怎样的创新才能让学生喜欢？如何才能打破"机器人""产品"的教学局面呢？

（二）诚邀学生，共同备课

在备课的过程中，笔者从"解铃还须系铃人"这句话中得到了启示，体育课中，学生是主体，在备课、设计与实施的过程中如果不顾及学生的真实想法和需求，不倾听他们的建议，这样的课能被学生喜欢吗？这样的课堂能够激发学生的"热情"吗？笔者要通过这次公开课的机会打破一般公开课的壁垒，点燃学生对体育课的"热情"！

首先在所任教学校同年级的班级中做了一个技术水平前测：男女生分别按照A（突出）/B（一般）/C（较差）三个标准测试，了解了他们的整体基础水平。

接下来,利用课余时间从每个等级中,按照性别各找一位代表谈心,将课程的内容、理念和意图等都告诉他们,把遇到的困难和困惑也向他们解释清楚,真诚地邀请他们加入我的备课组。代表们看到老师热情诚恳地邀请,于是他们敞开心扉,畅所欲言,为课程设计提供了非常好的素材和建议,让我受益匪浅。

(三)角色互换,磨课三节

第一节课:在广泛听取学生的感受、意见和建议后,设计了初稿,由我执教,教研组针对每个教学环节进行录像,课后再邀请学生代表与体育教研组集体研讨,形成统一意见后,确定课的雏形。

第二节课:邀请其他老师按照"雏形"课来执教,认真观察学生的反应和执教老师的应变方法,希望能从中获得新的认知。实践证明,这种方式既能全面观察整堂课中学生的真实表现和反应,又能从其他老师的执教中获得启发,对自己的教学改进有很大的帮助。

第三节课:综合前两节课的经验,设计课的"基本稿",由我执教,学生非常投入,整体效果较好。

整个过程历时两周,在这个过程中,这些可爱的学生一会儿是导演、一会儿是参谋、一会是演员、一会儿是辩论者,和大家在一起真是其乐融融,乐此不疲。

(四)师生齐力,满意归来

那天下午,我以优异的成绩顺利完成了公开课教学任务,按照与学生的约定,特意赶在放学前回到了学校。当我快到办公室门口时,发现很多学生在门口"堵我""老师怎么样?""你是不是按照咱们排练好的上课的？"，他们你一言我一语地问个不停，我对他们叹了一口气，低下头没说话，他们更着急了"失误了？""没事，别叹气，老韩，下次再努力！……"

此时我再也忍不住了，猛地抬起头，跳起来，大声说："有你们相伴，想上不好都难呀！同学们，谢谢你们，咱们这节课被区里的专家一致评为优质创新课！""噢耶！"所有学生都开心地跳了起来，学生的笑声传遍了校园的每个角落……

三、案例评析

（一）"以学生为课堂主体"，改变"教师决定课的设计"的传统教学模式

体育课堂是学生和老师共同的课堂，要承认学生是课堂的主体，无论是日常课，还是公开课，都不能置学生的感受和建议于不顾，不要轻视任何一个学生，要放下身段，用心倾听学生的心声，邀请学生共同参与教学的设计和实施。这样的体育课堂才能有创新，才能更有趣，才能点燃更多学生对体育课的热情。

（二）诚邀学生共同参与课的设计与实施，能够激发学生对课程的热情

尊重学生的主体性，发挥学生的主观能动性，邀请学生共同参与学期及教学进度的制定、备课与实施，能够让学生感受到自己被尊重、被重视，激发了主人翁的意识。集体的力量是无限的、不可估量的，创新、亮点会频繁涌现，学生对体育课的热情会被点燃。这种方式也是"以体育人"较好的呈现。

（三）你的课，他来上，会有惊喜

一般情况下的磨课都是执教老师反复地上课，教研组的老师不断地提改进意见。作为执教老师，从最初的思路到一次又一次地磨课，最终课程的初衷已经变得"面目全非"了，执教老师变成了教研组的机器人，学生是最累的产品，以至于上过公开课磨课班的学生再也不愿意参与磨课。这次，我大胆尝试了自己的想法，恳请教研组的老师来执教我的课，我作为观课老师，惊喜不已。一方面，以往执教时不能全面地观察到学生的反应，这次在课后可以更有针对性地去观察、去思考。另一方面，可以从其他执教老师身上学习到许多应变之策，得到更多的启发。在研讨时，这位执教老师的发言也更具有参考价值。

这一经历告诉我：学生的潜力是无限的，学生的热情是非常具有感染力的，学生具有强大且向上的精神。不能轻视任何一位学生，要用心倾听他们的心声，遇到困惑时诚邀他们合作，共同成长。

专题二："指向核心素养培育"的教与学方式变革

由学生"相撞"引发的思考

曹丹凤

（上海市杨浦区控江二村小学）

一、案例背景

2020年10月，中共中央办公厅、国务院办公厅发布《关于全面加强和改进新时代学校体育工作的意见》，强调学校体育是实现立德树人根本任务，是提升学生综合素质的基础性工程。2022年，《体育与健康课程标准》全面推行，再次强调了坚持"健康第一"的教育理念，重视育体育心、体育与健康教育相融合。这意味着体育教师在教育教学中不仅要重视学生技能、体能的发展，更应重视学生心理发展和意志品质养成。小学生正处在心理、生理发展的重要时期，培养一个身心健康的学生，不仅要传道授业，更要了解学生心中的想法，从而真正帮助其解惑。本案例由两位学生相撞引发思考，从学生心理角度进行全面剖析，引导学生认识错误，教会学生处理事情的方法，并对教师在教学中如何处理类似事件进行了深刻反思。

二、案例描述

在录像课《行进间运球》拍摄过程中，教师要求同学按小组将器材归还到游戏位置，准备进行下一个练习。突然，男生瑞瑞和女生小琴面对面撞在一起，两人同时摔倒在地，随后迅速爬起。当时有不少同学指责瑞瑞，说道："你能不能小心点……"随后教师询问了两位同学的身体状况，并对小琴勇敢和顾全大局的行为进行了表扬，对瑞瑞的鲁莽行为进行了批评教育。

事情原本到这就应该画上句号，但是他们两位同学相撞的画面一直出现在教师的脑海中，一般情况下，按秩序还放器材不应该发生此类事情，因此有必要对本次事件的过程进行分析，并对自己的教学行为进行探究，尽量避免此类事情发生。当天晚上拿到录课视频后，反复观看学生相撞的前后两分钟的视频。当时相撞情景为：游戏结束后，老师让学生按小组将篮球归还至原位，瑞瑞依照要求归还篮球后却无意碰倒了其他小组摆放好的篮球，篮球滚落在地，于是他立刻跑过去将其捡起，瑞瑞望了一眼同学，然后以 50 米冲刺的速度归队，正巧与一女生小琴面对面相撞到一起，随后若无其事地继续参与后续活动。

观看视频后，教师发现瑞瑞并没有向小琴道歉，反而表现出了不屑的表情。教师感觉到瑞瑞态度极不端正，意识到孩子出现这样的行为，教师应该及时给予引导教育，因此决定与他进行一次谈话。为了更好地解决问题，在谈话之前教师把整个事件捋顺后对瑞瑞可能产生的心理活动进行了预判断，最后将谈话后学生的真实心理活动与此进行了对照。

通过观看录像、个别谈话，瑞瑞的心理活动对照如表 2-2 所示：

表 2-2 瑞瑞的心理活动对照表

相撞过程		瑞瑞的行为	教师对瑞瑞行为的心理分析	瑞瑞的真实心理活动
相撞前	摆放器材	摆放器材失误，碰倒同伴摆放好的器材	紧张（我把别人的器材碰倒了）	着急（别人都放好器材了）
	快速归队	以 50 米冲刺的速度，冲回队伍	着急（赶紧排队，我要晚了）	着急（赶紧排队，我要晚了）
相撞时	相撞	与小琴面对面相撞	脑中一片空白	脑中一片空白
相撞后	被责怪	被同学责怪，没有及时道歉	惭愧（我又犯错了）	不服气（干吗说我，我又没错）
	放松游戏活动	投入游戏中，脸上洋溢着笑容	自我原谅	自我原谅

因为事先对学生心理进行预判，经过深思熟虑谨慎地对待瑞瑞的谈话过程，最终取得了良好的效果。瑞瑞同学意识到了自己的错误，他认为自己从放器材到归队这一系列的行为确实过于鲁莽，没有意识到可能存在的危险，也保证今后再遇到事情时会冷静思考，重视自身安全和他人安全。回到教室后，瑞瑞主动向小琴道歉，小琴也表示了原谅。

三、案例评析

（一）案例分析

1. 冷静思考是处事之法

沉着冷静的思考永远是处事的最佳法宝。紧张、着急是小学生遇到事情后的普遍反应，侧面反映学生想通过对自己行为的要求，希望能够表现得让老师满意，但由于紧张等因素可能会适得其反，所以教会学生如何克服紧张、盲目、着急的心理是十分必要的。通过瑞瑞的心理活动对照表的分析，了解到瑞瑞同学因为摆放器材失误，造成排队迟到，所以表现出来的状态是紧张和着急，他主观意识是想好好表现，但实际没达到预期的效果。老师教学生动作时，发现某个学生做得不好，帮其纠正，学生会越做越差，这同样是因为紧张、着急等因素造成的。所以教师应教会学生遇事要冷静，可以深呼吸几次，也可以采用自我暗示如"不着急，还有时间""放轻松、我一定行"等方法，帮助学生克服紧张、着急等心理。

2. 预判能力是思维之力

预判能力是一种逻辑分析能力，是深度思维的一种表现。在体育运动中，预判能力非常重要，但往往也是小学生极其缺乏的一种思维能力。例如，篮球传球活动中，为了准确地接好球，当对方球出手的一刹那，我们就要判断球的落点，并迅速做出相应的反应，这就是预判能力。通过对瑞瑞的心理活动对照表进行分析，可以看出瑞瑞以50米冲刺速度跑回队伍，如果他具有预判的意识（以怎样的速度跑到什么位置要停下来），那他就能很好地控制自己的行为，也可以避免这次的相撞。所以，让学生了解预判能力，培养预判意识非常关键，教师可以在练习中让学生了解不同运动所需要的安全距离，帮助学生养成预判意识，增强预判能力。

3. 安全意识是运动之本

安全意识的增强可以有效地避免运动损伤。体育活动中，经常会发生伤害事故，应引起体育教师的高度警觉和重视。首先，教师应树立安全意识，了解体育课堂教学中学生身体伤害事故隐患的诱发因素，更应知晓如何应对体育课中的突发事件。其次，教师要在学生中灌输安全意识。通过对瑞瑞的心理活动对照表进行分析，可以看出瑞瑞撞到同学后表现出的行为意识，认为自己没有错，这表明他缺乏保护意识。教师要在课堂上灌输"保护自己的同时也要保护他人"的意识，例如，武术操是用来强身健体不是用来打架的；跳绳、羽毛球等运动时要保持安全距离……前排侧平举和后排前平举的目的就是预留安全的距离。只有将安全意识融入学生的日常教学中，才能最大限度地减少和避免安全事故的发生。

（二）案例反思

1. 换位思考找原因

重视学生犯错的成因，教师要站在学生的角度思考问题，了解学生的心理活动，寻找沟通和解决的办法。例如，瑞瑞同学为什么会和小琴同学相撞呢？教师首先应站在学生的角度对可能产生的心理进行预判。站在瑞瑞的角度分析：他最后一个归还器材，这时他非常着急，想要快一点跑回队伍中，虽然和同学相撞了，但他觉得这是意外，他没有做错。作为成人，我们知道相撞是可以避免的，但是学生却不懂，他们处理问题的能力还比较弱，他们不清楚自己犯了错，更不知道如何避免犯错。今后遇到类似事情应该怎么做就需要教师教会学生处事的方法。

2. 动之以情教方法

前面我们分析了学生犯错误的原因，那么就要找到解决问题的办法，如何对学生进行教育，"晓之以理"是问题的关键。了解瑞瑞同学的行为和心理活动后，一味地批评解决不了问题，首先要对他积极排队的行为进行表扬，其次要帮助他分析存在的问题，最后教会他今后遇到类似事情的处理方法。案例中，通过对瑞瑞的个别谈话和对全班的集体教育，让学生学会遇到事情沉着冷静，运动中要有预判事情的能力，活动中树立保护自己的同时也要保护他人的意识。

3. 育德育人抓时机

对学生的教育讲究实效性，抓住时机进行教育是非常有必要的，但往往很多教师因为要完成教学内容而忽视或者说不重视学生在课中的表现。案例中，教师对小琴的勇敢和顾全大局的行为进行了表扬，对瑞瑞的鲁莽行为进行了批评教育，这是课中的及时教育。在事发第二天，又对瑞瑞进行了个别教育，对全班学生进行了针对性教育，这展现了教育的及时性。

如果错过了时机，之后进行教育，效果可能没有这么明显。所以教师应抓住稍纵即逝的机会，因人而异、因地制宜地进行及时的、有针对性的教育。

4.组织纪律做保障

课堂的教学组织和纪律把控是学生安全的保障。教师必须严格认真，坚持不懈地抓好体育课常规教育，尤其是整队集合、精神状态、礼貌行为、安全纪律、场地器材等常规训练与教育。在课堂中严格要求，反复训练，时刻提醒安全要素，以保证体育课的顺利进行。针对此次相撞事件，教师也应该对自己的教学进行反思，在组织方面是否存在不合理之处，归还器材时是否做好学生的安全教育，对于部分特殊学生是否加以关注。课前有预设、课中有应变、课后有反思，尽量避免安全事件的发生。

蒙正小兵向前冲

陈敏晔，瞿伟华

（闵行区实验小学）

一、案例背景

小学体育兴趣化课程教学的实施是为了进一步深化"体育与健身"课程改革。它是在《课程标准》《指导意见》的指导思想和主要目标引领下，发挥区域和学校在落实体育兴趣化课程改革各项任务的主动性、积极性和创造性，积极探索教学目标、教学内容、教学方法、教学组织、教学评价、教学反思等方面的改善与变革，聚焦小学生体育核心素养的培育，强化学生多种身体活动体验，突出发展学生基本运动能力，培养学生体育锻炼的良好行为与习惯，增强自主健身的意识，从而落实立德树人的根本任务。

本案例依据小学体育兴趣化、融合建党 100 周年的红色主题，融入各种特战员红色的主题氛围，通过"特战训练营"的情境创设，带领学生化身为蒙正小兵，投入到特战的各项训练中，从"队列操练"（悬垂换手、移动一步）、"野战特训"（连续悬垂移动）、"行军演练"（多变的连续悬垂移动）、"红蓝军对抗"（综合移动）四个主题的设计，运用一系列既独立又相互关联的故事情节串联,由易到难、层层递进地完成各种特战训练任务。同时,结合集星活动进行小兵等级的评选,积极引导学生相互鼓励、相互帮助,带动学生主动投入悬垂移动的学练,不断激发学生体验悬垂学习的兴趣,提高悬垂的能力。练习过程中,能培养学生顽强刻苦、永不放弃、攻克艰难的优良品质,也能培养学生团结协作、相互激励、关爱他人的美好品德。

二、案例描述

(一)教学片段1(创设情境,激发爱国情怀)

师:上节课,我们已经在军营里学习了各种悬垂造型,也练习了横向悬垂移动,今天我们要继续进入军营学习新的本领。正式上课前,老师带来一段特别的视频,请看大屏幕。

生1:哇,他们好厉害!太壮观了!

生2:中国军人太勇敢了!

师:你们想不想和他们一样厉害?

生:想!(情绪高昂,声音洪亮)

师:想成为一名合格的特战员,需要完成各项训练任务,你们怕不怕苦?你们有没有信心接受挑战?

生:有!

师:蒙正小兵们,太棒啦!在训练过程中还有各项集星活动,我们来看看通过努力,最终你能成为几等兵。小兵,让我们开始操练吧!

生:蒙正小兵,勤学苦练,强国有我,勇往直前。

设计意图:通过特战员日常军事演习的视频导入,将学生带入主题式教学的情境中，激发学生主动参与课堂学练的积极性，同时唤起学生的爱国情怀，充分调动学生的学习兴趣。通过征集星星的过程性评价方式，让学生有目标地进行学练。

（二）教学片段2（以赛促学，培养策略意识）

师：小兵们，老师发现你们的本领已经掌握得很不错，想不想获得更多的星星？"战旗"争夺战正式开启，一起来看一下比赛规则。要获得最终的胜利，是有小窍门的，给大家30秒时间，小组快速讨论一下。

生1：我力量大，我去最远的旗子。

生2：不对，我们就应该以速度取胜。

师：时间到！各小组，比赛中要遵守比赛规则，只有到相应颜色区域才能拿旗，你们都准备好了吗？预备，开始！（吹哨）

比赛激烈进行中……在规定时间内，嘉妮小组摘得旗数最多。

师：（吹哨）比赛时间到！嘉妮小组几乎获得了所有的战旗，你们是不是有小秘诀？和我们分享一下吧！

嘉妮：老师，我们小组是分工合作的，能力强的人负责拿最远的旗，弱一点的负责拿近的旗。

师：哦！分工合作很重要，你们的策略真棒！其他小组是不是也学到了？

设计意图：通过"战旗"争夺战的游戏竞赛，将悬垂移动运用到实际操练中，提高学生的悬垂移动能力，同时将课堂氛围推向一个小高潮。学生之间通过相互交流、策划与组织、体力与脑力的双重考验，培养了学生乐于分享、遵守规则的良好品质。

（三）教学片段3（不惧困难，注重团队协作）

师：小兵们，投入战场不但要有过硬的本领，还要经得起行军考验。老师带来了红军长征四渡赤水的行军片段，大家看看这两个路线像什么？

生：这个有点像"Z"字形。

生：这个像"圆环形"。

师：你们观察的真仔细。接下来，发挥你们的创造力设计出不同的行军路线，并要融合两种悬垂移动，各小组开始讨论设计路线吧！

生：我觉得我们可以挑战一下"W"形的路线，你们看，我们从这里出发到这里……我们开始练习吧！

巡视过程中，发现有一组学生一直未能完成路线，小丁同学掉杠次数较多。

师：丁祎宁，掉下来也没关系，老师来帮助你好不好？

生1：陈老师，这个路线太难了，我手疼，坚持不住了。（两手不停地揉搓，表情显得很沮丧）

师：来，老师给你揉揉手，再试着练一次，怎么样？我来保护你……注意配合身体摆动，向前握杠，加油！

（努力练习几次后虽有进步，但仍然不能完成整条路线）

生2：陈老师，我可以帮助丁祎宁完成她没有完成的路线。

师：刘柏玮，你的建议真不错，团结合作也是个好办法，红军在长征时也是通过相互帮助、团结合作取得最终的胜利的。丁祎宁，你也要继续加油，和同伴一起完成路线，好不好？

生1：好！我也要继续努力，不放弃，坚持到最后。

设计意图：自创路线DIY，有一定的挑战性。引导学生融合已学的悬垂移动技能，创编有趣、富有挑战的移动路线，并通过多媒体投屏将各组路线实时投屏,鼓励学生尝试不同路线的练习。同时,当学生遇到困难时,及时抓住时机进行引导帮助,运用语言激励的方式,鼓励学生重燃学练斗志,对于学生之间的合作意愿,给予高度赞同和支持,学生通过自己的努力和同伴间的合作,再一次体验了成功的喜悦,收获成就感。

三、案例评析

小学体育兴趣化、"双减"政策的推出,进一步强化了体育的重要性。学生在体育课上除了要学习和掌握相应的运动知识与技能外,更应培养学生良好的社会适应能力、健全的人格、团结协作的意识、不怕困难、坚忍不拔等各种优良的道德品质。体育课堂为"育人"提供了一个很好的场所和契机。结合悬垂移动这一教材的特点,创设极富正能量的主题情境,融合现代化信息技术,时刻关注学生的课堂表现,捕捉课堂教学资源,将育人渗透到课堂的每个角落,让学生的身心得到全面健康的发展。

(一)军事情境激趣,德育浸润课堂

本课通过红色主题"特战训练营"情境式教学,以一系列既独立又相互关联的故事情节,引导学生进入悬垂移动课堂学习。课程导入部分红蓝军对抗视频激起了学生高昂的学习热情,将学生带入主题式教学情境中,同时激发学生主动参与课堂学练的积极性,充分调动学生的学习兴趣,唤起了学生爱国情怀,在学生内心埋下了保家卫国的种子,让学生在学练中体验幸福生活来之不易,培养学生的爱国情操。最终通过大家的不懈努力,成为一名合格的军人,养成吃苦耐劳、不怕困难、顽强自信的意志品质,为将来保卫国家奠定基础。

（二）信息技术赋能，凸显融合教学

合理地将信息技术运用在体育课堂教学中，可以说是给体育课堂增光添彩的点睛之笔。多媒体的运用可以提升教学实效性。本课在主教材部分，抓住悬垂移动的特点，充分运用了慢动作、特写镜头等信息技术，引出问题"悬垂移动时，手和身体要注意什么？"让学生了解随着身体摆动向前握杠，将本课的教学重难点清晰地展现出来，并引导学生进行观察、实践、互评；利用手机拍摄与实时投屏，组织引导学生自主选择学练，让学生真正成为课堂的主人；在综合活动部分，运用多媒体设计了一款与屏幕互动的自制游戏"增援行动"，游戏中，学生根据视频中出现的无人机、火桶、栅栏，迅速反应并做出相应动作，提高学生运动负荷的同时，更提升了学生学练的兴趣。"扫雷行动"通过小组合作的形式，将比赛和策略有机地结合，让学生健身又健脑。课后主题升华，结合时下热门的中国航天主题，配合自制视频，学生在轻松欢快的氛围中得到身心放松的同时，有机地融合了爱国主义教育、生命教育。

（三）捕捉课堂资源，育人无处不在

在体育教学中，教师除了在教学设计过程中做好充分的准备和问题预设，还要善于挖掘该运动内容的深刻内涵，抓住一切育人的时机，及时合理地处理。课堂中，力量较弱的女生丁祎宁无法完成自创路线，想要放弃的时候，老师及时察觉到问题并来到她的身边，鼓励帮助她并给予她指导，同时引导同伴通过小组合作的方式共同完成自创路线，帮助她重新建立学练的自信心。她在老师和同伴的鼓励下再次出发，最终以小组合作的形式顺利完成路线，但她也体会到了坚持永不放弃的道理，她满脸笑容还主动要求多练习几次，体验了合作带来的喜悦。这样的育人价值是体育学科特有的，每个学生都是独立的个体，每个学生会有不同的问题，教师要善于捕捉课堂的每个小细节，并快速做出正确的反应，抓住时机，引导学生，重视体育教育的同时，更应重视德育教育，寓德育于体育之中。

寻技趣互补之精髓
传立德树人之文化

王　蕾，王雪青

（上海市闵行区实验小学）

一、案例背景

在教育改革与发展的今天，小学体育以"兴趣化"为发展方向，对上海小学体育的教育改革与发展起着积极的影响。"小学体育兴趣化"的教学方法和手段力求体现趣味性、多样性和活动性，通过游戏化综合锻炼与体验，促进学生体育精神、意志品质、体育行为和基本活动能力的全面发展。

当今社会，新兴事物层出不穷，体育项目也是如此，世界各国的经典项目都涌入中国，使得学生的体育活动也变得更加多姿多彩。韩国的跆拳道、日本的空手道、印度的瑜伽、中国的武术等纷纷进入各中小学校。由于武术是我国的国粹，具有民族特色，所以是目前"体育与健身"教材中的主要内容之一。

作为一名武术专业出身的体育老师，自然会更多地关注武术的走向和命运。武术作为中国的四大国粹之一，如今却被外来体育文化步步逼退，导致现在学生学习武术兴趣不持久，令人担忧。据观察了解，大部分学生是很喜欢武术的，喜欢看中国功夫的影片与书籍，对武术持有浓厚的兴趣和遐想。作为一名从事小学武术教学的工作者，应思考如何在武术教学的课堂实践中提高学生的学习兴趣，传承民族传统文化，让学生从中接受民族文化的熏陶，培养爱国主义精神，促进生理和心理的健康成长。

为了更好地落实"双减"政策下小学体育课堂教学任务，本案例依据小学体育兴趣化，激发学生的体育学习兴趣，使体育课堂更有效率、更具想象力、焕发无限活力，把课堂用情景化的模式进行开展，主要通过环境、教具、语言、音乐结合体育游戏，让学生在趣味的练习过程中发展身体基本活动能力。

二、案例描述

本次授课对象是二年级的学生，学生年龄较小，而武术教材又相对比较枯燥，他们的兴趣容易被激起但持续性也短。如何使他们保持一种新鲜积极的心态去学习，并且能很好地领悟中国传统文化精神，是我们要面对的问题。经过深思熟虑，我选择了以武术拓展——双节棍为教学内容，以四大名著之一《西游记》为主题，以情景化、童趣化的教学方式，使学生乐学，并取得了较好的教学成果。

（一）从古典名著着手，情景导入（教学情境1）

师：大家知道今年是什么年吗？

生：猴年！

师：那你们知道最厉害的猴子是谁吗？

生：孙悟空！

师：孙悟空是哪本书的主人公？

生：《西游记》！

师：对了！本学期我们二年级的学生都在看《西游记》这本书，大家觉得孙悟空是个怎样的人物？

生：英勇，能保护师父。

师：对，孙悟空机智勇敢，斩妖除魔，一路保护师父西天取经，是个了不起的人物，今天我们就要化身为《西游记》里的人物，来一次西游外传，好吗？

生：好！

（场面）学生们跃跃欲试地都想扮演孙悟空学习本领，保护师傅去西天取经，对本次课产生了浓厚的兴趣，并对《西游记》有了一次不一样的体验，加深了对这个故事的印象。

（二）让学生在体验、尝试中找到正确的动作方法（教学情境2）

师：我们现在来到了盘丝洞，盘丝洞里有什么妖怪啊？

生：蜘蛛精！

师：对，我们现在就去打蜘蛛精吧！（单人上架子打板）看谁先把蜘蛛精打下来。

生：我打下来了！我也打下来了！

师：把妖怪打下来的小猴们能获得一条金丝带。

师：我们请最先打下来的小A同学来说说，他为什么这么快就把妖怪打下来了。

生A：我打的时候用的力气很大，而且击打的速度很快。

师：喔！我知道同学们用的力气都不小，但是小A的取胜点在于他的击打速度快。那接下来我们要去妖怪林了，那里有更多的妖怪出现，同学们试试小A的方法，并且要用更多的招式，看谁先把这些妖怪打败。准备好了我们就出发吧！

生：我全都打完了！我也全都打完了！

师：哇！同学们都学会了用快速击打这一方法去打落妖怪。接下来，我们要去对战更多的妖怪进行闯关了，两组比赛一下，看哪组打败的妖怪多，大家有没有信心战胜妖怪？

生：有！

（场面）学生以个人或小组的形式进行打妖怪比赛，同学们掌握了动作要领后打妖怪的劲道更足了，使劲挥舞着双节棍，活动场面一下高涨起来。

（三）引用道具教学，激发学生正能量（教学情境3）

师：我们为什么要把蜘蛛精打掉呢？

生：因为蜘蛛精很坏，它影响了孙悟空西天取经了！

师：那我们如果遇到像蜘蛛精的坏人应该怎么办呢？

生1：我要保护自己！

生2：把它打败，我是正义的化身！

师：嗯，你们说的都对。但是我们现在还小，遇到坏人的时候要先学会保护自己，等我们长大了再去勇敢地对战坏人，知道了吗？

生：知道了！

师：看来大家都充满了正能量，你们真棒！

三、案例评析

我们的教学设计在《体育与健身课程标准》的基础上，注重教材内容的趣味性、游戏化和多样化。体育"兴趣化"教学以"趣"字为首，既要"新"、又要"趣"、还要"效"。小学低年级学生体育教学方法与手段力求趣味化、多样化。

（一）传统文化的渗透从课程开始就已具备

我在课前根据课程的基本内容精心设计了一个"开场白"，利用情景化的教学方式激发学生的学习兴趣，达到课伊始，趣已生。对于像武术这样枯燥的教学内容来说，准备活动的选择尤为重要，要根据课程内容勇于创新，并富有趣味性。只有这样才能使学生在课程开始时就被学习内容深深地吸引，从而激发其学习兴趣，拥有了学习兴趣才能更好地领悟教学中的民族传统文化精神。例如，本次课中通过书中人物"孙悟空"的导入，不但提高了学生的学习兴趣，还让学生对中国名著《西游记》加深了印象，对中国传统文化有了进一步的了解。

（二）在练习中注重德育的教育

注重武术教育中的民族教育，强调武术教育中的传统民族文化的传承，习武育德来弘扬民族精神，向学生宣扬民族正义感和"重义守信、助强扶弱"的民族气质，增强了学生的民族自豪感和自信心，让学生明白武术教学的最终目的不在于进行格斗，而是通过武术学习来培养学生的养生自卫能力。在日常的教学过程中，结合武术运动本身的特点，在讲解动作要领、规格的同时，阐明动作用途，剖析攻防含义，使学生理解动作内涵，较快掌握动作技法，培养武术意识，同时还可以让学生两人一组进行对抗练习，通过对抗技击的形式挖掘学生的学习兴趣，不仅可以让学生从中得到更多的乐趣，还能让学生在技能方面得以提高。并且在练习的同时加以武德精神的传导，让学生懂得学武术能使自己更有正义感，在保护自己的同时还能帮助弱小。这具有培育青少年弘扬民族精神、传承传统文化的教育功能。

（三）习武之精神，弘扬民族文化

中华武术是中国多种传统文化的集大成者，在现代武术教学中加大对学生传统武术文化的渗透与创新力度，加强对学生传统武术文化的教育强度，是有百利而无一害的事情，不仅能够增加学生的自信心，还能增强学生的民族自豪感，乃至提高全民的整体素养，加快我国社会主义精神文明建设与和谐社会的构建。

在最新的《上海市小学体育兴趣化、初中体育多样化课程改革指导意见》中提道："小学体育兴趣化课程改革的目标是使小学生从入学开始就对学习体育产生兴趣，喜欢上体育课，乐于参加体育活动，身体活动能力不断增强，身体素质明显提高。"运用情景化教学能很好地提升学生的学习兴趣，并在教学中挖掘显性和隐含的教育内容，从基础型课程、拓展型课程和研究型课程中提取民族精神和生命教育的要义，针对中小学生的身心发展规律，在教学与活动中主动地、灵活地、创造性地、有效地加以落实，不断培育民族精神，提升生命质量。武术是民族传统体育，具有一定的传统文化，承载着一个民族的价值取向，影响着一个民族的生活方式，体现一个民族自我认同的凝聚力。它对提高学生的健康水平、增强学生的民族向心力和凝聚力、促进学生间的团结合作以及社会文化进步起着重要的作用。我们作为体育教育工作者，有责任、有义务去继承并将武术发扬光大。

环保卫士显本领　劳体结合乐生活

周杜若

（上海市松江区中山第二小学）

一、案例背景

2022版新课标指出："教育要坚持德育为先，提升智育水平，加强体育美育，落实劳动教育。"本案例以情境教学法为基线，贯穿融合体育与劳动教育为一体，实现德育、劳育双融合。

"投掷"是小学二年级体育与健身教材内容一模块中"基本活动一"的重要教学内容之一，对发展学生的机能和基本活动能力有着重要作用。本案例以情境主题展开教学，引入"垃圾分类"的拓展知识，充分挖掘科学领域中"垃圾分类"与体育学科"地滚小皮球"的劳育交融点，全课引导学生自制创新性环保教具，充分挖掘自己动手的乐趣，设置有效问题，设置任务驱动和小组合作，既增强学练效果和合作探究能力，又结合劳动时"垃圾分类"的知识设置运输垃圾大作战环节，引导学生深入了解"垃圾分类"相关知识和保护环境、崇尚劳动的重要意义。

二、案例描述

（一）学习内容

"环保小卫士"

（1）投掷：地滚小皮球。

（2）综合活动：运输垃圾大作战。

（二）学习目标

（1）了解投掷和垃圾分类的相关知识，进一步学习地滚小皮球的动作，基本掌握快速挥臂、滚成直线的动作要求，提高投掷能力，能主动选择合适的距离和方向进行投掷，注意安全；学会"运输垃圾大作战"的方法与规则，感受劳动的不易与光荣。

（2）乐于参与"集普通能量""集特殊能量""能量垃圾分类"等中等强度的投掷游戏，能与同伴根据表现进行不同远度的投掷比赛，发展投掷的上下肢和腰腹力量。

（3）在学练过程中学会自我评价，分享学练的快乐，善于思考，形成团结合作的意志品质，学会垃圾分类知识，提升保护环境、热爱劳动的意识，逐步形成在不同环境中进行体育锻炼的适应能力。

本课的重点是：快速挥臂。

本课的难点是：滚成直线。

（三）片段介绍

教学片段一：

师：播放"地球垃圾爆炸"视频，同学们，你们希望动画片中垃圾堆积如山、最终爆炸的画面在现实世界中发生吗？

生：不希望，太恐怖了！

师：老师也不希望，那大家想不想跟随周老师，一起化身环保小卫士，积攒环保能量球，学会垃圾分类，共同保护地球环境？

生：想！（坚定又响亮的声音表达渴望）

师：环保小卫士们，拿起我们用废旧报纸自制的能量球，一起来跳一段能量热身操吧！

（音乐播放，化身小卫士，带领学生一起做能量热身操，充满激情，学生拿起代表四种分类颜色的自制环保能量球，一起快乐舞动）

设计意图：结合多媒体设置主题情境，引出垃圾分类四色小知识，学生提前运用废旧报纸自制能量球和垃圾分类屋（劳育、体育、美育、环保科学相结合），渲染氛围，更好地代入到环保小卫士的角色中，激发学练兴趣。

教学片段二：

师：第一关"集普通能量"，大家看到我们用废旧纸箱做出的垃圾分类屋了吗？要想保护地球环境，需要我们运用地滚小皮球的本领，将垃圾分类屋的墙打出投放垃圾的区域，环保小卫士们，你们准备好了吗？

生：准备好了！（激情澎湃）

师：要注意，不同颜色的分类球要沿着相同的轨道（自制纸板轨道）击打相同颜色的垃圾墙，做到快速挥臂有力度，小组间相互比一比。

（学生四人一组，相互比拼，垃圾房墙面响声反馈，学生拼劲十足）

师：第二关"集特殊能量"，刚刚小卫士们积攒了普通能量，并且砸出了垃圾投放区域，明白了颜色相对应的是哪种垃圾，表现得很棒，接下来，难度升级了，我们的轨道可以变成小斜坡，这一次，难度有了哪些提升？

生：斜坡设置难度提升，我们需要更大的力量才能击打到垃圾房的门，

而且还要更笔直。（学生思考并抢答）

师：对的，大家想不想挑战，每成功三次获得一张特殊能量贴纸，一起行动吧！

生：想（热情高涨，明确练习要求），四人一组，开始行动，互相比拼。

（认真练习，做到投掷颜色和垃圾房颜色统一，大部分同学获取了5~6张贴纸，而小部分同学只获得了2~3张）

师：环保小卫士们真棒，通过我们辛苦劳动获得了许多特殊能量贴纸，但是，我们小卫士是一个团体，每一个小卫士都需要4张以上贴纸才能晋级下一关，有的小伙伴还没达标，这可怎么办？

生：我有办法，我这边有6张，我愿意给×××两张，帮助他和我们一起晋级。（更多的学生愿意分享贴纸，共同进步）

师：老师为你们的分享精神而感动，让我们一起为自己鼓鼓掌，我们是最棒的！

设计意图：层次递进，营造激烈的比拼环境，渗入垃圾分类和劳动最光荣的意识，设置能量贴纸，激发学生的练习兴趣，结合图片、视频，由易至难地引导学生练习。设置有效问题，提升学生学练。最后，集体荣誉感的渗透，通过小情境引导学生明确合作分享的意义。

教学片段三：

师：通过大家的辛勤劳动，我们运用学习的垃圾分类知识，成功将垃圾运输到了相对应的垃圾处理厂，你们真是劳动小能手，给你们点赞。

生：棒棒，我真棒！

师：可现在面临一个问题，垃圾太多了，工厂需要更多的人手去参与劳动，你们愿意加入吗？

生：愿意愿意，我爱劳动，劳动最光荣！

师：那让我们化身劳动小达人赶往工厂，两人一组，根据视频，完成

工厂任务吧！（巡视指导，引导学生有序到各个工厂进行劳动）

师：哇，你们真棒，在大家的帮助下我们的工厂正常运转，垃圾得到了有效处理，你们都是劳动小达人，给自己和搭档贴上一个小贴纸吧！

设计意图：通过情境，引导学生化身工厂工人，合作完成劳动任务，感受劳动的艰辛与最终完成劳动的喜悦，组员之间相互评价，相互合作，共同营造劳动最光荣的氛围，激发学生的学练兴趣和团队协作的优良意志品质。

三、案例评析

（一）劳体结合，协同育人

本课将体育与劳育有机融合，在前期，组织学生与教师共同利用废弃的报纸、纸箱等制作纸质地滚小皮球、垃圾分类房、垃圾运输轨道等一系列道具，让学生在学习体育技能知识的同时，体会自己动手制作的乐趣；后期通过垃圾分类知识的学习，让学生感受科学劳动的重要性。最后通过运输垃圾大作战环节，让学生体会运输垃圾和工厂劳作的艰辛，培养学生劳动最光荣的意识，培养学生爱环保、爱劳动的良好意志品质。

（二）情境激趣，乐享运动

本课创设"集能量，护环保"的主题情境，引导学生化身环保小卫士，抓住收集垃圾能量球的关键点，逐步引导学生由易到难地进行练习，结合有趣的教具和四色能量球，将原本稍显枯燥的投掷课堂变得激情澎湃，学生的学习氛围浓郁，让学生在趣味中学练，在学练中感受运动的快乐并且明确合作共进、安全学练、勇于创新、热爱劳动等德育内涵。

(三)捕捉时机,德育渗透

明确学科德育可以凸显于课堂教学之中,教师要积极把握和捕捉课堂学练时机,正如本课中,教师发现个别学生由于动作技能掌握不够等情况,无法获取超过晋级数额的贴纸而垂头丧气、懊悔不已,其同组中有些小朋友获得了远超达标数额的贴纸,教师立即调整策略,通过一句"环保小卫士们真棒,获得了许多特殊能量贴纸,但是,我们的小卫士是一个团体,每一个小卫士都需要4张以上贴纸才能晋级下一关,有的小伙伴还没达标,这可怎么办?"引导学生主动提出分享贴纸,明白合作共进、互相帮助的重要意义。

践行结构化教学，落实课程核心素养
——以"跑：障碍跑3-（2）"教学为例

贾志娟

（上海市金山区青少年业余体育学校）

一、案例背景

党的十九大报告中指出，要努力发展素质教育，核心素养是素质教育的深入，是抓手和载体。学科素养体系的建立是对党的教育方针的落实和深化，是为了更好地贯彻落实立德树人的根本任务。但传统体育教学过于重视运动技术的学习，忽视了兴趣、习惯的培养；体育教学方法和内容选择相对单一；强调技术的掌握而忽视技术的应用与能力培养等。结构化教学是基于教材特点对单元内容进行梳理和重构，并以单元内容为载体，结构化地推进教学活动的过程。结构化教学的提出是把零碎的教学元素串联成完整的体育教学过程，真正让体育课成为学生乐学、会学、想学的一门课程。

2021年9月28日，上海基础教育助力"新秀教师"教学展示与教育论坛——"新秀教师在课堂"初中体育专场在金山举行。笔者执教了"跑：

障碍跑3-（2）"并与浙江名师进行同台展示。本课程旨在基于学科理念，结合学生的身心特征和教材的特点，以初中多样化教学为引领，在内容选择、教学方法安排等方面力求体现体育教学结构化的思路，将学科核心素养落实到课堂，让体育课堂成为学生最感兴趣并能生动展示他们的青春活力与全面发展的舞台。

二、案例描述

本课以障碍跑单元教学计划为基础，结构化地安排障碍跑教学内容，采用趣味栏架来激发学生学习跨越障碍的兴趣，并运用各种器材设置不同的障碍情境，有序地推进教学活动过程，促进学生跨越障碍跑技能的掌握与应用，发展学生通过障碍的能力。在教学中重视对学生优良品德的培育，体现"体育源于生活，适用于生活"，引导学生在越障碍挑战中实现自我超越，提高学生战胜一切困难的自信心和敢于面对学习和生活中任何困难的勇气。

（一）讲解示范与信息技术相融合

将2019年10月20日在湖北武汉举行的第七届世界军人运动会军事五项500米障碍跑中，中国选手潘玉程以2分09秒41打破世界纪录，成为该项目第一个跑进2分10秒的人，被大家誉为"子弹哥"的事迹作为课前导入。他贴地飞行，像子弹一样冲破障碍，为祖国和人民赢得了荣誉，为国旗争了光，为军旗添了彩，给学生带来不一样的震撼。这能激发学生的学习热情，为主教材学习做铺垫。随后，由队长带领，观看多媒体演示后运用不同的方法依次通过"雁阵"，如果遇到突然出现的"人体障碍"，则选择相应的方法通过障碍。在视频演示下围绕栏架进行动态拉伸，让学生的身心尽快地融入课堂之中。观看老师的示范及借助多媒体的慢放功能，使学生建立正确的动作概念，并将每个教学内容的要求、练习方法以及栏架位置的摆放等利用多媒体呈现，用最短的时间让学生在学习过程中易懂、易学、易练，取得事半功倍的效果。

（二）统一要求与个别对待相结合

在从跳到跨的技能要求教学中，虽然提出了"大胆起跨，积极落地，用力前跨"的统一要求，但考虑到学生的实际情况，设计了从跨1个障碍到6个障碍的递进式教学，从1人学练到2人1组到3人一组再到6人一组的"学、练、赛"，采用以完整动作为主的结构化教学，区别于跨栏跑教学。由于男生和女生的距离不同，踏跨点不同；身高不同，则栏间距离也不同。课前在了解学生身高的基础上把学生分为六个小组，并将学生的栏间距离预设为3～3.5、6.00～6.50米，以满足不同学生的学练需求。通过对抗赛、挑战赛等有效激发学生学习的兴趣，让学生不断挑战自我、超越自我。

（三）练习与语言激励相呼应

语言法的运用使学生的视觉形象更加清晰，促进记忆的加深，对运动表现具有强化作用。"加油""嗨""你真勇敢""积极落地""用力前跨""贴地飞行""像子弹一样"等有效的激励语言与清晰的技术要点提示，有利于学生将看、想、练有机结合在一起。尤其是在学生进行练习时，教师运用语言法，对学生所进行的动作练习给予个别或集中的肯定和评价，进一步巩固和完善他们的动作技术，增强了学生学练的信心。这与完整法相呼应，不仅保持了跨过障碍时动作结构的完整性，更便于学生形成动作技术的整体概念和动作间的联系，建立正确的动作概念以及在生活实践中更好地应用。

（四）技术学练着重服务于应用

在动态激活和综合障碍的练习中，利用栏架摆放不同的钻、爬、绕、跳障碍区，由学生自主选择练习。通过连续快速越过障碍与教师跨过障碍的示范和慢速回放，让学生建立正确的跨越动作概念。尝试跨过1个障碍，解决由跳到跨的技术转变；尝试跨过2个障碍和连续用一步跨过2个障碍，解决由跑到跨衔接技术的巩固；尝试跨过3个障碍和连续用一步跨过3个障碍，进一步巩固由跑到跨的技术要点。层层递进，螺旋上升。为了增加练习的趣味性，检验学生练习成效，每个环节的学练都以小组比赛的方式进行。此外，举行"前京杯"校园障碍跑对抗赛和师生挑战赛来组织大组间的竞赛，让学生在"赛"中更好地应用技术。由学生自己布置生活障碍的场景挑战，既锻炼了体能，又实现学以致用。在对抗的过程中，学生能够提高团队协作的能力和勇于挑战的自信心。师生挑战赛既能让基础好的学生"吃得饱、吃得好"，又将学练气氛推向高潮。在学生的自我评价与相互评价中，强调发现自己过障碍的长处和发现别人过障碍的优点。利用栏架横杆的内旋、外旋及不同高度的变化创编热身操与升级袋鼠摇舞蹈，多样的变化使学生不仅掌握了快速调整栏架的技能，提高动手能力和创新意识，更将劳技、自然等学科知识融入了课堂，使全体学生从"教、练、赛"中有更多的获得感，五育融合促进学生的全面发展。

三、案例评析

（一）践行结构化教学，注重学生素养的引导与激发

本课利用多媒体呈现教学内容、练习方法以及栏架位置的摆放等，使

学生清晰明了每一个要求，慢动作展示更让学生建立了正确的动作概念，取得了显著的教学效果。

1. 评价动作有广度

生成亮点一：巡视过程中发现学生在评价肢体动作时增加了鼓掌、拥抱、手势计分等方式，以及一二跨、加油的口令，同伴之间的交流更加多元化。

2. 交流点评有宽度

生成亮点二：在连续一步过2个障碍时，要求学生评价的重点在先跨的脚落地快，后跨的脚向前迈。巡视时我被学生请去做裁判，小李同学说："老师，我发现他跨不过的原因不是动作问题，是速度太慢了，你来评评对不对。"我首先表扬了这个男生，然后让他把所想分享给全班同学，鼓励同学们仔细观察，大胆表达。

3. 总结提炼有深度

生成亮点三：课后小结时，同学们争先恐后地回答"合理的起跨点、积极下压、用力前跨、后面脚向前迈、落地快"等快速过障碍的要点。但最令我印象深刻的是小顾同学讲的："勇敢向前迈"，我及时与同学们分享了这五个字，并告诉他们，学习障碍跑的目的就是希望他们无论面对任何困难，都要有挑战自我、超越自我的勇气和信心。

（二）践行结构化教学，落实课程核心素养的几点建议

1. 体育结构化教学过程的层次性、逻辑性和完整性

体育结构化教学过程注重动作技能由简到繁、由易到难的层次性、逻辑性和完整性。同时，结构化教学就是要注重教材和教学过程的整体性和连贯性，更加强调知识、技能的关联性和层次性，注重知识技能的运用，

这些全面、系统的教学内容与方法能帮助学生窥得学科整体全貌，帮助学生建立系统化的学科思维。

2. 呈现教学内容的结构化，形成学练情境的结构化，注重所学知识的条件化

教学内容的情境化、条件化能引导学生深入学习，帮助学生补充动作技能的背景知识，明白技术、战术、规则、知识、素质、体能相互间的关联性，然后主动将动作技能"内化"，从而转为"输出"，解决生活中的实际问题，让学生达到"想学""会学"和"学好"的目标，提高学生的能力。

3. 找准落实"教会、勤练、常赛"的着力点

在赛的内容上，有单个技术的对抗比赛，有组合技术的比赛，也有完整动作技术的比赛。课堂上呈现了学中有练、练中有赛、练赛结合。比赛的合理运用能充分调动学生的学习兴趣，让学生在比赛中巩固所学技能，让体育课堂教学真正成为落实"教会、勤练、常赛"的重要阵地和实施平台。

4. 做好小学、初中、高中体育课程的纵向衔接

首先，教材内容要按照结构化教学的要求，合理划分好大、中、小单元；其次，要根据单元的要求构建一定的课时目标与内容的分配，建立起结构化的联系；最后，要从整体性上对各节课的内容进行逻辑性思考，形成教学内容，坚持"五育"融合，促进学生全面发展。

四、其他支撑材料

障碍跑是在快速跑过程中合理运用跳、跨、绕、爬、钻等方法通过各种障碍物，并跑完规定距离的田径项目。表2-3是障碍跑的教材分析，图2-2展现了单元教学问题链教学设计。

表 2-3 障碍跑教材分析

动作结构	相关体能	理论依据
（1）动作过程：在快速跑过程中遇到障碍快速做出判断，并运用合理的方法，如钻、爬、绕、跳、跨等安全通过障碍。 （2）动作要点： ①快速通过障碍的方法。 ②过障碍与快速跑的衔接。 （3）关键环节：遇到障碍快速做出判断	对学生的速度、协调、灵敏、力量和柔韧等身体素质要求较高	障碍跑中跨的完整技术其动作结构完全不同于平跑中的技术，它的关键技术是由跑转为跨，由跨转为跑。根据力学原理，人体腾空后的抛物线轨迹的速度、方向、角度等取决于离地瞬间的腾起初速度和角度，由此学生过障碍时身体重心的抛物线的轨迹方向、速度、角度是否合理有效，在障碍上滞留时间长短，过障碍速度的快慢，决定的主要因素是起跨技术是否合理。选择适宜的起跨距离，全身协调配合形成积极向前的过障碍态势。过障碍着地时，先过的脚落地快，后过的脚向前迈

```
                    单元基本问题
              (1) 快速通过障碍的方法有哪些?
              (2) 过障碍与快速跑如何衔接?

    ┌─────────────────┬─────────────────┬─────────────────┐
    │                 │                 │                 │
  课时1              课时2              课时3
  关键问题：如何运用合   关键问题：由跳到跨如   关键问题：影响过障碍
  理的方法通过障碍？    何转变，跑与跨如何衔接？ 速度的因素有哪些？

  环节问题             环节问题             环节问题
  (1) 合理通过障碍的    (1) 如何选择合理的    (1) 影响快速跨过障
  方法有哪些？          起跨点？              碍的因素有哪些？
  (2) 过障碍前应对哪    (2) 跑与跨衔接好的    (2) 不同的过障碍方法
  些方面快速做出判断？  动作要求是什么？      需要怎样的身体素质？
```

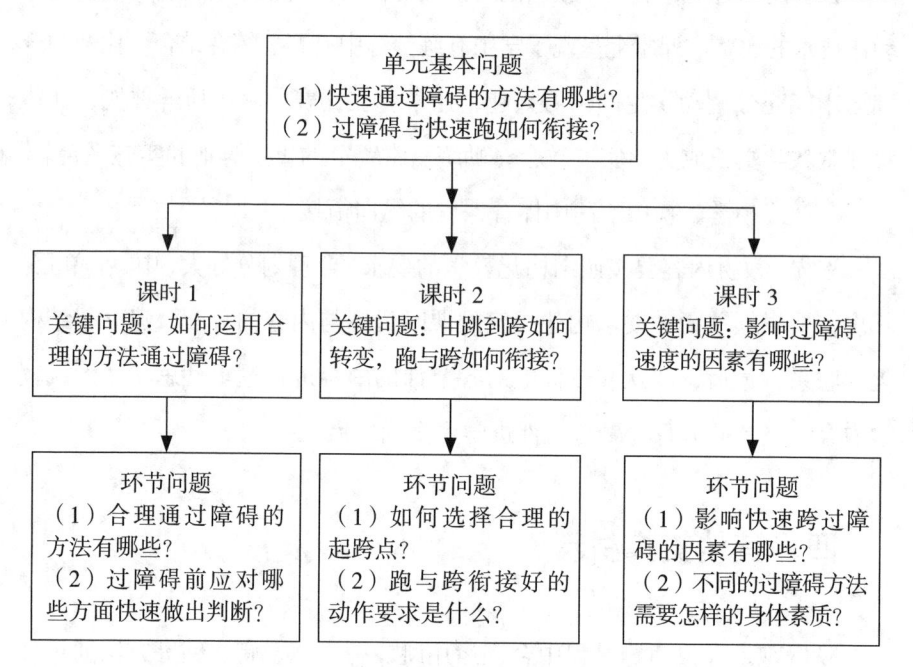

图 2-2 单元教学问题链教学设计

以体育人，为学生的终身幸福奠基
——学校文化滋养下的体育课程建设案例

田 来，区 桦

（上海市建平中学）

一、案例背景

学校文化是学校之"魂"，是学校发展的根本理念和价值追求。课程是学校之"本"，是学校发展的路径与通道，也是学校文化的实现途径。体育课程建设要在学校文化的滋养下，以课程结构、课程实施、课程开发与管理为抓手，构建适合学生发展的课程体系。

上海市建平中学坚持"人的社会化与个性化和谐发展"的教育理念，结合学校的五大育人目标，确立了"会技术、能比赛、增兴趣、强体能、育品德"的体育课程目标，在"规范+选择，合格+特长"办学模式引领下，构建了"五位一体"体育课程群，并通过课程实践，达到实现"以体育人，为学生的终身幸福奠基"的目的。

二、案例描述

（一）建平中学的学校文化

1. 教育理念

近30多年来，一代代建平人始终坚持从学生立场出发，努力让教育为学生的终身幸福奠基，并由此形成了建平教育理念，即"人的社会化与个性化和谐发展"。一方面是从社会发展需要的角度看待教育功能。教育使受教育者成为社会需要的人，受教育是为了将来能够更好地适应社会生活。另一方面是从个人自身发展的角度理解教育本质。根据人的发展需要来确定教育目的，尊重个体差异，使受教育者的个性得到发展。

2. 办学模式

建平中学的教育改革始于1987年，时任校长冯恩洪提出"合格＋特长"的办学思想。摒弃了过去忽略教育对象的差异性、不尊重个体、不给学生选择余地，从进校到出校只接受一种教育的传统模式，热情鼓励每位学生，通过尽情发挥特长来发现自己的潜能，使个性获得健康和谐的发展。1993年，学校又提出了"规范＋选择"的办学思想。历经多年沉淀，"合格＋特长，规范＋选择"已成为学校的办学模式，这是建平人在对人的发展和社会发展客观需要深刻认识的基础上的自觉选择，是对如何成就学生实践经验的高度浓缩与提炼。

3. 育人目标

针对许多学校有学校文化之实、无学校文化之神，有课程改革之名、无课程文化之实的普遍现象，2003年在时任校长程红兵的带领下开展了"新文化"运动，将学校的育人目标重新提炼概括为"自立精神、共生意识、科学态度、人文情怀、领袖气质"。这五大育人目标是未来具有国际竞争力的人才的核心素质，与"中国学生发展核心素养"紧密衔接。

（二）文化滋养下的体育课程建设

1. 体育课程的建设思路

体育作为教育的重要组成部分，在"强心、健体、育德"等方面发挥着独特作用，学生能够在运动中提升自身的各项"品质"。学校始终将体育视为提升学生精神气质、营造学校文化氛围的重要途径。在建平教育理念和育人目标的指引下，确立了体育课程"会技术、能比赛、增兴趣、强体能、育品德"的目标，以开放性、选择性、综合性为内涵，构建了"五位一体"体育课程群，充分发挥体育学科的健身育人功能。

2. 体育课程结构及对应育人目标

上海市建平中学的"五位一体"体育课程群，包括专项课、活动课、选修与社团课、训练课、校园集体运动课。专项课是学生掌握运动技能的主渠道，旨在培养学生的专项运动能力，促进学生身心健康发展，有利于培养学生的自立精神；活动课是学生自主锻炼的平台，旨在培养学生的自我管理能力，养成健身习惯，有利于培养学生的领袖气质；选修与社团课是学生创新性发展的舞台，旨在拓宽学生的视野，满足个性化发展需求，有利于培养学生的人文情怀；训练课是学生形成运动特长的途径，旨在磨炼学生的意志品质，形成正确的竞争观，有利于培养学生的自立精神；校园集体运动课是学生发展综合能力的平台，旨在培养学生的组织协调能力和社会适应能力，有利于培养学生的共生意识。

3. 体育课程的实践与成效

（1）专项课的实践。努力做到"三高"，即"高品""高质""高效"，使学生通过专项课的学习真正掌握1~2项运动技能，完成"教会"的任务。专项课每周三节课，其中一次80分钟大课，一次40分钟课。根据学校场地设施、师资和学生需求，共开设5个专项，分别是篮球、排球、足球、乒乓球、健美操。运行过程中将一个年级分为3段，实施小班化、分层教学。实施专项化教学之后，学生身心得到全面发展，学习热情高涨，对技战术的学习需求不断加大，专项运动能力得到大幅度提升，各项体育比赛频次显著增加。

（2）活动课的实践。努力做到"三自"，即"自主选择""自觉锻炼""自我管理"，使学生通过活动课的学习提升自主锻炼、自我管理的能力，形成终身体育意识，完成"勤练"的任务。活动课每周两节课，一节是分段活动课，另一节是整个年级的大活动课。学生先在指定场地热身，然后由体育委员组织大家进行自主锻炼，学生可以自主选择运动项目进行锻炼。主要活动形式是班级内部的各类比赛和班级间的友谊赛。体育委员需要负责联系对手、协调场地、组织比赛等工作。

（3）选修与社团课的实践。努力做到"三新"，即"新内容""新方式""新评价"，使学生通过选修课和社团课的学习，形成丰富多彩的学习体验，实现个性化发展，完成"增趣"任务。选修课每周两节课，体育教师根据自身特长申报选修课，学生根据自己的兴趣在网上选课，然后在教师的带领下进行选修课的学习。社团课每周一节课，学生担任社长，自行组织社团活动，并邀请相关教师进行指导。学校还构建了网上课程进行管理平台，对课程实施过程进行管理，并且以学分制进行评价。选修与社团课不仅为师生提供了施展才华的机会，还使学生真正成为学习的主人。只有学习自己感兴趣的内容，才能真切感受到学习的快乐和价值。

（4）训练课的实践。努力做到"三精"，即"精心组织""精准指导""精彩比赛"，使学生通过训练课的学习，形成运动特长，磨炼意志品质，完成"常赛"的任务。建平中学不仅是市级体育传统项目学校，还是市二线运动队学校。女子篮球是学校的体育品牌项目，如今又被布局为学校体育"一条龙"的建设项目。女子篮球队每周坚持训练6次，每次3小时。学校不仅配备了本校的专业教练，还长期依托丛学娣篮球俱乐部提供技术与人力支持。体育特色项目包括男子篮球、定向越野、健美操、足球、乒乓球、飞镖。运动队每周组织3次训练。训练课的扎实推进打造了学校的体育品牌和特色，不仅在市区级比赛中屡获佳绩，而且培养出了邵婷、张芷婷等一批杰出运动员。

（5）校园集体运动课的实践。努力做到"三全"，即"全员育人""全过程育人""全方位育人"，使学生通过参与综合德育课，增进综合实践能力和道德理解，完成"育德"的任务。校园集体运动课包括一系列集体性的体育活动，如篮球联赛、广播操比赛、田径运动会、冬季长跑活动、趣味集体项目比赛等。学校定期组织全校性体育活动，要求师生全员参与，共同享受体育带来的快乐。综合德育课由学校课程教学中心统一策划，体育教师组织实施，班主任做领队，学生全员参与。部分活动还要求教师组队参与其中，与学生们同场竞技。校园集体运动课如火如荼地开展，使建平中学形成了"班班有队、人人参赛"的良好局面。

三、案例评析

（一）坚持"文化铸魂"的体育课程建设

一个学校真正的特色是建设符合学校文化的课程体系，且课程建设不应盲目追随与照搬，要从学校独有的文化传承中找到自身的学术之根，要以学校的教育实践作为理论的生长之源。建平中学的体育课程建设坚持从学生立场出发，以学校文化为根本，注重与时代精神相结合，不断由外围向核心逼近，最终实现以体育人，为学生的终身幸福奠基。

（二）基于大课程观进行体育课程建设

体育课程建设不仅仅是对三节体育课的深耕，还在于各类课外体育活动的组织与实施。因此，要树立大课程观，将体育课、活动课、体育选修课、体育社团活动、体育训练活动、体育竞赛活动都纳入体育课程建设范围，使它们相互衔接、相互补充、协同发力，从而全面、有效地实现体育与健康课程目标，培养和发展学生的核心素养。

（三）落实课程管理，促进体育课程建设

落实学校课程管理，深化学分制管理模式。整合多方资源，由教研组根据本校学生发展需求开设各类课程，构建以学科课程和活动课程为载体，包含必修、限定选修和自主选修的体育课程群。实施学分制管理，采取"基础学分＋特长学分"的计分方式。基础学分包括体育课、活动课；选修课的学时学分与绩效学分，即周课时数与学习成绩按规则折合成一定分值。特长学分包括体育比赛获奖、社团建设等方面的先进个人、三好学生等，根据级别折合成特长学分。

专题三：教会、勤练、常赛一体化校本创新

聚焦"学练赛"一体化的课堂新实践
——以四年级"篮球：行进间运球"为例

王春花

（上海市奉贤中学附属三官堂学校）

一、案例背景

《〈体育与健康〉教学改革指导纲要（试行）》指出："要改变单一学习知识或某项技术的现状，聚焦'教会、勤练、常赛'教学改革。""学、练、赛"一体化（以下简称一体化）则是学生系统学习与提高体育知识与技能的重要载体，它着眼于知识整体结构的建构，通过结构化教学的开展，关联各元素之间的内在联系，引导学生对学科知识的整体认识、理解与运用，逐步提高学生的综合素养。本案例以四年级"行进间运球"一课为例，从结构化教学的视角谈一谈实施一体化课堂的一些思考。

二、案例描述

（一）教学片段1

"请同学们思考一下，你们是如何做到通过障碍，完成'护送彩旗'的任务的？"随即学生们根据攻防队员的情况观察并找准时机成功突破，防守队员通过改变速度来增加难度。攻防互换一轮之后，学生似乎因为找到了办法而忘却了疲惫，反倒更加兴奋起来，随即教师提出了第二轮更长距离的运球比赛。

在两轮练习之后，同学们的平均心率达到178次/分，但他们脸上洋溢着的却是兴奋的表情。"老师，墙上有5面彩旗是我贴的。"A同学骄傲地说，"碰到防守队员的时候我及时判断，等待时机，改变重心快速突破。然后我在没有防守的时候快速运球，很累的时候我都没有慢下来，而是坚持到了最后。""老师，我们组防守的时候分工合作，能力强的一个人防守，能力弱的两个人防守，并且我们还通过改变移动速度来增加干扰难度。"……

（二）教学片段2

"接下来，让你们跃跃欲试的篮球赛即将开始，小组4人比赛，1人裁判，使用学过的手势裁定违例和犯规，进球后报出比分，运用行进间运球方法得分加倍，大家要做到尊重裁判，遵守比赛规则，团结合作，比赛时间为6分钟。"

随着比赛的哨声响起，体育课堂俨然变成了正规的篮球赛场，运动员们相互呼喊互动着："快，运球上篮""传球传球，我在这里"……裁判员实时跟随场上情况做出判断："走步违例犯规""出界，对方发球""换进攻方出三分线"……

三、案例评析

（一）对小学四年级篮球行进间运球教学的理论思考

1. 对行进间运球教学的整体性及内在联系的思考

结构化教学就是在一体化课堂学科教学中呈现结构化的知识，引导学生对学科知识的整体认识、理解和把握，建立学生对所学习运动项目知识技能的联系。本案例中，教师整合学段内篮球教材之间的相关联系，从篮球项目的整体视角对基本概念、动作原理、动作结构进行整理和总结，在小学篮球单元的划分上，基于上海市小学《体育与健身》教材和《上海市中小学体育与健身课程标准（试行稿）》，将篮球划分为运球、传接球、投篮三个单元。整个运球单元从原地、移动、直线快速运球到有速度变化运球、有方向变化运球，通过巩固学练以及在实战运用中组合动作的不断实践，更好地为以后运球急停急起、摆脱防守、快速进攻等学练打下基础。通过对篮球小学阶段项目的理解，将零碎的单个技术之间建立起联系，帮助学生建立行进间运球学习的整体构架。

2. 对行进间运球教学的逻辑性及操作性的思考

结构化教学重视学科知识结构，因此教学时的各个环节应遵循一定的逻辑顺序，也就是说一体化课堂要做到过程清晰、有条理。在实际操作中，教师既要从纵向结构架构教学内容，又要横向推进各个教学环节中教师与学生之间的活动，重视教材的整体性与学生的学情。在每一环节创设中，要根据四年级学生的篮球学习要求，如学生学到何种程度、要达到怎样的水平等有清晰且可操作的说明，让学生在不断提高认知水平的同时获得自主解决问题的能力。

3. 对教学中提高行进间运球应用能力的思考

结构化教学也必须落实一体化，"学、练、赛"不只是单一地出现在课程的某一段落，而是应该融于课程的多个教学环节，在"练中学、赛中练"的过程中提升学生对所学技能的应用能力。例如，为提高学生对改变身体重心以及运球的节奏变化的感受，教师创设"红绿灯"、运球过固定障碍比赛、运球过人比赛等；为提高学生运球、传球、上篮等综合篮球技能，教师创设特定规则教学比赛等。多变的练习情境让学生沉浸在游戏与比赛中，这个过程就是学生自主参与、解决问题、积累知识和实现内化的过程，只有当学生将单个知识在自己头脑中形成联系并在各种情境中熟练运用和延展时，才能有利于学生思维水平与实践能力的提升。

（二）对小学四年级篮球行进间运球教学的实践思考

基于对结构化教学理论的再认识，对实践指导行进间运球一体化课堂有了更深刻的理解。

1. 问题引领，促进学生的思维活动

孔子在《礼记·学记》中说："道而弗牵，强而弗抑，开而弗达。""道"即引导，"开"即启发，以问题为载体，通过引导启发学生对技能知识的学习及理解，培养学生的分析判断及创造能力。在"行进间运球"的单元问题链创设中强化核心关键问题："如何从原地运球向移动运球过渡？""如何做到运球连贯有速度？""如何在实战中根据实战需要改变运球速度？"这些问题引导学生多维思考，促进学生对行进间运球动作技术的全面理解。

在课堂中将关键问题细化，使练习目标更具指向性，练习内容更具操作性，运动思维意识的养成更具可实践性。本案例中，"如何观察场上变化及时做出反应，改变运球速度""如何做到快速通过障碍完成任务""如何在实战中根据实战需要改变运球速度"三个关键问题指向课堂中的"红绿灯""行进间运球过单人/双人防守"以及"4V4篮球赛"三个教学环节。关键问题与教学内容建立起结构性的内在联系，学生在问题的引领下对行进间运球动作进行进一步思考与实践，使"学、练、赛"成为培养学生思维意识的有效途径。

2. 内在驱动，关注学生的全面发展

结构化教学是形成学科核心素养的重要路径，它重视学生的学习规律与过程，要求学生主动参与体验，经历过一定的任务后获得学习积累与能力提升。体育课堂提升学生学习内驱力，需要教师创设有趣、互动、和谐、友爱的运动环境。

热身环节，教师改变传统的跳操、跑步等内容，开展热身与运球复习相结合、游戏与比赛相结合的"运球集旗"活动，没有"运球不看球"的语言重复，而是让学生在快乐搜集彩旗的过程中自然巩固了已学技能。在"行进间运球过单人/双人防守"环节中，教师增加了30秒互动交流时间，要求小组同学通过交流进行选择，提高运球与判断能力。此时场上出现了各种学练的场景：有的小组由小组长进行指挥，有的小组边实践边讨论。学生从独立观察、思考到小组间的交流配合，根据能力承担团队中不同的角色，不再被动地学练，进一步提升了学生自主获取知识的能力。

3. 真实情境，检验实战中的应用能力

真实比赛情境的创设，不仅能够激发学生学练的兴趣，还能检验学生技战术的应用能力。本课基于学练赛情境的结构化，根据完整、有序、较好的逻辑结构，创设三个环节的教学比赛：首先是"运球集旗"比赛，学生通过观察、思考，运用已学技能争取比赛胜利，解决了"眼不看球、有速度地运球"的要领；其次，在掌握有节奏变化的运球后，进行有防守的小组运球比赛，比赛的关键是学生通过实践交流得出要观察运球者来改变移动速度以增强防御性,要快速改变手触球位置、降低身体重心,寻找有利时机快速运球突破的结论;最后,"4V4篮球教学赛"则是对学练内容的整体应用,在特定规则的真实情境中检验学生行进间运球的应用能力。

篮球是一项技战术融合的开放式运动项目,篮球比赛不仅考验学生的技战术掌握和体能水平,更是团队间协作能力的体现。课程创设中,教师要考虑到练习密度与强度的预设,以提高学生应对篮球学练与比赛的身体素质。结构化教学对体育教师在理论知识储备、教材分析、处置能力、学情了解等方面提出了更高的要求,体育课堂实施"学、练、赛"一体化,通过结构化教学还原整体学习,促进学生掌握和运用一项完整的运动技能,增强学生认知结构形成高阶运动思维,最终培养学生的核心素养。

四、其他支撑材料(四年级"篮球:行进间运球"单元教学设计)

(一)指导思想

贯彻"健身育人"的教育理念,注重体现学生的主体地位,关注学生的不同需求,激发学生的学习兴趣。在教学设计中通过多样化的教学手段,启发学生自创、自练、合作练习,让每一个学生在游戏中完成技术动作,在观察和讨论中发现问题,在帮助和学习中发展能力,形成积极主动的锻炼意识和良好品质,促进学生在生理、心理和社会适应等方面的和谐发展。

(二)教材分析

1.教材的功能与特征(纵向结构分析)

行进间运球是篮球实战中最为基本和实用的一项技能,属于小学《体育与健身》三至五年级基本内容一的身体娱乐板块中球类活动的教学内容。在整个小学阶段，篮球行进间运球单元的教学在一、二年级的原地拍球比多、拍球接力，三年级原地运球（高、低运球）的基础上，发展为四年级让学生通过改变按压球的位置、改变球的落点来提高手控球推进的行进间运球技术，为五年级变速运球、变向运球等篮球技能打下良好基础。

本单元安排4个课次，通过4个课次的教学让学生学会快速行进间运球的动作方法并根据实际情况进行有一定速度变化的行进间运球，并能在简单的篮球规则下进行比赛。

【动作结构】

行进间运球由身体姿势、球的落点以及手脚协调配合三个环节组成。

【动作方法】

运球时上体稍前倾，目视前方，以肘关节为轴，手腕和手指柔和而有力地按压球的后上方，用指根以上部位接触球，食指向前；同时，后脚有力蹬地，迅速直线向前推进球，使球的落点控制在运球手同侧脚的外侧方向。

【相关体能】

行进间运球主要锻炼学生在快速跑动中的运球技术，要求具备良好的协调、灵敏、速度等身体素质。

2.教材的育人内涵（横向结构分析）

在行进间运球单元的各课次中，根据四年级学生的身心特点，设计了情景、游戏和比赛等环节，这些教学设计符合四年级学生的心理特点，注重小组合作，培养配合与合作能力，以及通过自我展示增强自信心，使学生在学练过程中享受运动带来的喜悦和快乐，以更好地掌握知识和技能。同时，通过比赛提升团队合作，培养学生顽强拼搏、挑战自我的体育精神和尊重裁判、尊重对手的竞赛品质。

（三）学情分析

1. 学习基础

四年级学生在一、二年级已经学习过拍球比多、拍球接力，在三年级已经学习过各种拨球、绕球等相关技能，也学习过原地运球的技术动作，具备一定的运球能力和基础，对篮球运动以及篮球比赛规则有初步的了解。

2. 身心特点

四年级学生对球类运动充满兴趣，思维活跃，热爱运动。他们的模仿能力、自主意识和合作意识都开始增强，但主观意识明显，上课容易注意力分散，在创新方面比较薄弱。因此，教学中教师应通过语言引导、游戏和比赛情景创设、信息技术融合等教学手段增加学习的趣味性，逐步提高学生对动作技术的掌握程度。

3. 能力水平

在三年级学习的基础上，四年级学生能较熟练进行原地高、低运球并且有一定的控球能力，但结合行进间跑动时，对运球所需要的按压位置和对球的控制能力则较差，运球时有快速运球的动作但没有速度变化的意识，男女生对篮球的认知和掌握也开始产生差异。所以教师要重点关注快速运球时按压球的位置改变和身体重心的变化、不同速度下球的控制能力以及协调性存在差异的学生，通过分层教学让不同水平的学生都能体验到成功的乐趣，让所有孩子都能体验篮球运动的魅力。

专题三：教会、勤练、常赛一体化校本创新

冬奥项目
——冰壶走进中学校园

刘近腾

（华东师范大学第二附属中学附属初级中学）

一、案例背景

随着2022年北京冬奥会的成功举办和"带动3亿人参与冰雪运动"的宏伟目标的制定，国家层面全面开启推动冰雪运动计划，相继提出推行"百万青少年上冰雪"和"校园冰雪计划"。但是，冰雪运动项目的开展受季节、地理环境等特殊条件以及场地设施的限制。目前，陆地冰壶是不受地域和季节限制，安全、费用低的运动项目。

我校作为全国冰雪项目特色校，从2020年承办闵行区首届冰雪节开幕式以来，学校积极开展冰雪运动项目的相关课程及竞赛活动等，如冰雪项目运动会、冰雪课程（陆地冰壶、旱地滑雪、高中冰壶专项课），还为喜爱冰壶运动的学生设置了冰壶项目课后服务。初高中冰壶队在市级陆地冰壶各项比赛中也屡获佳绩。我校结合"一校多品"，以冰雪项目为特色，以校园陆地冰壶为突破口，尽力丰富学校体育教学资源，为学生的全面发展提供更多的学习平台。

二、案例描述

（一）冰雪文化节，共筑冰雪梦

"冰"肩奋战，"雪"舞青春。2020年9月28日，由上海市闵行区教育局、日本宫城县教育委员会主办，华东师范大学第二附属中学紫竹校区承办的首届"华二杯"闵行区校园国际冰雪节在华东师大二附中紫竹校区正式拉开帷幕。我校举行了"云端"冰雪节吉祥物和徽标的设计大赛，激发创新意识，开拓想象空间，为学生创造一个相互交流、自主探索冰雪文化的学习平台，从而展现我校学生的体育学科素养和内涵。

冰雪文化节项目设置如下：

（1）陆地滑雪训练及体验。

（2）校园冰雪节吉祥物设计大赛。

（3）滑雪知识竞赛。

（4）旱地冰球比赛。

（5）旱地冰壶比赛。

（二）冰雪进课堂，师生冬奥情

北京冬奥会虽已闭幕，但是奥运健儿奋勇拼搏的身影仍在脑海中回荡。为了让学生亲身体验到冰雪项目的魅力，我校大力推进冰雪项目进校园、进课堂，激发学生兴趣。通过专业教练进课堂、学生亲身体验、知识竞赛等方式，强化冰雪运动教育教学，并鼓励学生观摩高水平冰雪赛事活动。

冰雪课程设置如下：

（1）开设课程：旱地滑雪、旱地冰壶。

（2）课程形式：以年级为主，班级化教学。

（3）师资配备：聘请优秀教师团队进行授课，体育教师全程参与教学。

（4）成果展示：我校将冰雪项目运动列入一年一度的学生秋季运动会中，以年级组为单位，实行通过班级内部选拔组队，实行班班竞赛制。

（三）陆地冰壶赛，勇攀新高度

学校冰壶队"追求卓越，勇攀高峰"。自从2019年我校推广冰雪课程以来，初高中学生积极参与冰壶项目，并选拔组建了冰壶校队，队员们通过自身勤奋的训练，冰壶技术突飞猛进，在上海市陆地冰壶比赛中屡获佳绩。

三、案例评析

（一）存在的问题

1. 群众认同困境：校园冰雪运动不受群众重视

学校和家长这两个群体对校园冰雪运动的发展起着至关重要的作用。其中，学校是校园冰雪运动的载体，而家长是学生参加冰雪运动的有力支持者，二者对校园冰雪运动有着较大的影响。但是，在应试教育观念下，升学成为学校教育的最终目的，绝大多数教育工作者、学生家长认为孩子的升学才是最重要的问题，同时"功利化"思想严重，使得学校体育偏离了正常的发展轨道，影响了校园冰雪运动的开展氛围。

2. 文化背景困境：冰雪文化南北地区差异大

我国冰雪资源的非均衡分布造就了校园冰雪运动文化建设的显著地域性特征。在北方地区，冰雪运动较为发达，且拥有悠久的冰雪运动习俗；

而在南方地区，冰雪运动文化发展较为滞后，甚至是空白，使得北方校园冰雪运动文化建设好于南方学校。因此，如何做好校园冰雪运动文化建设工作是现阶段校园冰雪运动发展亟须解决的难题。

3. 资源困境：校园冰雪运动资源输入不足

2015年中国获得冬奥会的举办权后，国内掀起一股"冰雪热潮"。据相关研究统计，从"三亿人参与冰雪运动"的口号提出后，参与冰雪运动的人数约有4000万，其中校园冰雪运动的参与人数占大部分。但资金、场地和师资的匮乏却极大地限制了冰雪运动在校园中的普及和发展。

（二）给予的启发

1. 科学定位目标，加强"家校"交流

校园冰雪运动开展的重要内涵是培养高素质、全面发展的冰雪人才。因此，要以"体教结合"为基础，树立正确的教育理念，打通冰雪人才的升学通道，同时积极开展校园冰雪运动普及工作。加强冰雪项目文化宣传工作，做好家校沟通，引导家长树立学生参与冰雪运动的正确观念，为校园冰雪运动的发展创设良好的人文环境。

2. 加大政策支持，增加资金投入

政策支持和资金投入是校园冰雪运动保障体系中两大重要组成构件。校园冰雪项目的推广与发展需要良好的政策扶持。在资金投入上，设立校园冰雪运动活动专项资金，专款专用，保障项目发展。

双新背景下体育教师特色课程的开发与实施
——以上财北郊射箭"一条龙"项目为例

舒 健

(上海财经大学附属北郊高级中学)

一、案例背景

(一)案例的背景

"新课程、新教材"(简称"双新")的核心是一种以学生为中心的教育观,它强调立德树人、强调素养指向、强调让学习真正地发生。上海财经大学附属北郊高级中学在"双新"的背景下努力将"双新"带来的变化集中地体现在一个"课"字上,让学生在国家课程内经历更真实有效的课堂学习,让学生在校本课程中拥有更丰富多元的课程选择。

2021年9月,上海财经大学附属北郊高级中学再次被评为上海市体育——射箭"一条龙"项目特色学校。上海市开设射箭项目的学校较少,我校射箭项目的构建起步晚,师资以及研究力量不足,使得课程体系构建未能充分体现学科间的内在逻辑性、知识体系的完整性、理论体系的原创性以及课程体系的合理性。

（二）拟解决的问题

通过本项目的实施，推进我校体育射箭"一条龙"项目的开展。通过射箭专业教练带普通教师、特长学生带普通学生，以点带面，在全校师生中进行特色项目的全面推广；通过参与各种射箭比赛取得一定的成绩，在区里甚至在市里具有一定的影响力。加强射箭"一条龙"项目中的师资培育，培养本校体育组舒健、孙健、詹书传、张伟老师，使其在射箭方面具备一定的特色教学和带队、训练、比赛能力，以达到在校本研修框架下，本校体育教师从不会—会—精通—成为射箭这一领域专家的目的。

（三）价值意义

1999年中共中央、国务院《关于深化教育改革全面推进素质教育的决议》中指出："想要促进素质教育的全面发展，就要建设高品质的教师团队。"由于专业师资的缺乏，我校射箭教学需借助外力——虹口区少体校射箭队黄莎教练的帮助。体育射箭"一条龙"项目在课程设置上未主动地与中小学新课标系统全面衔接。

针对这一现状，通过观念革新、实践创新、协同互动等多种方式，营造特色体育课堂环境，打造体育特色课堂。在理论和实践方面，可以通过对课程设置方面的补充和完善，对相关理论、基本观念和基本原理之间的认识，对各种教学方法以及对教学评价进行研究，为今后射箭课程的开设提供值得借鉴的策略，提高未来射箭教学师资水平。

二、案例描述

本项目的研究对象为上海财经大学附属北郊高级中学体育教师，旨在培养他们成为具备特色课程教学能力的体育教师；采用的载体是射箭课程研发；实施射箭教学的过程就是教师培养的过程。

（一）射箭运动基础课教学的实践研究

本课题从我校体育射箭"一条龙"项目课程入手，围绕新课改的"六大改变"，从课程结构—课程实施—课程评价三个维度进行实践，对高一年级基础班（传统弓）不同教学对象（男生、女生）进行教学研究，形成上海财经大学附属北郊高级中学体育射箭"一条龙"项目单元教学计划及课时教学设计。

（二）射箭运动拓展课教学的实践研究

"射箭"课程针对高一、高二年级拓展课选修提高班学生进行（反曲弓）的教学研究，形成教学案例。

（三）射箭运动训练的实践研究

通过"射箭"课程对"尖子学生"进行教学研究，对如何带队参加射箭（传统弓、反曲弓）训练比赛方面进行实践总结，形成训练案例。

（四）射箭运动多样化教学资源包的设计与制作

体育射箭"一条龙"项目中射箭运动多样化教学资源包应运用信息技术并围绕"突出主题、注重教育性、具有可操作性"进行设计与制作。资源包包括射箭一般技能和专项体能，每项体能练习包括文本设计（动作名称、设计说明、动作方法、练习要求、学练建议）和微视频。

通过该项目的实施和改进，探索了教学方法和经验，汇编了教学资源包或微课，使普通体育教师在教学内容和教学方法上取得有效的研究成果，并形成教学案例。这为一线体育教师进行射箭项目教学和训练提供了借鉴和有效帮助。

三、案例评析

（一）特点

我校射箭馆于2014年投入使用，学校射箭特色项目优势逐渐显现，成为学校的特色课程。学校开设了射箭基础课程和拓展课程。学校的射箭特色项目既注重专业运动员的训练与成绩的提高，也重视射箭项目在普通学生中的普及。高一年级每周有一节专门的射箭课，同时射箭拓展课也备受同学们的追捧。每年，学校在自主招生计划中向有射箭特长的优秀学生倾斜。近几年来，学校在上海市射箭比赛中取得了不俗的成绩。

目前，学校男女射箭队员共有8人，射箭队每周训练2次，赛前一个月每周训练4次，每次训练1小时，利用课余时间、体育课，以及双休日进行训练，训练地点根据学生实际情况分别安排在财经大学附属北郊高级中学和上海市虹口实验学校，由体校射箭教练和学校负责射箭教学的老师进行指导训练。

高一年级全体学生每周都有一节射箭课，由学校聘请的体校射箭教练和学校负责射箭教学的老师一起承担教学任务。每周五学校还开设一节射箭拓展课，主要对通过射箭课选拔出来的比较优秀的学生加以训练。射箭教学课和射箭拓展课深受学生喜爱，学校的射箭校本课程正在进一步完善。

（二）反思或启示

"双新"是一次意义重大的变革，它意味着教师中心向学生中心的转变、讲授中心向实践中心的转变。对于学校来说，这些转变能否得以实现的关键在于课程是否有变化、课堂是否有变化。我校正围绕课程和课堂进行改进，让"双新"真正落地、真正落实，让教师和学生能够独立思考或合作探究，努力让课堂成为教师和学生思维成长的场所。

"绳"彩飞扬·"云"动四季
——上外云间小学创意体育活动案例

王栋国，须小莉

（上海外国语大学附属外国学校松江云间小学）

一、案例背景

为了贯彻落实中共中央办公厅和国务院办公厅印发的《关于全面加强和改进新时代学校体育工作的意见》中明确提出的教会、勤练、常赛理念，我校以"童心向阳·云动四季"体育特色课程为依托，开设了子课程"'绳'彩飞扬·'云'动四季"体育创意活动。该活动充分考虑小学生生理和心理特点，为学生提供自主学习活动的空间，充分发挥学生的主观能动性，充分挖掘学生的内在潜力，尊重学生的个体差异，满足学生的不同需求，培养学生的创新意识。通过多种教学方式，培养学生自学、自练、互评能力，在愉悦的氛围中参与运动，体验乐趣，并获得个人成长。

（一）打造2平方米的移动场地

我校目前有一、二年级学生，且学校场地有限，人均活动面积约2平方米。针对这一现状，需要选择对场地要求不高、普及面广、可操作性强的运动。经过多次探讨研究后，我校决定开展跳绳这一运动项目，营造时时处处皆可跳绳的运动氛围。

（二）夯实每一位学生的运动基础

一根跳绳可以提升每一位学生的运动能力和身体素质。大量研究表明，跳绳对儿童身心健康和智力发展有诸多好处。跳绳是小学各个年龄段体育课必考项目，也是中考体育和学生体质健康监测项目之一。学生可以通过学校体育课、家庭练习、班级选拔、学校比赛等方式参与整个活动，不仅能锻炼跳跃能力，同时也能培养爆发力、协调性、灵敏性等综合身体素质。通过锻炼和比赛，学生的跳绳天赋能逐渐凸显，校跳绳队梯队建设也能逐步完善，同时跳绳队员又能以回馈的形式将跳绳的多种练习手段分享给班级同学。

二、案例描述

一根跳绳掀起全民运动的热潮。本活动以提升学生核心素养、丰富学生生活为最终目标，以学生学习生活的场域为基础，设置技能挑战赛、器材创编赛、文化展示秀三个活动模块。通过个人、团体、亲子等多种形式的活动，贯穿"春生、夏长、秋收、冬藏"一年四季，根据每个季节的不同，设置不同类型的比赛活动，培养学生的锻炼习惯和终身运动能力。

（一）主要活动内容与环节

"绳"彩飞扬·"云"动四季体育创意活动以学校"童心向阳·云动四季"课程为依托，设置技能挑战赛、互动创编赛、文化展示秀三个模块，如表 3-1 所示。

表 3-1 "绳"彩飞扬·"云"动四季体育创意活动

系列活动	活动模块	活动内容	活动目的
秋收	（1）技能挑战赛 （2）互动创编赛 （3）文化展示秀	（1）自我成长赛 （2）组内排位赛 （3）花样创编赛	（1）通过定级赛确定自己的等级以及在班级小组中的排名； （2）利用跳绳这一器材，发挥想象力创编各种跳绳的方式，培养学生动脑、动手的创造力
冬藏	（1）技能挑战赛 （2）互动创编赛 （3）文化展示秀	（1）年级领航班团体赛 （2）自我保级赛 （3）跳绳的发展史演讲赛 （4）我与跳绳的成长故事评选赛 （5）跳绳体能练习创编赛	（1）利用班级之间团体的对抗获得年级领航班称号，团体赛基于个人赛所获得的成绩进行累计，培养学生的团体意识； （2）通过查阅网络资源获取跳绳的发展史，提高学生对体育的兴趣感； （3）通过锻炼与跳绳时所发生的故事，培养学生的跳绳习惯； （4）让学生学习如何利用跳绳这一器材进行各种体能练习，培养学生的综合素质
春生	（1）技能挑战赛 （2）互动创编赛 （3）文化展示秀	（1）校级团体大师赛 （2）自我升环赛 （3）勇敢者擂主赛 （4）韵律创编赛	（1）利用校内比赛组织校内班级对抗赛，团体赛基于个人赛所获得的成绩进行累计，培养学生的团体意识； （2）设立擂台赛，培养学生敢于挑战强者、敢于面对困难、迎难而上的品质
夏长	（1）技能挑战赛 （2）互动创编赛 （3）文化展示秀	（1）校级个人大师赛 （2）绳子的制作坊 （3）云动万定律赛 （4）游戏创编赛	（1）通过查阅网络资源获取跳绳的制作方法并制作，培养学生的动手能力； （2）利用暑期作业设置云动万定律任务，培养学生体育锻炼的习惯，并通过假期的线上挑战提高学生的运动能力，提高家庭教育的参与度； （3）通过跳绳这一器材，发挥想象力，创编各种有趣的游戏，培养学生的创造力

（二）具体实施步骤与方法

1. 第一阶段：秋收——秋天是收获的季节

（1）结合学校实际，制定切实可行的方案。

（2）利用天天跳绳 App，组织小型体验赛，然后逐步推广。

（3）通过校运动会设立比赛项目，统计学生的成绩并进行排名，授予相应等级的手环。在活动中，围绕技能挑战赛这一环节，让学生在锻炼过程中体验白、黄、橙、绿、红、蓝、彩七个级别的挑战。学生通过努力获得相应级别的手环，最终获得彩色手环。手环的等级标准如表 3-2 所示。

表 3-2 "云"动之星手环等级表

白色	黄色	绿色	橙色	红色	蓝色	彩色
100 个以下	100～119 个	120～139 个	140～159 个	160～179 个	180～199 个	200 个以上

（4）花样创编赛是在课余时间利用短绳进行一些有趣的创编，如双人跳、多人跳、集体跳、个人技巧跳等。

2. 第二阶段：冬藏——冬天是储藏的季节

（1）在冬季迎新体育节中设立个人保级赛，确保自己的手环不降级。

（2）设立年级领航班的班级荣誉榜，让学生能够为班级的荣誉而努力。

（3）结合寒假作业设置跳绳文化展示秀，主要内容是对跳绳的发展史和我与跳绳的成长故事进行口述或书写。

（4）体能创编赛是根据体育课所教或自创的动作，利用短绳锻炼身体的比赛。

3. 第三阶段：春生——春天是生长的季节

（1）利用体育节活动设立校级领航班的班级荣誉赛。

（2）同时设立个人升环赛。

（3）在月月赛活动中安排擂主赛。

（4）韵律创编赛是利用跳绳创编韵律操的比赛，如准备活动操或放松活动操等。

4. 第四阶段：夏长——夏天是创想的季节

（1）在线上趣味运动会中，设立校级个人大师赛，包括一分钟跳绳、二分钟跳绳或耐力跳等项目。

（2）结合暑假作业设立云动万定律，完成以"万"开头的跳绳任务，同时设立自制跳绳的视频比赛。

（3）游戏创编赛要求根据体育课中学习的游戏，结合跳绳进行再创编。

（三）活动评价机制——"云动少年评价体系"

1. 评价的载体

评价的载体为班级优化大师 App 和实物手环。

2. 评价内容与方法

（1）云豆积分挑战赛（个人评价）。云豆积分通过各类活动的参与程度和获奖次数来决定，如参与可获得 1 个云豆积分；合格可获得 2 个云豆积分；良好可获得 3 个云豆积分；优秀可获得 4 个云豆积分；等第奖可获得 3 个云豆积分；亲子运动额外加 1 个云豆积分；参加市区级比赛额外加 10 个云豆积分（如表 3-3 所示）。

表 3-3　云豆积分挑战赛标准

等级	优秀	良好	合格	参与	等第奖	亲子参与	市区获奖
云豆（个）	4	3	2	1	3	2	10

（2）云动少年评选（班级评价）。云动少年评选标准是个人获得的云豆积分累计的班级排名，获得第一名的学生将获得彩虹云动少年称号；

前 10% 的学生将获得金星云动少年称号；排名位于 10%～30% 的学生将获得银星云动少年称号；排名位于 30%～60% 的学生将获得红星云动少年称号（如表 3-4 所示）。

表 3-4 云动少年评选标准

等级	彩虹云动少年	金星云动少年	银星云动少年	红星云动少年
百分比	10%（第一名为彩虹云动少年）		30%	60%

3.宣传阵地的建设

通过评价机制拓宽宣传渠道，如为学生提供荣誉榜、创设一块宣传海报栏、每周或每月设置运动之星称号、发布明星照片以及介绍等。这能使学生时刻感受跳绳的魅力。此外，还可以每天、每周、每月举办小型赛事，让学生都能够充分展示自己的能力，为班级做贡献的同时，得到老师和同学的赞扬。

三、案例评析

（一）本活动特点总结

（1）本活动的开展充分体现了体育新课标提出的"教会、勤练、常赛"新理念，通过移动的 2 平方米的运动场地，营造了全员运动的良好氛围。

（2）本活动的开展激发了学生的学练兴趣，提升了他们的运动技能，促进了身心健康发展。

（3）本活动的开展不仅注重运动技能的"学、练、赛、评"一体化，还通过游戏创编、文化探究等体验活动，夯实了学生的体育素养、开拓了他们的创新思维。

（4）本活动的开展提升了家庭的体育运动指导能力和认同感，构建了家校沟通的新途径和新平台。

（二）反思和启示

1. 保证师资配备，加强师资培训

丰富多彩的体育活动的开展需要足够的体育教师作为活动保障。在此基础上，应注重师资培训，打造一专多能的教师队伍，为后续特色活动做好师资保障。

2. 打造特色社团，营造全员运动

在人人参与的基础上，可以选拔一批学生，开设一系列跳绳特色社团，做到点面结合，为学生提供展示和锻炼的平台。同时，寻求校内老师、家长、社会资源的助力，营造全员运动的氛围，为学生的技能掌握、身心健康发展保驾护航。

项目和特色课程引领
注入师生发展新活力
——"小学体育兴趣化"课程改革试点实施案例

姚 庆

（上海市实验学校附属小学）

一、案例背景

在国家和市教委全面推进素质教育，深化教育改革的大背景下，根据上海市教委先后印发的《上海市小学体育兴趣化、初中体育多样化课程改革指导意见（试行）》《关于扩大"小学体育兴趣化、初中体育多样化"学校体育课程改革试点范围的通知》《上海市中小学2018学年度课程计划及其说明的通知》有关文件要求，在"提升每一个学生的学习生活品质"的核心理念和"实现教育现代化、建设教育强区"的发展目标的引领下，我校积极投入体育课程改革的浪潮中。

学校积极贯彻市、区中小学体育工作要求，以《学生体质健康标准》、"一校多品"为抓手；坚持以学生发展为本，培育体育特色项目；以兴趣化教学为途径，增进学生体质；保质保量践行体育兴趣化教学改革，确保

"学生每天锻炼一小时"。面向我校全体师生，为丰富校园体育文化生活，特制定本课程实施方案。

二、案例描述

2018学年初，学校成为第二批小学体育兴趣化试点校。为了扩大我校办学优势，打造品牌教育，我校努力提升办学理念，改善办学条件，坚持"健康第一"的指导思想，将体育工作置于重要位置，展现出"以体育健体，以体育练能，以体育促智，以体育育人"的良好发展态势。

学校坚持落实"五育并举"的教育理念，完善了"会运动"的育人目标，在"十四五"规划中，确立了"基础课程—拓展课程—兴趣课程—亲子活动"的体育课程群，通过丰富的课程使每个孩子都能喜欢运动，拓展其体育兴趣。

（一）基础拓展多元化

在基础型课程中，重点关注"5+2"课程的实施，确保每周有5节体育课、2节活动课和30分钟大课间活动。在拓展型课程中，聘请专业人员为每个年级开设不同的体育拓展课，使学生在五年的小学生涯中能学会两项球类运动（足球、篮球）、两项体操类运动（武术操、啦啦操）、两种技能（滑冰、游泳）等，进而强身健体、发展能力，逐步养成在兴趣引导下终身运动的良好习惯。

（二）兴趣课程层级化

在课后的兴趣课程（社团）中，对足球、篮球、武术、滑冰、羽毛球、广播操、啦啦操、赛艇等体育项目有兴趣的学生可以自愿报名参加学校课后组织的兴趣活动，进一步巩固体育技能，充分发展特长。对于在某方面已有所长的学生，则可加入校队，接受外聘专家的进一步专业训练，以在运动能力和竞赛水平上有所突破、有所成长。

（三）亲子活动协同化

学校将体育课程延伸到家庭，创编了"齐运动"家庭教育系列课程。课程倡导学生在父母的陪伴下完成体育长周期作业，通过家庭共同运动增进亲子感情、锻炼体魄。开设家长教练培训班，让家长一起参与班级足球队的训练，并指导班级参赛。学校运动会设置了亲子组项目，家长和孩子可以一起拔河、跑步、跳绳。亲子运动成为学校一以贯之的举措。

（四）课程改革常态化

落实理念，课程为先。比如，作为上海市项目化学习创建校，学校将体育兴趣化与项目化学习有机结合，在四年级开展了"我是游戏小达人——四年级集体游戏设计"项目。学生在游戏设计中潜移默化地了解了四年级体育的理论知识。精彩的活动激发了学生对体育的兴趣，促进他们养成主动运动、积极运动、科学运动的良好习惯。

学校的体育课程群的协同开展和推进丰富了课程内容，满足了不同年龄、兴趣和运动水平的学生的实际需求。这也是学校积极响应国家"双减"政策，严格落实"每天锻炼一小时"课改要求的有力保障。

三、案例评析

（一）案例效益

本案例中的活动是通过全校师生及家长的积极参与共同完成，从而达到活动预期效果。最终的落脚点是让每一个孩子从中获益，由老师和家长共同见证孩子们的成长。

我校鼓励学生走向操场、走进大自然、走到阳光下，这形成了青少年体育锻炼的热潮。案例中的各项活动均根据学生的年龄、性别和体质状况而安排。学校积极探索适应青少年特点的体育教学与活动形式，指导学生开展有计划、有目的、有规律的体育锻炼，努力改善学生的身体形态和机能，使其提高运动能力，达到体质健康标准。近年来，我校学生体质健康测试达标率均在95%左右，区学生体质健康抽测成绩保持中上水平。

（二）社会评价

学校每次开展活动都会邀请街道、教育局、兄弟学校相关领导及专家出席。活动结束后，与会嘉宾纷纷给予活动较高的评价，对学校师生的全情投入和家长的积极参与给予了肯定，也为学校今后的发展提出了宝贵意见。

相关活动已然成为学校的一张响亮的名片，学校从一所招生困难的普通小学发展成拥有1100多人的大型学校。

（三）家长支持程度

本案例因其面向全体师生及家长，得到了广大家长的一致欢迎和好评，一方面创设了亲子互动的新途径；另一方面在一定程度上提升了家庭体育锻炼意识和氛围，带动家人一起参与体育锻炼，促进家庭和睦，健康生活。这也能潜移默化地促进学生"自主健身"核心素养的发展。

（四）校园体育氛围增强

案例活动的开展丰富了学生的课余生活。在体育课、活动课或锻炼活动中，学生能够安全、自主地开展各项体育活动，在增强体质健康的同时学会3～4项运动技能。学生都能找到适合自己的体育活动，同伴间合作意识增强，体育学科"社会适应"的核心素养也得到发展。

四、其他支撑材料

上海市实验学校附属小学2019学年第一学期体育节活动方案

一、指导思想

积极贯彻市区中小学体育工作要求，以《学生体质健康标准》、"一校多品"为抓手，坚持以学生发展为本，培育体育特色项目，以兴趣化教学为途径，增进学生体质，丰富校园文化生活。强化学生的规则意识和集体荣誉感，融健体、健心于一体，开展主题体育活动，鼓励学生积极参加体育锻炼，并举行体育节闭幕式家长开放活动。

二、活动主题

五星少年心向党、活力运动健体魄

三、活动领导小组

组　　长：安娜

副组长：蔡利群

组员：德育处、体育组、总务处、年级组长

四、活动时间安排

2019年10月—11月

五、活动安排

活动安排，如表3-5、3-6所示。

表3-5　活动计划表

日期（周）	活动主题	活动内容	内容说明	负责人
启动阶段 10.8—10.12（第六周）	启动仪式 氛围营造	（1）制定"体育节"活动方案 （2）体育节启动：宣传动员、致体育活动开幕词 （3）学生代表宣读倡议书 （4）营造体育运动氛围：校园展板、壁报、橱窗布置 （5）成立团体活动展示项目组		随满颖、姚庆
10.14—10.18（第七周）	田径运动周	（1）各年级单项训练 （2）各年级单项比赛预赛 （3）汇总主题展示及训练	（1）"快乐30分"时间进行预赛 （2）体活时间由任课老师组织训练 （3）课余时间班主任动员训练	田径周负责人：吴荣 体育老师、正副班主任、任课老师 田径周获奖学生展示负责人（吴荣）
		（4）VCR制作内容商定、素材收集	体质健康测试；"一校多品"：五个年级五个课程、校特色团队、主题运动周	王志洪、刘宇骏
		（5）器材准备	运动会闭幕式各项目器材梳理准备	体育组、总务处

续表

日期（周）	活动主题	活动内容	内容说明	负责人
10.14—10.18（第七周）	田径运动周	（6）闭幕式集体展示项目操练（集体项目每班10～12人）	集体展示项目（4分钟左右）：一年级外教足球（邬鑫、李琰）、二年级滑冰（吴荣、蒋海静）、三年级武术操（陈燕、喻老师）、四年级啦啦操（张龚连、龚蓓）、五年级篮球（毛震、苏平、马燕彬）	项目负责人、年级组长、班主任
10.21—10.25（第八周）	跳绳运动周	（1）各年级单项训练（2）各年级单项比赛预赛（3）汇总主题运动展示及训练	（1）"快乐30分"时间进行预赛（2）体活时间由任课老师组织训练（3）课余时间班主任动员训练	跳绳周负责人：张龚连 体育老师、正副班主任、任课老师 跳绳周获奖学生展示负责人（张龚连）
		（4）主持稿撰写	结合"一校多品"、体育兴趣化、体教结合	卜峥林
		（5）奖牌设计与制作		姚庆
		（6）闭幕式PPT制作		刘宇骏
11.4—11.8（第九周）	足球运动周	（1）各年级单项训练（2）各年级单项比赛预赛（3）汇总田径运动展示及训练	（1）"快乐30分"时间进行预赛（2）体活时间由任课老师组织训练（3）课余时间班主任动员训练	
		（4）运动会场地站位图		姚庆、德育处
		（5）全校闭幕式站位走场		德育处、体育组、全体教职员工
		（6）闭幕式各特色项目展示审定		校长室、德育处

续表

日期（周）	活动主题	活动内容	内容说明	负责人
11.11—11.15（第十周）	篮球运动周	（1）各年级单项训练 （2）各年级单项比赛预赛 （3）汇总足球运动展示及训练	（1）"快乐30分"时间进行预赛 （2）体活时间由任课老师组织训练 （3）课余时间班主任动员训练	篮球周负责人：毛震、苏平 体育老师、正副班主任、任课老师 篮球周获奖学生展示负责人（毛震、苏平）
		（4）完成场地布置	场地划线、操场定点、家长座位、气球、彩旗、音响媒体等	体育组、后勤组
		（5）裁判员、礼仪小姐培训（体育组）	（1）裁判员培训体育组负责 （2）礼仪小姐由大队部安排、培训	体育组 大队部
		（6）全校闭幕式彩排（视情况1~2次）	道具、各项目到位	德育处、体育组、全体教职员工
		（7）闭幕式PPT、VCR审定		信息组、校长室
		（8）发放家长邀请函，每班20位家长		卜峥林、班主任
11.18—22（第十一周）	成果展示家长开放资料汇总	运动会闭幕式家长开放（根据天气及工作安排在本周某一天上午）家长安排：每班20人，共520人	展示内容：VCR播放、颁奖、主题周获奖学生展示、集体项目展示、滚球	
		运动会资料汇总		孙洁

表 3-6　活动任务单

项目	内容	负责人
各班家长接待	各班副班主任根据站位，提前举班牌跑道接待	副班主任
主持	主持稿	卜峥林
	主持人：2 名教师 +2 名学生	德育处
走场	场地安排站位图	姚庆
	场地划线、走场彩排	体育组、德育处
美工	广告公司联络、道具定制、背景、气球、彩旗、音响媒体等	吴军华
奖牌	设计、制作	姚庆
PPT、音乐	PPT、各环节音乐	刘宇骏
设备	操作控制	姚慧
会场布置	主席台、运动会裁判桌椅、音响设备、电子屏、气球等	总务处、后勤组
摄像、摄影	前期拍摄和现场抓拍，与广告公司对接	王志洪、刘宇骏
国旗、校旗	升旗	蔡斓、卜峥林（校旗）
奖状	提前打印奖状	孙妙临、体育组
新闻报道	撰写稿件	卜峥林
资料汇总	运动会各类资料汇总	孙洁

立潮头奋楫逐浪　踏征程百舸争流
——十年级赛艇专项课教学

徐昕蕾

（上海外国语大学闵行外国语中学）

一、案例背景

（一）案例的背景

本课坚持以学生为主体，通过"专题式、互动式、体验式"教学形式，合理使用居家器材，引导学生学习赛艇的国内外起源、发展、基本技术等，以丰富赛艇运动的课堂教学。在"学、练、赛"的不同情境中，让学生了解赛艇运动的锻炼价值与文化内涵，理解坚定信念、齐心协力、顽强拼搏、勇争第一的体育精神，并以新的精神面貌和奋斗姿态努力学习，从而将稳定专注、坚韧自律以及追求卓越等上海城市精神内化于心，外化于行。

（二）拟解决的主要问题

（1）借助居家环境中的模拟器材进行学练，明确握桨方式和拉回桨的技术动作，控制身体重心变化和拉桨、回桨的发力，注重蹬腿、拉臂、倒肩的全身配合。通过技能学练和体能发展来增强上下肢力量，提高核心稳定性和全身协调发力的能力。

（2）能准确阐述赛艇运动的起源与发展，以及项目的分类等，并善于观察、勤于思考、主动合作，积极参与知识与技能的实践运用。

本案例需要解决的居家教学中的问题包括：增加居家在线教学的互动性；提高学生的学习参与率和参与度；应对突发情况；探索合作式学习。

二、案例描述

（一）活动环节1

1. 活动名称

赛艇零距离。

2. 动作方法

以问题为导向，带着问题观看简短的赛艇介绍视频，通过扫描二维码回答相关问题。根据问卷星的数据反馈，对错误率高的题目进一步讲解，通过水上运动的对比和联系，以探索式合作学习的方式提炼赛艇运动的体育精神。

3. 要点提示

结合民族民间传统体育龙舟运动和赛艇运动，探索并发现两个项目特征的区别与联系，在明确中华传统文化的基础上，升华提炼赛艇运动的体育精神和品德。

4. 活动实施

活动实施，见表3-7所示。

表3-7 活动环节1的实施过程

赛艇零距离	活动实施	目的
观看视频	课堂导入，带着问题观看视频介绍	运用丰富的影像活化课堂，以互动式教学引导学生自主探索、合作学习。从不同视角感悟并讲述赛艇体育精神，明确当代高中生要有努力学习、不忘初心、砥砺前行的精神姿态，将坚定信念、专注自律、勇往直前内化于心，外化于行
问题回答与讲解	回答问题，检测视频观看效果，基于问卷星后台数据的统计与反馈，讲解错误率高的题目	
探索合作	根据提供的资源包和要求探索合作学习，展示小组成果	

（二）活动环节2

1. 活动名称

赛艇初体验。

2. 动作方法

利用居家器材，如同等长度的扫把或拖把进行模仿动作练习。使用4个手指根部和大拇指握桨，通过大腿的蹬伸、手臂的积极屈曲牵拉，上体后倒，两肘关节呈水平弯曲状，回桨时手握桨柄推移，带动肩和上体完成前倾屈腿。

3. 要点提示

从肌肉用力的顺序来看，拉桨时依次使用腿部力量、背部肌肉、肩臂力量；回桨时依次使用肩臂力量、背部肌肉、腿部力量。

4.活动实施

表 3-8　活动环节 2 的实施过程

赛艇初体验	活动实施	目的
握桨 + 拉桨	手握扫把进行模仿练习，充分蹬腿模拟滑座移动，上身后倒，屈臂拉桨。完成 12～15 次	结合居家器材进行学练，提高动作模仿能力，掌握技术动作要领，明确动作的发力顺序，结合实践进行学练，培养专注力，勇争第一，发展肢体协调性，形成坚持锻炼的运动习惯；通过不同问题进行由浅入深、由易到难的深入教学，指导学生用宏观的眼光直面问题、解决问题。引导学生立足自身问题找对策、强信心，进而激发和培育学生的时代责任感和历史使命感
握桨 + 回桨	手臂前伸，推桨至膝盖上方，躯干前倾，回桨动作平稳自然。完成 12～15 次	
拉桨 + 回桨	回桨与拉桨是放松与用力的交替，要求上下肢配合、协调发力、明确动作发力顺序，动作连贯、流畅。女生完成 12 次，男生完成 15 次	
自我评价	通过对比技术动作评价标准，进行自我评价。在学练中，发现动作技术学习中的不足	

易犯错误：蹬腿不够充分，对动作发力顺序感知不明显，完整练习时易出现动作不连贯、手脚不协调的现象。

纠正方法：引导学生关注腿部肌肉和肌肉群、发展下肢力量并练习的重要性。陆地练习主要用于技术动作的学习和掌握，最后要在水上实践运用中进行纠错练习。陆地练习可以增强下肢力量的体能练习，有助于提升水上实战运用技能的能力。

（三）活动环节 3

1.活动名称

认知与感知相关肌肉；下肢力量练习。

2.动作方法

引领原动肌和协同肌的下肢力量训练；下肢力量练习包括深蹲、深蹲跳、提膝弓箭步、弓箭步跳、开合跳、高抬腿。

3. 要点提示

关注肌肉和关节的稳定性、居家运动的环境和安全要求；下肢力量练习时注意腰背挺直，保持膝关节和髋关节的稳定性，量力而行、注意安全。

4. 活动实施

教师示范，提问并引导学生关注自身股四头肌、腘绳肌的稳定性。观看视频，引导学生认知和感知肌肉，借助扫把杆的使用让躯干挺直具有标志物，使练习者保持平衡并控制自己的身体。教师示范、讲解深蹲下肢力量练习（深蹲、深蹲跳）和弓箭步下肢力量练习（提膝弓箭步、弓箭步跳）的方法，组织女生练习2组、每组12次，男生练习2组，每组15次，腰背挺直、膝盖保持在脚尖正上方。鼓励学生动作做到位并跟进练习，坚持到底，同时提醒学生注意安全运动、不扰民。

易犯错误：弓箭步下蹲时膝盖未能垂直于地面，上身前倾。

纠正方法：可在地面放置软垫等标志物，膝盖弯曲靠近地面上的标志物，上身紧靠扫把杆保持直立。

三、案例评析

（一）创新方法，推进自主探索"进课堂"

从学生的立场和角度出发，结合学生个性发展的实际，在以往的教学方法基础上进行改革和创新，提供资源、引导方向，建立构架，提出要求，真正让自主探索"进课堂"。

（二）创建载体，推进协作互助"进头脑"

将赛艇运动起源与发展的"微课件""微视频"等材料资源包提供给

学生，使其自主学习，并通过讨论、交流、互动等方式促使学生尊重和欣赏他人，学会合作与学习。

（三）拓展阵地，推进学生主体"进活动"

坚持以学生为主体的主线、引导学生学深悟透赛艇体育精神。通过同伴不同视角的讲述，认识体育精神在学习生活中的作用，见证我国承前启后、继往开来的新时代，使当代高中生以新的精神面貌和奋斗姿态努力学习、不忘初心、砥砺前行，将坚定信念、把握全局、专注自律、勇往直前内化为自身内在素质。

专题四：基于"教育数字化转型"的体育教学

数字化转型背景下教学新实践
——3D 策略让线上排球课"动"起来

戚黎豪，董国荣

（上海市第八中学）

一、案例背景

"新冠疫情"的冲击对国家、社会造成了巨大的影响，其中，"中小学调整为线上教学"的政策方针使传统的课堂教学发生了天翻地覆的变化。体育课变为"云体育课"给教师带来了更大的挑战，如何运用有限的场地空间设计教学？如何及时合理地进行评价？如何借助相关技术和工具让学生"动"起来，使其能够投入线上体育课堂的学习中？这些都是教师需要面对的问题。

本案例以体育与健康学科十一年级"排球"线上教学为例，根据排球班学生的原有水平和实际需求，将排球基础技能、组合技能和基本站位战术进行整合设计，确定本课的主题为"排球专项体能"。为了增强学生对动作的理解和运用，本案例以"如何科学发展排球相关体能"为问题链，设计了融合 AR 交互的情境体能练习，使家中 1～2 平方米的空间瞬间变成一个"更真实"的比赛场地。

二、案例描述

考虑到学生居家学习的场地条件，本案例以居家小场地为设计核心、结构化学练为设计重点，设计了基础体能、进阶体能、情境化体能三个重要学习环节。在学习评价方面，以学生自评为主要形式，结合培养学生关注健康和公平竞赛的体育精神，设计了"心率自检测"和"比一比、赛一赛"。在动作设计上，多采用原地连续拦网、左右移动垫球等移动不超过1米的动作，以确保学生居家锻炼的安全。同时，结合本课的学习内容，设置与健康知识相关的作业，引导学生探索肌肉肌群，培养积极锻炼的好习惯。

（一）策略一（联动3D）：人机互动，"联动"进阶体能

以"信号灯"的方式让学生进行基础体能练习和进阶体能练习，将多媒体互动与肢体反应"联动"，在提高练习趣味性的同时提高学生的学练积极性和主动性。在练习开始前，通过目录的滚动播放，让学生快速记忆动作和信号，进行人机互动。每次练习开始时，会有哨音和信号灯出现，学生需要快速反应并做出正确的动作。为帮助学生更有效地进行学练，教师在语言提示的基础上增加了动作提示。动作提示出现在信号发出5秒后，充分给予学生反应和尝试的时间。

在踏步调整环节中，通过排球规则知识的讲解和学习，让学生在放松身心的同时，将注意力集中在排球规则的学习上，实现了将德育渗透到体育中的学习效果，同时也可以减少学生学练时的疲惫感，真正实现身心放松。

基础体能的练习内容主要是原地拦网、交叉步移动等单个技术动作，进阶体能则在基础体能的基础上进行了提高，将移动和基础技术动作进行

串联组合，实现了技术动作的结构化，加深了学生对动作的理解和运用。

（二）策略二（撬动 3D）：AR 交互，"撬动"真实场景

情境化体能是通过融合 AR 交互创设的"更真实"的比赛情境，通过场地、对手、队友、球等多种元素构建了丰富且真实的画面，让学生在居家学习时不仅在脑海中想象比赛场景，更能在视觉效果上感受比赛。其中，学生的练习内容包括基础技术动作、技术组合和战术站位等，虽然内容丰富且多元化，但所需要的场地区域仅为 2 平方米。

情境化体能对学生的技术运用能力进行了进一步提升，在整个练习过程中包含了准备姿势、小碎步、垫球、传球、扣球等基础技术动作，基本包含了所有排球技能。同时，在进阶体能的基础上，将结构化练习进行了更大程度的提高，学生不再根据信号灯进行组合练习，而是根据来球的角度和方向进行判断并做出反应。练习中不仅要求学生在技术动作上做到准确，更考验了学生对技术动作的理解。这样的练习方式可以帮助学生进一步理解技术动作，形成完整的结构化思维。

在练习中除了结构化的技术练习，教师也将战术站位融入其中，学生不需要像线下课那样站到固定站位后再移动，而是通过一步左右的移动方向来表示站位，极大程度地缩小了练习需要的空间。同时，每个站位都设置了固定动作，模拟了比赛场上常见的情况，加深了学生对站位的理解。

为更大程度地增加比赛的氛围，增加了"比一比、赛一赛"，学生需要判断自己的反应与答案是否一致，并将正确的次数记录下来，在练习结束后计入数据统计表进行即时测评。

（三）策略三（鼓动 3D）：融评于教，"鼓动"自我检测

本课设计了两种评价手段，即"比一比、赛一赛"和"心率自检测"。

专题四：基于"教育数字化转型"的体育教学

为了培养学生养成关注自身健康的体育习惯，本课设置了心率自检测和运动负荷检测表，让学生主动找到自己桡动脉的位置，教会学生（10秒心率×6=一分钟心率）心率计算公式，同时要求学生将心率与运动负荷检测表相对应，判断自己的运动负荷是否达标。

课程结束后，布置了"分析课中所用到的肌肉肌群和根据肌群设计体能练习"的个性化课后作业，引导学生主动探索健康知识，积极了解自身的肌肉分布，并定制属于"自己"的体能练习，充分发挥了学生主体性，提高了学生的自主学习能力和科学探索能力。

三、案例评析

本课运用"3D"策略充分发挥数字化在线上排球教学中的优势，对资源、媒介、内容、技术、时间等五大要素进行整合，实现了人机交互助力学生知识技能的发展；实现了AR比赛情境强化学生排球技战术、体能；实现了智能多媒体课件培养学生健康行为（如图4-1所示）。

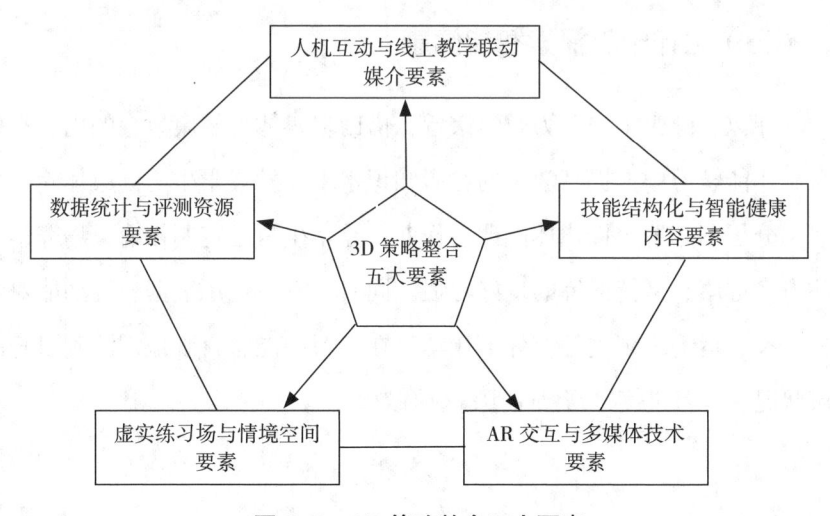

图4-1　3D策略整合五大要素

（一）人机交互助力知识技能

本课从设计到实施充分发挥了信息技术在线上教学中的优势，同时打破了传统线上教学的壁垒，将人机交互融入线上教学中。通过虚拟信号灯、情境化设计，将人机交互与专项体能进行"联动"，极大程度地发挥了学生的主体性，提高了学生的课堂参与度，达到在快乐中学习、在学习中锻炼的学习效果。

（二）AR 比赛强化专项素养

本课贯彻"教会、勤练、常赛"的育人精神，运用 AR 交互的数字化技术将排球场"搬"进每一位学生家中，让学生居家学习时也能感受"真实"的比赛情境，真正实现了在"小场地"也能有大收获，达到在快乐中学习、在学习中锻炼的学习效果。创建了"比一比、赛一赛"的竞赛机制，提供了健康公平的竞赛平台，在发展学生专项技能、体能的同时，培养学生公平竞争、勇争第一的良好品质。

（三）融评于教探索智能健康

本课以"健康第一"为教学宗旨，借助多媒体将健康教育的内容有效融合到体能学习中，提高学生的健康知识水平，发展学生的健康体魄。借助肌肉分析图布置个性化体能课后作业，让学生自己定制作业，培养学生关注自身健康、坚持锻炼的良好习惯。同时，本课运用数据统计功能对学生的心率、运动表现进行统计，让学生在学习中能够直观地观测到自身的健康状况和学习进度，帮助学生进行有效评价。

云中携手，"疫"起动起来

顾中萍

（上海宝山区世界外国语学校）

一、案例背景

开学伊始，上海便再次遭遇疫情，这使学校工作面临巨大的挑战，教师们再次成为"主播"，勠力同心共同实施并保障疫情防控期间的在线教学，实现"停课不停教、停课不停学"。原本正常的教学计划被打乱，线下授课变为全面线上授课，加速了在线教学的发展，但也给学校体育教学工作带来了巨大的挑战。如何利用"教育未来宝"平台使教学工作顺利进行、满足学生的运动需求、提高学生的运动兴趣、增强学生体质等问题值得思考。

组织好在线教学是学校的重要任务，培养学生良好的体质是学校体育工作的重中之重。在2020年在线教学的基础上，我们合理选择教学内容，挖掘各种网络资源，善用在线课堂工具和信息技术手段，再一次开启了"云课堂"的探索之路。

二、案例描述

（一）问题1：增加学生的学习参与度

1. 问题描述

家庭内部活动空间小，许多体育活动难以进行，且常规性的准备活动较枯燥。

2. 解决措施

（1）我舞我乐、我唱我游。我们编制了一个动作简单的室内操《Good time》，学生可以在较为逼仄的空间内进行准备活动。该音乐节奏活泼，歌词简单易懂，学生喜欢哼唱着进行活动，这提升了他们的积极性。根据家长反馈的照片来看，学生都能跟着《Good time》的音乐节奏进行准备活动，许多家长也加入了运动的队伍之中。

（2）资源整合、设境激趣。组内教师积极研讨确定了教学内容，同时巧用空中课堂的教学资源截取部分片段用于课堂之中。除此以外，老师们收集了众多AI视频资料用于课堂教学，让低年级学生在虚拟的情境中发挥想象力跟随老师一起进行锻炼，学生们被各式各样的虚拟情景吸引，或是与小男孩一起进行"跳跳岛寻宝"，又或是和熊大熊二一起"探索丛林"，玩得不亦乐乎。

（3）点兵点将、趣味盲盒。教师在线上同屏互动中增加了一些互动性较强的语言，比如"大家都上台了吗？上台的同学比个OK手势哦！""完成得很棒，和屏幕上的老师一起击个掌。""老师收获了8颗小星星，你们呢？获得了多少颗小星星？弹幕区发出来分享一下哦！"等。同时，每节课安排2次抽"盲盒"活动，让表现优异或者进步较大的学生抽取，极大地调动了学生的有意注意，同时创造了良性竞争的环境。学生们积极参与"点兵点将"。

（二）问题2：增加居家在线教学的互动性，把握与反馈学生的学习情况

1. 问题描述

低年级学生有意注意的保持时间短，线上教学开始不久后个别学生注意力不集中，参与度降低。

2. 解决措施

（1）师生互练，提质增效。在学生练习过程中，教师通过随机"开麦"，选取学生连线，进行动作技能展示与知识要点问答，并进行点评和纠错，实时反馈学练效果。这有助于提高学生参与师生互练的积极性，进而有效帮助学生巩固线上课堂所学的知识。

（2）生生竞争，提升体能。在线上教学中，除了学生和老师一起学练外，还可以邀请能力较强的学生进入主屏边喊口令边练习。通过这种方式，可以让更多的学生积极参与练习，并清晰地评价自己的练习成果。一方面，可以进一步规范学习技能动作要求；另一方面，也能够激发学生的练习兴趣。这不仅巩固提高了动作方法、促进了体能的发展，更重要的是让学生能在组合学练环境中将所学技能转化为一种能力，使所学知识得到延伸与拓展。

（3）趣味锻炼，灵活多样。为了巩固体育教学成果，全面提高学生的身体素质，使学生掌握一定的体育技术、技能，养成终身锻炼的好习惯，培养学生不怕困难、自觉刻苦的意志品质，增进亲子关系，每节课后都会布置家庭作业，设置比较活泼的内容，同时鼓励学生和家长一起进行锻炼。课堂开始前，我会将学生的锻炼视频分享到大屏幕上进行积极表扬和鼓励，这也吸引了更多的学生向我分享日常锻炼的视频，为课堂营造了热烈的锻炼氛围。

（三）问题3：学生居家锻炼的运动强度难以得到保证

1. 问题描述

居家学习一个多月后，镜头前孩子们的脸明显变大，肚子上也多出了一些赘肉，身体素质明显下降。

2. 解决措施

每位学生都佩戴了学校专门设计的运动手环。根据学生的年龄，我们为手环设置了警戒值。学生在运动时开启运动模式，表盘界面会对学生的运动强度做出实时反馈。课前我们会讲授一些简单的生理知识，课堂上在互动区进行积极提问和互动，了解学生心率状态的同时调整运动强度或练习密度，在这个过程中学生也能更好地了解自己的身体。同时，组内老师会定期选择一节课进行数据采集和观测，设计观察量表，仔细分析学生的心率状况，通过横向和纵向对比，发现问题，不断改进。

三、案例评析

这次线上教学探索解决了一些矛盾，也给我带来了很多惊喜和改变，但是线上教学依然有很多地方值得我们去思索、去探究。

首先，我们对于运动手表的使用还有待挖掘。运动手表可以作为有效练习时间的评判依据，也可以作为辅助学生进行居家锻炼的良好工具，下一阶段可以尝试将运动手表作为教学评价的一部分，合理运用大数据，做到精准评价，进而为分层教学做好铺垫。其次，线上教学虽然可以和学生进行互动，调动学生的积极性，但始终隔着屏幕，缺乏对于身体姿势的直接指导。一些错误的动作对孩子的身体有一定的负面影响，因此要加强动作监督，让孩子在家能够健康且开心地锻炼。

专题四：基于"教育数字化转型"的体育教学

面对疫情对课堂教学带来的冲击，我们深知，无论线上还是线下教学，都要从课程改革初心出发，从学科核心素养培育出发，通过整合学习资源，充分运用信息技术，为学生提供广阔的学习资源和有力的学习支持。体育教学的转变势在必行，新时代、新课标、新教师、新起点，让我们一同去实现"享受乐趣、增强体质、健全人格、锤炼意志"的体育育人目标。

借一句话与诸君共勉：你"浇不浇"，庄稼都会长大；你"教不教"，孩子都会长大。但是，"收成"绝对不一样。在未来的教学中，教师要立足本职，和孩子们携手同行！道阻且长，行则将至；行而不辍，未来可期！

科技助推发展　数字变革未来

孙　亮

（上海市民立中学）

一、案例背景

体育强则中国强，国运兴则体育兴。党的十九大报告指出，扎实推进教育信息化融合创新发展。《教育信息化"十三五"规划》提出："积极组织推进多种形式的信息化教学活动，鼓励教师利用信息技术创新教学模式，推动形成'课堂用、经常用、普遍用'的信息化教学新常态。""十四五"规划强调体育发展是国家体育强基阶段，改革发展的接力棒必须传承下去，通过未来五年的努力让体育强国的四梁八柱基础形成。在这一框架下，体育教研组围绕"如何构建具有民立中学特色的智慧运动校园文化"的主题进行了深入思考和探索。我们提出了《民立中学信息化促进个性化教学发展之路》的设计方案，并进行了卓有成效的实践探索。设计方案遵循党的教育方针，以国家体育锻炼标准为基本要求，结合民立中学的实际情况，通过信息化、大数据技术的开发，构建具有民立中学特色的数据分析平台，以改变目前学校体育教学中普遍采用的"分层、分项、分时"的粗放型教学模式，将先进的信息化管理手段引入体育工作的管理中。大数据云平台的建立，极大地拓展了学习的空间、改变了学习的方式，打破了传统"课堂是唯一的学习场所""教材是唯一的学习资源"的桎梏。学生完全可以按照自身体质状况和运动水平，自主获取科学健身、专项训练以及体能恢复的方法。学习方式的变化带来了学生身体素质的提升和良好运动习惯的养成。学生在运动中享受快乐、愉悦身心，并在潜移默化中养成健康的生活方式，为学生的终身幸福奠基。

二、案例描述

通过体适能课教学，将传统学习方式的优势和 E-Learning（即数字化或网络化学习）的优势结合。这既发挥了教师引导、启发、监控教学过程的主导作用，又充分体现了学生作为学习过程主体的主动性、积极性与创造性。在教学过程中，运动传感器可以用来实时反馈运动速度、频率、心率的变化情况，而 HTML5 技术则可以跨平台反馈学生练习的密度、强度和体感情况，形成学生长效数据链，方便老师进行个性化指导及学生了解自己的运动情况。

（一）训练机模式

根据学生选定的锻炼器材，系统会显示该训练机主要训练的部位。学生选择要训练的部位后，系统会显示与该部位相关的训练动作。选择完训练动作后，系统会展示标准的训练动作视频、错误动作以及纠正方法。同时，学生还可以看到训练的肌肉的立体解剖图，能更直观地了解运动结构。

（二）训练部位模式

根据学生选定的要锻炼的训练部位，系统会显示可以锻炼该部位的训练机，学生选择训练机后，系统会显示训练机包含的训练动作。选择完训练动作后，系统会显示标准的训练动作视频、错误动作以及纠正方法，同时也会显示训练的肌肉的立体解剖图，学生能够更直观地了解运动结构。

（三）个性化运动处方

根据学生体质状况的分析，系统会给出针对每个个体的个性化运动处方，如运动频率、运动周期，以及运动过程中靶心率的控制等内容。个性化运动处方的关键在于合理配置运动量，系统还可以根据个性要求生成运动参数，例如，减少脂肪和增加肌肉的"RM"设置。

（四）课程密度强度分析

衡量一堂课的运动负荷通常使用全课的平均心率、全课练习密度、心率曲线图来进行判断。但是随着体适能课程的深入研究和实践，我们发现这种衡量方法仍具有一定的局限性。如何不断完善课程的运动负荷测定，针对不同发展领域的不同负荷要求更灵活地运用各种运动负荷测定指标，是未来科学研究的重要方向。

（五）功能性训练

平台引入了目前国际上流行的功能性运动训练，加速了运动后产生的损伤修复以及预防，极大地提高了运动的安全性。

（六）筋膜拉伸训练法

引入了先进的自我筋膜放松技术（Self-Myofascial Release，SMR），这是一套最初应用于专业运动员、教练以及康复方面的整体放松技术，用来放松紧绷的肌肉或扳机点，通过向身体的某一点施加压力来帮助肌肉恢复正常功能，能帮助学生进行自我放松，缓解疲劳。

（七）心率传感数据应用分析

在心率传感器的基础上进行算法优化，获取更加准确的数据，目标参数在运动的时长中更准确地界定了高活动强度、中活动强度、低活动强度的计算，改进算法后可以更准确地确定体育课密度、强度的计算。

三、案例评析

（一）创新学习内容，丰富体育课程资源

利用平台梳理、创建和非线性排布课程资源，融合丰富的媒体材料，如文本、图片、动画和视频等，结合学生学习过程中的生成性资源，如错误记录、交流倾向和学习心得等，为教学设计提供科学翔实的依据，为学生学习提供充分的多样化选择。模块课程教学为学生提供了丰富的选择，学生可以根据自身的兴趣和身体素质选择感兴趣和适合的项目进行体育训练，有效提升了体育训练的目标。

（二）创新学习形式，促进课堂教学转型

利用"民立中学体质健康与运动管理数字化平台"，有效实现了"先学后教、以学定教、问题引领"的教学方式，让每一位学生明确自身的学习状况，让教师明确班级学生学习的共性和特性，让课堂成为师生交流、纠错和分享的园地，而不再是注重动作细节的授课方式。

（三）创新学习评价，服务个性精准发展

基于平台即时反馈的数据，教师可以精准针对学生个体需求进行课堂教学。学生可以根据平台反馈的"运动干预建议"和"健康保健教育"进行课后的补充训练。"体质综合对比"使学生的体育训练更适切。基于民立中学学生体质健康云模块课程教学精准地服务于学生的个性发展，在民立学子的生涯教育中起到非常重要的作用。当同学们离开校园进入社会后能够在健身房自主设计适合自己的运动训练计划，了解肌肉解剖位置，并能熟练地运用器械进行自主锻炼，感受正确的发力方式，养成终身锻炼的良好习惯。这充分体现了体适能课程的育人价值。

民立中学在体育课程建设和实施过程中，数字化教学已开展十余载，不断创新发展教育信息化，加强推进信息技术，充分展现学校体育育人的追求，从"数字化引领课堂变革，数字化关注个性发展，数字化拓展教育边界"三方面深度融合，全力打造"课内教学—课外活动—校外实践"的完整体育链，为培养学生良好的体育锻炼习惯、终身体育的意识，为体育课程改革的推进而努力拼搏。

探究多样教学手段
提高线上教学实效

康 军

（浦东教育发展研究院）

一、案例背景

新冠疫情期间，上海各学校开启了居家的线上教学模式，战"疫"课堂再次拉开帷幕，却没有让老师们措手不及，因为我们有"空中课堂"。但通过一段时间的现状调查、线上听课、走访交流，我们发现大部分体育老师只是简单地利用"空中课堂"的视频或者网络上的一些资源代替备课。这取代了教师在课堂中的主导作用，是不可取的一种现象。在线体育教学确实存在许多问题，由于教学活动在线上开展，教师无法了解学生的学练情况，课堂上的互动、课后作业的实施与评价等都给教师带来了巨大的挑战。

二、案例描述

要提高线上教学实效，必须先了解教师们的困惑与困难，帮助教师获得更多优质的线上教学资源，提供多种适用于线上教学课堂的选择，开发多样化的优秀教学课件，探究线上教学中各种有效举措，为教师们提供有针对性的指导和帮助。

（一）合理利用优质资源，精心备课

1. 合理选材，巧用资源，促进运动知识的掌握

教师在备课中可以充分吸收和借鉴各类优质资源，但不能简单地采取"拿来主义"的态度。以教研组备课组为单位，根据学校实际情况，对线上教学进行合理选材，选择与学校学情、学校特色、地域特点等相适应的线上教学内容。备课时，根据收集的各类教学资源，巧妙整合，多层次组合，转换为校本教学资源或制作个性化教学课件，发挥线上教学的优势，弥补线下教学中体育运动知识教授的不足之处，促进学生对运动知识的掌握，从而推动学生更好地掌握运动技能。

2. 精心设计，科学安排，提升身体综合素质

对于线上体育教学，更要对教学内容、练习方法进行精心选择，以便学生参与并获得良好的体验。教学内容一定要"全""浅""趣""静"，练习方法要考虑练习场地和空间、器材建议与便捷性以及扰民等问题。体能部分的设计一定要系统化，既要考虑与线上教学主教材的相关性，也要考虑练习内容的综合性，还要结合课后作业的布置。设计的练习内容应该包含五大身体素质，还可以加入一些专项体能练习。对于特殊体质的学生，应提供个性化的运动建议，确保每位学生都能安全有效地达成体能练习目标。

（二）构建线上课堂新模式，细心摸索

线上课堂与传统的线下教学有所不同，因此在教学模式上要进行新的构建，尝试以"学一学、练一练、赛一赛、议一议"为基本教学模式开展各教学环节。基本部分以"学一学"为开始，引导学生完成对基本教学内容的集体学练；通过视频中的示范或教师的指引，进行一定强度的相关体能训练，即"练一练"；通过"赛一赛"，激励学生自我挑战、生生挑战和师生挑战，增强课堂学练氛围，提高线上课堂的互动率；在"议一议"中，通过对本课学练内容的讨论，回顾课堂的学练知识，增加课堂互动率，在活跃的氛围中激发学生主动思考，使其获得更多的体育文化内涵。同时，教师可以通过学生的反馈进行更有效的教学反思。

（三）提高线上教学实效，勇于尝试

在线上教学中，老师和学生无法面对面交流，因此教师的示范和讲解、学生对技术动作的掌握程度以及教师对错误动作的纠正都会受到限制。我们采取以下措施来提高线上教学的实效。

1. 熟练使用软件，保障课堂流畅有序

线上教学对教师的信息素养要求较高，而基层体育教师在日常教学中对信息技术使用较少。因此，教师们"走出来、问起来、帮起来、用起来"。首先要"走出来"，走出线下教学的定式，明确线上教学的模式与要求，并满足教学中所需的软硬件条件。在教学过程中，要"问起来"，无论是软件问题，还是教学问题，一定要积极寻求帮助。团队协作也是对教研团队的考验，因此一定要"帮起来"，年轻教师可以在信息技术的运用上"帮"年纪较大的教师，经验丰富的教师可以对线上教学内容"帮"整合，年纪较大的教师可以在课堂把握与师生互动上"帮"归纳。最重要的还是要

"用"起来，教研团队内先进行线上教学的模拟，熟悉各种软硬件的使用，对各种问题进行预演，并及时提出相应的对策，保障线上课堂教学的流畅有序。

2. 树立新规，建立线上教学常规

课堂常规是体现教师教学习惯最好的试剂，因此在线上教学中我们同样要保持良好的课堂习惯。对于线上课堂常规，教师首先要适应，至少提前十分钟进入课堂，确保摄像头、麦克风、网络等设备正常工作，使用课件展示要准备的场地和器材，营造上课的氛围。开始上课后，教师提出课堂要求，如开启摄像头、互动交流的方式等。在课堂上，教师一定要关注每位学生，利用在线工具等多种方式进行互动，充分调动学生的积极性，提高课堂实效。

3. 深度挖掘，促进课堂有效互动

充分调动学生线上学习积极性，让学生真正在体育课上"动"起来是线上体育课程最大的难点。要让学生主动参与，首先要提高课堂的互动性。教师要深度挖掘适合线上教学的互动方式，如点名法、游戏法、语言法、活动法、学生展示法、奖励法、讲故事、讲笑话法等，还要升级教学设备，充分利用教学软件的功能。以线上教学中使用较多的腾讯会议为例，根据该软件电脑单屏幕最多可显示25人、平板电脑最多可显示20人的情况，教师在教学中无法观察所有学生的学习情况。为兼顾教学和课堂观察，教师采用双设备进行线上教学，一台电脑用于教学课件的播放，一台平板电脑用于学生学习情况的观察，便于及时指导与帮助，并进行有效的师生互动。

（四）激发课后锻炼主动性，取长补短

线上教学和居家学习对体育课的练习内容和练习强度有很大的限制，所以需要通过课后作业的实施来弥补线上教学的不足。因此，体育课课后

作业的设计和实施成为线上教学的重要环节。

1. 体育线上教学课后作业的设计

以九年级的课后作业为例，九年级的空中课堂中只有一部分教学资源是针对体育中考项目的，但考虑到九年级学生的学情，他们更需要的是体能的保持以及各中考选项的技术提升，因此需要设计较为系统的课后作业方案并加以实施。可根据各校具体学情，设计结合线上教学课程的简明版课后作业或依据身体素质的综合性设计综合版课后作业，还可以针对不同体育中考项目设计选项版课后作业。

2. 体育线上教学课后作业的实施途径

课后锻炼作业的布置、学生的完成与提交、教师检查与评价都是体育课后作业有效实施的重要步骤。课后锻炼的作业布置一定要明确，要让学生知道练什么、怎么练，因此教师在布置作业时可以借助讲解、视频展示等，帮助学生明确作业的内容。对于作业提交方式，要甄选简单有效的途径与方式。教师可以合理使用各类信息终端，如钉钉 AI 打卡、钉钉作业、天天跳绳 App 及其他校园独立管理平台。教师要在前期做好充分的准备工作，了解软件的功能，明确整个作业的流程、作业的时间，以及提交作业的操作方法等，帮助学生快速有效地完成作业。

三、案例评析

（一）线上教学切实促进体育教师专业素养的提升

线上教学中各类平台与软件的运用促使体育教师们不断提升自身的信息素养和搜索、分类、整合网络资讯的能力。由于线上教学受场地、器材等时空条件的限制，教师需要对教材内容进行选择和调整，对教学方法进行重新设计，以适应线上教学。

（二）多样化的线上教学模式激发学生自主学练的兴趣

线上教学突破了常规体育教学的模式，尝试将"学一学、练一练、赛一赛、议一议"作为新的教学模式，帮助学生建立良好的体育学习和锻炼习惯，通过"学一学"了解体育知识与技能，在"练一练"中提高身体素质，在"赛一赛"中通过竞争激发的学生的学练兴趣，并通过"议一议"进行知识整理，提升线上教学的有效互动。同时，各类 App 中使用的 AI/VI 技术也有助于丰富学生课后作业的学练，激发学生参与课后学练的积极性和主动性。

（三）线上教学丰富了师生之间教与学的多元模式

线上教学突破了常规体育课的教学模式和教学形式。各类软件的运用丰富了体育教师与学生之间多元的教与学形式。在课堂教学设计中，教师需要思考教师"教什么""怎么教更好"，学生"怎么学""怎么学更有效"，解决线上教学中师生互动困难的问题，并通过课后体育锻炼作业延伸和拓展线上体育教学，促进学生终身体育习惯，不断促进线上教学中教与学的多元联动。

"三段式"互动教学助小学生体育在线学习

何景立

(上海中医药大学附属闵行蔷薇小学)

一、案例背景

疫情期间,通过空中课堂学习、学生与老师通过网络进行互动成为疫情下的教学常态。在体育学科中,怎样的互动方式最有效呢?空中课堂汇集了上海市各学科的优质资源,无论是信息技术还是教学方面都表现优异。然而,随着实践的深入,我们发现仍存在一些不足之处:无法确认学生课前器材准备情况;课前无预习环节,学生的兴趣和听课互动目的性不高;在课堂中无法进行有效的反馈和练习,无法确认学生的参与情况及学练效果;课后任务布置后,无法对学生的练习结果进行反馈指导。如何利用多媒体信息技术的优势和互动平台的支持来弥补线上教学的不足呢?这值得每一位体育老师思考。

笔者结合我校综合学科互动指导措施和尽量减少学生互动时屏幕观看时间的互动要求,依托"一起作业"和"企业微信"这两个在线教学互动平台，采取课前、课中、课后三段式互动方式与空中课堂进行无缝连接，弥补空中课堂的不足。这样，学生能在有效的时间和空间中达成教学目标，掌握动作技能，并达到锻炼身体的效果。

二、案例描述

针对以上问题，为了更好地完成三段式互动，与空中课堂做好衔接，同时让学生能够清晰把握技术动作要求和关键点，更好、更高效地完成课堂练习，笔者充分利用信息技术的优势、网络上的优秀资源和平台的支撑，结合学科特点、我校学生的学情和家庭环境，围绕学生的兴趣爱好和身体协调能力等方面，以任务驱动式设置了不同阶段的互动式任务。在课前，设置了准备情况表单和预习情况任务表单；在课中，设置了动作讲解示范和纠错环节互动任务表单；在课后，通过选择性打卡与个别指导等方式，提高学生学练兴趣，促进学生参与课堂，提高课堂教学目标的达成度，让学生更好地掌握动作技术。

（一）针对性预习，激发学练兴趣——空中课堂的"踏板"

俗话说："兴趣是最好的老师。"一旦学生对学习内容产生兴趣，学习过程就会转变，由被动听课练习变为主动探索动作技能的奥秘，其效果也不言而喻。任何动作技术的学习都有一个渐进磨合期，由于个体差异，磨合期长短不一。为了缩短磨合期，充分激发学生学练兴趣，提前发现学生在学练中存在的问题，预习环节必不可少，它是迈向空中课堂的一块"踏板"。笔者采用下发任务表单和推送微课资源的方式协助学生完成预习部分。

在进行微课制作时，为了激发学生学练兴趣，笔者对多媒体的要求进行了升幅提高，并基于提升学生兴趣提炼了微课制作的"四要素"。要素一：选择合适的 PPT 背景；要素二：设置精彩的导入；要素三：合理设置问答；要素四：注意动画文字的设置。

（二）任务评价结合，促进学生线上自主学练——空中课堂"指示牌"

一堂体育课的成功和失败在很大程度上取决于课堂目标的达成度。在空中课堂中，学生是否能够有效完成课堂练习？学生在每个环节中的练习是否顺利？学生是否已掌握动作技术？针对这些问题，笔者提前观看空中课堂视频，设置课中动作练习情况互动表单，供学生观看直播课时使用，以便及时反馈学生的练习情况，促进学生自主完成学练。

（三）DIY 打卡菜单，分层巩固课堂内容——空中课堂的"定心丸"

经过前面两个阶段的互动练习反馈后，教师已初步了解学生的学习情况和个别学生练习中存在的困难。根据我校综合学科互动方案和尽量减少学生观看屏幕的时长的要求，课后互动方式采取任务驱动式，依托"一起作业"平台设置打卡任务。学生可以进行选择性打卡。为增添趣味性，打卡内容设置为空中课堂作业、自编游戏、各项体育技能展示、选择性体能练习。学生可以从上述四项任务中选择两项进行打卡，其中，空中课堂作业为必打卡环节，打卡方式为上传练习视频片段。在课后互动环节，教师一定要及时给予学生反馈评价，激发学生的打卡热情。

对于学习困难的学生、空中课堂练习完成度较低的学生、课中动作学习综合评价在 6~7 个笑脸或打卡视频中出现错误的学生，教师需要进行一对一指导。笔者根据课堂教学内容进行细化讲解，关注错误动作的纠正，制作了一个 2 分钟左右的微课程并进行推送。学生根据推送内容上传视频进行打卡，能够很轻松地学会动作技术，并发现自己的错误点。制作微课的目的是帮助学习困难的学生，在制作时要做到"四突出"：讲解动作过程时，突出动作技术重难点；细节动作讲解时，突出细微动作对比呈现；查找错误时，突出学生易犯错误点；纠正错误动作时，突出纠正方法手段。

三、案例评析

案例中，笔者学习并结合空中课堂的内容，充分发挥多媒体和互动平台的作用，通过课前、课中、课后三段式互动，呈现出完整的互动体育课堂。结合空中课堂的网课，学生的学练效果更高效。我们可以发挥多媒体和互动平台的优势，设置相应的任务表单，线上线下相结合、互动和评价相结合、打卡和一对一纠错相结合来弥补空中课堂的不足，使课堂更具高质量。此外，课前微课制作要注意吸引学生的兴趣，课后微课制作要突出细节和纠错手段，让学生顺利地完成空中课堂任务。

（一）多彩预习小互动，点燃学生学练热情

预习部分，教师可以充分利用互动平台，巧妙地结合自身语言引导，通过多样化的任务设置和趣味的微视频，让学生积极主动地提前融入课堂的实践探索中。任务的设置要有一定的挑战性，并进行相应的评价。微课的制作一定要有童趣，多媒体的语言引导要恰当，可以参照案例中"微课制作兴趣提升四要素"的方法，并结合自己的课堂实践，提升微课堂魅力，成功激发学生的兴趣，为空中课堂的开展奠定基础。

（二）任务评价齐跟进，为学生主动学练保驾护航

教师可以提前观看空中课堂，提炼课堂中练习环节的要点，并采取相应的评价措施，分步骤设计任务表单，为学生自主学习提供帮助。学生能够依据各环节评价表单轻松了解自己在本节课上动作技术学习所达到的程度。

（三）自愿打卡DIY，一对一指导学困生

学生自主选择打卡内容、菜单设置丰富、老师及时进行点评和反馈，这些都能促进学生打卡的热情。根据课堂反馈和学生打卡反馈，教师可以进行一对一微课指导，从而帮助学困生。微课要有指导作用，突出细节动作和纠错手段，确保学生能够顺利地跟随微课练习。

网课的开展给我们带来了很多惊喜，不仅提高了教师的信息技术水平，还为教学和课后指导互动提供了便捷的条件。在今后的日常教学中，我们可以综合线上线下的优势，发挥更大的作用。例如，每次体育课前，教师可以通过下发任务单或推送微课程，让学生提前自主学习和探索，找出自己的疑问点并做好记录；在课中，教师依据学生提出的疑问点设置课堂重难点，进行更具针对性的讲解，或者引导学生带着疑问进行学习，并适度使用多媒体，提高体育课堂的效率；课后可以通过任务驱动自愿打卡的方式巩固课堂练习，让学生技能、体能双丰收。

信息技术和多媒体的应用无疑为体育课堂开启了新的篇章，在今后的日常教学中，教师可以大胆尝试多媒体的应用，思考并学习如何结合线上和线下的优势，打造更加多彩高效的体育课堂。

信息化手段助力高效课堂

殷永志

（上海市新中高级中学）

一、案例背景

（一）核心思想

本案例旨在聚焦学科核心素养，加强信息化环境下的教学改革探索。借助博浩通团队运动负荷监控系统，结合云技术和大数据技术，追踪每个学生的实时心率和运动强度并提供准确指导，大量采集和科学分析相关数据，及时个性化地调整教案和学案，研究不同运动负荷对培养学生核心素养的影响。

（二）拟解决的问题

1. 用客观数据合理调节运动负荷

通过个性化的运动负荷监控，科学地安排、调整每个学生的运动负荷，包括最大心率、平均心率、心率百分比、靶心率完成时间、各心率区练习时间等。根据即时监控数据，及时调整运动负荷或加强思想教育；在课后，通过信息技术强大的收集和分析功能，调整后续的教学设计。

2.借助网络资源，助力结构化教学研究

借助网络优质资源，弥补或增强教师的专项运动和教学能力，筛选直观、标准的结构化教学内容供学生使用。

3.丰富学习资源库，学生自主选择个性化的学习内容

高中学生在羽毛球运动上存在较大差异和多样化的水平层次，教师可以引导学生或学生自主选择个性化的学习内容，实现一人一学案。

（三）价值意义

（1）开发、实验、积累和丰富羽毛球专项课程教学资源库，与基层体育教师共享实施专项化、结构化教学的资源。

（2）结合云技术和大数据技术，用数据揭示问题，调节教学内容和运动负荷，提高核心素养培养的有效性。

（3）利用学习资源库进行个性化教学探索，培养学生自主选择个性化学习内容的能力，提高教学的实效性。

（4）形成信息化环境下的典型个案和教学模板。

二、案例描述

学校秉持以精准教学、个性化培养、全面发展学生核心素养为主要目标，积极进行体育个性化教学实验研究，探索体育学科育人新模式，开展"个性化"教学：在前测的基础上根据学生的体能状况、技能水平、同学关系等分成不同的小组，从教师设计个性化的教案到协作学生制定个性化的学案，再到学生自主设计个性化学案，逐步提高学生自主发展的能力，养成

自主锻炼的习惯。

为了保障"个性化"项目研究的顺利进行，学校在2021年购买了三套博浩通团队运动负荷监控系统，每套包括1个平板和若干心率表。该系统后台储存和分析功能强大、数据准确、延迟低、携带方便、使用简单。实验班的学生每节课均佩戴心率表，以便进行三年追踪研究。

（一）课前

学生根据号码找到自己的心率表，并佩戴在手腕上。长按开始键，心率表将变绿启动。教师打开平板电脑上的App并输入当天日期作为名称。点击"开始训练"按键，即可进行心率监测。准备时间一两分钟即可完成。提前到达的同学还可以查看上节课运动负荷的相关数据。

（二）课中

学生可以在练习间歇时查看自己和同伴的心率数值，并相互督促，及时调整下一组练习的次数、时间、强度等，还可以从资料库中自主选择适合自己的个性化内容进行锻炼。教师随时根据每个学生的实时心率和运动强度给予精确指导，保证每节课学生的平均心率在140次/分钟。借助视频资料库，结合已有的、直观的视频资料为学生安排练习内容，既省时又省力，能直观展示教师无法完成的示范。

（三）课堂小结

教师可以结合App所呈现的数据进行有针对性的讲评，科学指导学生后续的学习，并可以结合数据讲授一些科学健身的相关知识。

（四）课后

在课后，对比前期的数据，分析本节课的最大心率、平均心率、心率百分比、靶心率完成时间、各心率区练习时间等，及时个性化地调整教案和学案。结合云技术和大数据技术，进行同项目或全组的教学研讨及课题研究。

通过一年的实验，教师借助一些视频 App 下载了很多优秀运动员、教练和教师拍摄的优秀视频，并经过不断收集、实验，筛选出一批优质的教学内容视频，丰富了资料库。后期还将进行合理的分类管理，可供结构化教学的研究，也便于本校或其他高中师生选用。同时，结合直接分析数据，对典型案例进行分析，从现象找规律，由数据看本质，以案例形式启发同行进行思考和探讨。经过一年的探索，不断反思—实践—反思，已初步形成个性化教学的模板。

三、案例评析

由于疫情原因，对于信息化手段在个性化教学中的运用，学校的研究仍处于实验初期。结合一年的实践探索，总结如下。

（一）信息化手段要方便使用

目前，高中专项化教学中未能普遍运用信息化手段，基本出现在公开课中，作为一个亮点进行展示。究其原因，在开放的宽阔场地中，使用信息化手段需要消耗大量的时间和精力，课前要花费大量时间进行布置、测试，所以在日常课中基本不使用。学校采购的运动负荷监测系统使用非常方便，只需要几分钟的时间。实验班的每节课都会使用该系统进行教学。

（二）信息化手段是为教学服务的

很多时候，体育教师经常只是为了体现信息化才运用信息化教学手段，这种做法不可取。信息化手段应该服务于教学。我校为进行个性化教学实验购买了运动负荷监测系统。该系统的使用效果非常好。教师可以清楚地了解每个结构化的教学内容所带来的运动负荷大小，哪些偏小，哪些偏大，并合理设计内容的组合顺序。教师还可以清楚地看到每个学生的即时心率，对于心率过高或过低的学生及时进行引导，调整组数、次数、时间和强度等。学生练习的积极性不断提高。学生心率达到 200 次／分钟左右，系统会发出警报，这时，教师需要及时提醒学生降低运动强度。通过一年的实验，信息化教学手段对学生产生了潜移默化的影响。学生越来越关注运动负荷的调控，逐步养成科学锻炼的习惯，提高科学锻炼的健康行为素养。

（三）信息化环境下的教学改革探索是大势所趋

信息化手段助力高效课堂的理念逐渐被广大教师接受，越来越多的体育教师加入相关的探索和研究中。信息化环境下的教学改革探索是体育与健康课程的重要理念，也是目前的一种趋势。上海作为一个大都市，具备进行信息化环境下教学改革探索的技术、经济、师资条件。随着"智慧教室""智慧操场"的建设，信息化手段在高中专项化教学中的使用会变得越来越普遍。

大数据分析助力篮球专项教学效率和竞技水平的提升

王 斌

（上海市南洋模范中学）

一、案例背景

（一）案例的背景

篮球是南洋模范中学的传统特色项目。自 30 年代起，南模中学生就把篮球作为锻炼身体的一种方法，并逐渐形成传统。在荣誉方面，自 40 年代起，南模篮球在上海崭露头角。改革开放以来，南模篮球进入全盛时期，至今，几乎包揽了上海市所有中学生篮球比赛的冠军，共计获得七十多项上海市冠军，并在全国比赛中取得了优异成绩，向国家队输送了多名优秀运动员。在教学方面，学校坚持走体育课程校本开发之路，并拥有自己的篮球教程和篮球教材。在联赛方面，自 1982 年起，学校举办"南模杯"篮球联赛，并延续至今。为了更好地贯彻《关于全面加强和改进新时代学校体育工作的意见》文件精神，围绕全面育人目标，通过强化体育课和课外锻炼等措施，促进青少年学生体质健康水平提升并掌握两项运动技能。作为"一条龙"高中阶段龙头学校，在全面做好学校体育工作，深入实施专项化体育教学的基础上，进一步强化校园体育特色项目的发展，更好地发挥示范引领和辐射带动效应，为进一步强化学校体育特色建设，促进人才培养体系有效衔接，为青少年综合素质的持续提升提供有力保障。

（二）拟解决的问题

为贯彻落实2035年体育强国建设的远景目标，南模将青少年校园体育建设作为重要组成部分。为实现以篮球特色带动专项普及的目标更加明确、后备人才梯队不断扩增、竞技水平不断提高的要求，我校需解决以下问题：如何将国家课程标准规定内容与校本体育有机结合，通过信息化教学技术与体育教学融合提高教学效率；如何通过科学的手段辅助教练在训练过程中进行运动安全的预防与针对薄弱点进行差异化训练，提高竞技水平；如何通过联赛对学生进行运动数据跟踪，为后备人才的选拔提供科学依据。

（三）价值意义

南模引入智慧篮球专项训练与管理系统，着力构建"运动科学，激励机制完善，管理体制顺畅，发展环境优化"的校园篮球发展模式，基于智能可穿戴式设备、运动影像分析与大数据算法结果分析，助力我校篮球专项教学效率得到提高、科学训练成果更加明显，并为后备人才选拔提供了客观依据。

二、案例描述

（一）运用大数据分析辅助提高教学效率

大数据分析能够解决我校教师在日常教学过程中，通过客观依据设计课程教学内容，对教学是否达标进行自我评价以及提高学习过程中的趣味性以提高教学效率的问题。运用信息化技术与体育教学相融合的方式能够将教案电子化，并设定教学的预定目标，为教师调整教学方案、教学方式、分层教学提供科学参考依据。

1.过程

我校引入专项系统，通过对课程教学资源进行电子化设计，并根据课程安排内容对准备部分、基础部分、结束部分进行教案设计，以及课程目标期望值的设定。

教学过程中，结合传感器采集到并实时反馈到专项系统中的学生各项运动负荷数据指标，教练能及时观察学生的运动表现，及时发现并干预学生运动异常的情况，迅速调整教学方式。教学结束后，专项系统生成的课堂分析报告能直观体现教师的教学效果。每个教学环节的完成质量以及课堂的整体表现情况也一目了然。教师能够根据教学目的并结合课堂分析报告判断是否需要调整教案以及因材施教等。

2.结果

通过对数据的监测，我们发现本次课堂的教学效率有待提高，课堂负荷达成率为41%，与预期值（平均心率≥120）存在偏差，运动密度为26%。综合分析显示，主要原因在于本节课的教学内容偏向技术教学，准备和技术讲解所占用的时间较长，导致学生实践的时间被压缩，从而导致运动密度（基本部分实际时间占课程总时间）偏低，学生运动量平均心率和运动负荷也偏低。

根据数据监测反馈的情况，结合教师教学经验和课程设计的综合因素，我们及时地对教案内容、课程时间分布和衔接方式进行了研讨与改进。在之后的教学过程中进行了监测，综合课堂负荷达成率提升至 92%，运动密度达到了 80%，取得了显著的提升效果。这是运用大数据分析辅助提高教学效率的成果之一。

（二）运用大数据分析辅助提高竞技水平

主要解决了我校教师在比赛及训练过程中主要依靠主观经验判断和经验教学无法因材施教及对后备人才选拔不够客观的瓶颈问题。篮球运动表现分析系统能够更加科学地发现运动员的优劣势、体能储备情况、运动状态，为教师提供人才选拔、训练调整、制定技战术特点、人员配置方面的科学依据。

1. 过程

在同等 48 分钟的训练过程中，存在着四种不同类型的典型运动员。

类型一（优秀表现型）：运动表现好、运动负荷低是优秀表现型的特点。以曾鸣为例，该运动员的跑动距离、高强度跑动运动数据均在全队排名靠前，但是所付出的运动强度和运动负荷却较低（运动强度为 0.5）。数据表明该类型为优秀表现型。

类型二（积极表现型）：运动表现好、运动负荷高是积极表现型的特点。以周子岩为例，训练结果表明该运动员跑动距离为 1397 米，高强度跑动次数为 16 次，平均心率为 172，运动负荷达到了全队最高的 84.9。数据表明该类型为积极表现型。

类型三（较差表现型）：运动表现低、运动负荷高是较差表现型的特点。以朱焴康为例，训练结果表明该运动员跑动距离为 1056 米（低于全队平均水平），高强度跑动次数为 14 次（有高强度运动能力），平均心率为 156，运动负荷达到了较高的 46.9。数据表明该类型为较差表现型。

类型四（消极表现型）：运动表现低、运动负荷低是消极表现型的特点。以待恒宇为例，训练结果表明该运动员跑动距离为 1048 米（低于全队平均水平），高强度跑动次数为 6 次，平均心率为 143，最高速度仅为 5.67 米/秒，运动负荷非常低，仅为 34.3。数据表明该类型为消极表现型。

2. 结果

根据四种类型的运动员特点，进行分类以实现差异化训练的目的，从而达到整体提高竞技水平的目标。对于优秀表现型的运动员来说，同等训练量可能不足，应更加注重提高专项训练；对于积极表现型的运动员来说，训练量达标但身体也比较疲累，应更加注重训练的放松调整；对于较差表现型的运动员来说，身体负荷较大，应调整体能储备和力量储备的基础训练；对于消极表现型的运动员来说，应加强思想教育和重点关注他们在训练过程中的表现状态。

（三）结合影像分析及时传达教学意图

可穿戴式设备的数据监测与评估主要解决提供客观依据的问题，而影像系统的分析能够直观辅助教练解决动作纠错、战术指导等有效传输教师意图和提高队员对比赛阅读能力理解的问题。

在训练过程中，出现运动员对训练动作标准和实战中跑位站位的问题，在训练结束后教练对其进行指导，很难达到完全复盘或精准传输思想的目的。例如，在 2V2 的攻防演练过程中，教师观察到黄色队员的协防出现了跑位重叠，导致红方队员出现较大空当获得得分的机会。通过影像系统的实时录制和战术笔的打点功能，能够将这一时刻队员的关键视频完整、精确地剪辑下来。教师利用中场休息时间对所有运动员的集锦片段进行归类整理。结合影像系统的战术板功能和战术笔的回放功能，根据教师的教学内容和队员出现的问题进行及时指导沟通，调整部分队员的训练思路。

三、案例评析

自从我校将实践信息化技术与体育教学融合，并依托智能可穿戴式设备、影像分析设备及大数据分析的应用，充分发挥了运用大数据分析辅助篮球专项提高教学效率与竞技水平的应用成果，运用前沿技术从整体上对校园篮球专项运动发展进行规划、统筹和协调，深化信息化技术与体育教学相结合方面的良好示范效果。我校应加强该方式的普及和创新模式的深入探索，以特色引领体育项目的普及与发展。

"云端"赛场 活力无限

陶旻荻

（上海市继光高级中学）

一、案例背景

（一）120天、75天、45天

120天：2020年1月17日，上海市中小学开始放寒假。由于"疫情"的影响，我们经历了一个特殊而又漫长的假期。直到5月18日，历时四个月（120天）后，我校学生终于全部返校上课。

75天：开学仅仅两个多月（75天），7月14日，"疫情"后的第一个暑假开始。

45天：经过一个半月（45天）的暑假，2020年9月1日，新学年开启。随着"疫情"防控步入常态化管理，我们的体育教学也开始步入正轨，但是仍有很多现实问题亟待解决。

（二）"十万个怎么办"

居家体育锻炼期间，受活动空间和器材短缺的限制，学生锻炼效果大打折扣。返校后的课堂上出现了很多"双下巴"和"圆肚子"，大部分学生的体质健康状况明显下降。面对这样的现状，有众多问题萦绕着教师、学生和家长。

在教师层面上，"疫情"期间的体育教学和"疫情"常态化后的教学如何无缝衔接？应该教授哪些项目和内容？多大的运动量才适合学生？现阶段是否适宜组织课外活动……

在学生层面上，体重增加如此之多，要如何减轻？体育课无法全程坚持怎么办？基本的球技已经遗忘怎么办……

在家长层面上，孩子不爱运动怎么办？孩子体质变差了如何提升？孩子过度使用手机导致视力下降了怎么办……

作为体育教育工作者，我们希望"疫情"常态化成为我校体育教学新的出发点，通过这一教育新实践，重燃学生的运动热情，焕发体育教育新活力。基于此，经过我校体育教师的头脑风暴，"云端运动会"的设想浮出水面。

二、案例描述

（一）落地有根，"云端"思活力

在《教育信息化2.0行动计划》中，教育部重点强调了要充分发挥教育信息化在教育改革和发展中的支撑与引领作用。《国家教育事业发展"十一五"规划纲要》要求"加快教育信息化步伐，实现信息技术与教育教学的有机结合"。相比于传统运动会，"云端运动会"如何借助教育信息化手段为学生的体育教学活动注入活力，是我们需要思考的关键点。

1. 心中涟漪

2020年6月15日，上海市第三届市民运动会线上运动会正式开赛。"健康上海，人人来赛"的理念在我心中荡起了一层层涟漪，激发了我对"云端运动会"的深入思考——我们的云端运动会要作为继光体育教学的一个载体，凸显"教会、勤练、常赛"的理念与模式；我们的云端运动会要和体育专项化教学相结合，恢复学生体能的同时，提升他们的专项技能；我们的云端运动会要打破校内校外的"围墙"，让线上运动成为日常体育教学活动的补充，培养学生每天勤锻炼的好习惯；我们的云端运动会要提高学生的参与度，降低参与的门槛，吸引更多学生投身体育活动。在"后疫情"教育背景下，激发继光体育教学的新活力。

2. 时空联动

随着上海市体育课程"三化"改革（即高中专项化、初中多样化、小学兴趣化）的不断深入，我校致力于体育专项化教学的实践，也在不断探索体育课内与课外相结合。

从时间维度来说，课堂教学时间有限，学生想要提升专项技能水平，在课余时间也要参与相关的体育竞赛与活动；从空间维度来说，学生在校期间熟悉并使用学校的运动场地和设施，当他们不在学校时，应当学会合理利用社区周边的场地资源，结合身边的资源开展相关运动项目。基于上述考虑，我们设想学生在校期间集中完成教学内容，而课余时间则结合自己的兴趣参加校外的专项竞赛与活动。通过课内课外的不断循环，构建一个大课堂的教学结构。这种模式不仅有利于比赛组织和实施的连贯性，助力学生养成良好的运动习惯，对于教师来说，也是一个搭建混合式教学模式的好契机，使教师在教学实践中不断反思和改善，促进教学的可持续发展。在这个构想下，我们的教学策略也需要进行调整，既要凸显学生的主体性和生命力，也要激发教师的积极性和创新性。

3. 教学飞轮

学生参加体育专项化学习的最终目标是掌握一至两项运动技能。那么，要达到什么程度才能算是掌握呢？体育的魅力在于高水平的竞技，也就是比赛。例如，会不会踢球？只有通过一场比赛，才能知道答案。

以往的教学顺序是"学练赛评"，即学生学、学后练、练完赛、师生评。在本次"云端运动会"的设计中，我们创新地把这个教学顺序升级为一个教学活动飞轮——"赛→教→学→练→赛→评"，即学生先通过体验赛了解比赛的内容→教师结合学生体验赛中的问题进行有针对性的指导→学生根据教师的指导学习比赛中适用的各种技巧→学生学习后通过不断的练习强化所学技能→教师将体验赛的项目重新组合让学生灵活运用所学技能→通过赛后师生点评让学生得到即时反馈、快速协助学生解决问题、帮助学生巩固学习成果。

从"云端运动会"的起心动念到打通体育课内外活动的尝试，再到通过教学活动飞轮，激发全体学生参与体育活动的兴趣与热情，提高学生的体质健康水平，焕发学生们朝气蓬勃的活力。

（二）掷地有声，"云端"赛活力

1. 比赛内容"专项化"

常规的学校运动会以田径项目为主，导致学生参赛率不高。跑得快、跳得高、掷得远的学生报名比较积极，更多的学生变成了啦啦队队员。此次"云端运动会"为了让学生的参与面更广，降低了参赛门槛。项目设置以我校开展的专项为主，即足球、篮球、乒乓球、健美操，统称为体育专项竞技。除了这四个项目外，考虑到日常教学环节中还有一般体能和专项体能，为此还增设了体能素质挑战赛。

2. 比赛形式"混合化"

与以往相比，此次比赛形式的最大不同是通过线上、线下混合的方式开展比赛。

以全程线上参赛的"体能素质挑战"为例，教师通过 App 将参赛学生组建在一个班级中。考虑到之前未组织过线上比赛，教师将比赛分为国庆长假"模拟赛"和十月"21 天挑战赛"两个比赛，前者不设置硬性要求，后者是正式比赛。结果发现，即使不设置硬性要求，很多学生依然积极参加了"模拟赛"的打卡活动；国庆期间不断有学生报名参赛；坚持两周以上的学生的比例远高于我们的预估。

3. 比赛评价"多元化"

通过"云端运动会"，从不同层面围绕"运动能力、健康行为、体育品德"学科核心素养进行多维度评价。

（1）教学评价。这次"云端运动会"是一块很好的"试金石"。根据赛后结果和教师反馈：课堂上，师生关系更加密切，学生学习专项的兴趣大幅提升，运动能力也显著提高；课间休息时，前往体育组办公室向教师咨询健身、减肥话题的学生增多，学生的健康意识提高了；放学后，愿意到操场上锻炼的学生增加了。2020 年 12 月的体质健康测试结果也令人欣慰。

（2）学生评价。这次"云端运动会"是一颗奇幻的"魔法球"。根据专项竞技赛前、赛后的对比，可以感受到：学生更自信了，在足球场上，即使是女生，也敢于尝试运球突破男生；学生更顽强了，在篮球场上，即使落后十几分，也不轻言放弃，顽强拼搏，争抢每一个篮板球；学生更积极了，在课前，早早地换好运动装备，提前热身，为专项课做好准备。

（3）班级评价。这次"云端运动会"是一座沉甸甸的"奖杯"。据统计，参加"云端运动会"个人项目比赛的人数高达 539 人，参赛人次高达 1094

次。这是我们组织比赛的一个初衷,既鼓励高水平学生参赛,也希望所有学生都积极参与。比赛中的体育小达人们为班级争取了更好的成绩,提升了集体荣誉感。班级内大部分同学的踊跃参与激发了同伴间的团结合作,展现出班集体强大的凝聚力。

三、案例评析

2021年7月20日,"更快、更高、更强、更团结"成为新的奥林匹克格言,面对"疫情",我们通过足球场、篮球场、乒乓房、舞蹈房以及互联网,展现了更专、更广、更新、更多元的继光新体育精神。

(一)赛事设计更"专"

在《上海市高中体育专项化课程大纲》和《青少年运动技能等级标准与测试方法》的基础上,结合我校学生学情,我们设计了区别于田径运动会的比赛项目。特别是在个人项目中,我们设置了体育专项技能项目。这一项目紧贴学生日常体育专项化教学内容。教师不仅能通过比赛来检验学生的学习成果,还能将学生在比赛中暴露出的问题转化为日后的教学重点,以赛促教,助力教学质量的"节节高升"。

(二)学生参与更"广"

本次比赛的目的是鼓励更多学生参与体育运动,感受体育竞技的魅力。"云端运动会"不仅体现出体育竞技水平的"深度",也呈现出体育运动人人参与的"广度"。赛场上,既有高水平的竞技场景,增加了比赛观赏度,也有人人都参加比赛的盛况,提升了赛事参与度。"云端运动会"降低了运动门槛,在学生心中点燃运动的火种。

（三）活动形式更"新"

结合体育专项的特点，我们把部分比赛项目转移到了"云端"，通过线上、线下联动的模式，让学生参与到全新的运动形式中。"云端"项目的设置让学生有机会通过多次比赛磨炼技能，不断超越自己的极限。同时，长期打卡的项目使学生更容易养成锻炼的好习惯，并通过打卡记录"增值"自己的健身账户。

（四）活动评价更"多元"

活动评价分为三个维度：教学评价、学生评价、班级评价。评价内容涵盖了专项技能、体能素质、个人项目、集体项目、运动竞技、习惯养成、个人荣誉及集体荣誉等多个方面。多元化的活动评价既是检验活动成效的"一杆秤"，也是下一次活动设计的"一块砖"。

专题五：基于"三化"的体能教学

巧设计　添兴趣　以技锻体促发展
——"体能：发展爆发力"教学案例分析

王　骏

（上海市大同中学）

一、案例背景

随着"双新"课程的全面实施，高中"体育与健康"课程中体能模块成为全新的体育教学内容，注重使学生掌握发展体能的原理、方法以及对学生体能方面的训练。大量的研究成果表明，在传统的体育教学中，体能练习的内容比较单一乏味，单纯的身体素质练习倾向性较高，与学生运动专项学习需求的贴合度不足，学生往往需要依靠较大的毅力来克服枯燥感，导致长远效果并不理想。笔者根据学校体育教学计划安排，尝试在体能模块的"发展爆发力"一课中，通过挖掘专项技术的多重作用、创新体能练习内容等，探索高中"体育与健康"课程中体能模块教学的新思路和新方法，借助学生对运动专项学习的热情，以兴趣为动力促进练习的积极性，通过激发学生对体能练习的兴趣来转变学习态度，进而实现体能和技能的共同发展。

二、案例描述

（一）优化前，"体能：发展爆发力"的教学

1. 主题环节流程

教师首先介绍了发展爆发力的原理与简单的锻炼方法，出示了由双脚多向跳跃、俯卧撑、立定多级跳和 30 米加速跑组成的循环练习任务卡，并组织学生分四组逐一在实践中体验这些锻炼方法。随后，教师安排学生以小组竞速比赛的形式开始第二轮循环练习，以小组完成的时间作为胜负判定，增加了练习的竞争性。第二轮循环练习结束后，教师安排了"推箱子"体能赛，以游戏比赛的方式激发学生的学练兴趣，让学生感受如何在游戏比赛中实际运用爆发力，从而发现发展机体爆发力的重要性。

2. 课后学生反馈

学生甲："这节体能课和初中时的体锻课没有太大区别，虽然能提高身体素质但成效有限。游戏竞赛比初中时期多了一些，但内容基本相同，兴趣也逐渐变淡，所以我不是很喜欢这节体能课，还不如让我踢一场球更实在。"

学生乙："我知道老师是为我们好，帮助我们强健体魄，通过各种方式引导我们努力练习，虽然学到了一些发展爆发力的知识，但是受身体条件限制无法实施。初三时，因为有中考才能勉强坚持，现在没有持续的目标让我去努力。"

（二）优化后，"体能：发展爆发力"的教学

1. 主题环节流程

在循环练习前，教师首先让学生分成 4 个合作小组，安排了几个足球

技术动作的循环练习，如垫球互换接力、长传球、运球快速变向、防守下的直线运球快速推进、根据直线或斜线传球做相应方向的迅速跑动到位等。这不仅能让各小组成员相互熟悉并增进默契，还能让学生在实践活动中体验利用各种技术发展体能的方法。循环练习结束后的恢复阶段，教师利用战术板的讲解使学生了解二过一战术的跑动路线和传球方法，并根据学生的体能情况设置了两个不同层次的学练内容。每位同学根据自己体能的实际情况选择不同的练习方法。对于体力较好的同学，教师安排他们进行小组间的二过一攻防比赛（攻入指定区域得分）。对于体能下降的同学，他们可进行结合防守的斜传练习，体能有所恢复后可以从以多打少向人数均等过渡，体会成功的乐趣。

2. 课后学生反馈

学生A："今天的运动量很大，几乎全程都在不停地跑动、传接、进攻、防守，但我从内心深处感到了快乐。以往的体能练习基本上都是一些跑步和跳跃，我都厌倦了。这节体能课虽然还是为了锻炼身体素质，但使用的是专项技术。刚开始的时候，我还一直以为这依然是专项课，后来才慢慢弄清楚，我们被老师骗了，哈哈。一个简单的颠球接龙，既锻炼了协调性，又锻炼了灵活性；再比如快速带球摆脱防守，既能锻炼速度和灵巧性，还能通过瞬间变向锻炼爆发力，原来体能练习可以这么有趣。我很喜欢这样的体能课，内容不枯燥，既能了解发展爆发力的原理，又能提高专项技术水平。"

学生B："今天的体能课内容很丰富，都是在我喜欢的专项技术练习中进行爆发力的锻炼。我从未想过练习技术的过程也是锻炼力量和速度的过程，以前只觉得踢球最多就是锻炼耐力。经过这节课的练习，我深刻体会到了每一次出球都是肌肉协调用力的结果，到现在我的腿还酸胀着。如果经常这样锻炼，身体素质一定会快速提高，这比蛙跳之类的练习有趣的多。同学们私下里互相交流，都希望上这样的体能课，我们很喜欢这种锻炼方式。"

三、案例评析

（一）经验与分析

1. 丰富了体能课的内容

专项运动技术的融入弥补了传统的素质练习内容陈旧，训练方法单一的缺点，同时也拓宽了学生对发展相关体能方法的认知，如脚内侧传接球的勾脚动作可以锻炼胫骨前肌；两人配合的长传冲吊既能锻炼力量，又能锻炼速度；运球过程中的快速变向对臀大肌和股后肌群是一种刺激等。

2. 提高了体能课的实效性

选用学生所擅长的专项以及单一技术并用不同方式进行组合产生的多变性，使学生想学、乐学。例如，带球连续绕若干标志盘后向前传球接跨跳步单腿支撑3秒再快速追球射门、二过一攻防比赛（攻入指定区域得分）等，这些练习有效激发了学生参与练习的积极性，表现出跑跳更积极、变向更迅速、射门更有力，从而使得教学安排得以高效执行。

3. 改变了学生的学习态度

以专项技能为依托的体能练习弥补了体能练习内容单一、创新不足的缺点，因其丰富而有趣，有效激发了学生的求知欲，提高了学生练习的积极性和主动性。学生不再对体能课产生抗拒情绪，学习态度也发生了转变，这有利于增强学生的身体素质，更有利于提高他们的终身锻炼能力。

（二）反思与启示

1. 为体能练习设计相关的情境

情境教学是目前专项技术课中较常采用的方法，同样适用于体能模块教学。在体能课的设计上，体育教师可以从大量的专项教学、专项训练案例分析入手，改编和开发以专项技术发展相关体能的方法。例如，将传统的镜面游戏改编为两人在若干个标志盘组成的两根防守线后相对做各种横向持续往复移动，并找准时机冲过对方防守区域，这也是对足球专项无球状态下摆脱防守的一种情境应用。如果追求更进一步的运用，可以在此方法的基础上加入球，从而变为盘带球过程中的突然加速虚晃摆脱的运动情境。

2. 对传统体能练习的扩展

传统的身体素质练习方法是前人通过不断比较总结形成的经验，虽然有效，但有时会忽略学生的兴趣需求。体能模块教学设计应以兴趣为导向，可以在单一练习的基础上，将发展速度的冲刺跑扩展为冲刺跑 10～20 米后急停，并在身后同伴向前传出的球映入眼帘时，迅速启动追上完成 1 次射门；或者进行半蹲跳接空中高点头球练习或空中分腿成跳远腾空步动作等。

3. 为体能练习设计不同的难度

体能状况因人而异，同性别以及不同性别之间均存在好坏差异，体能课的教学安排应充分考虑学生的个体差异。例如：足球专项班可以采用以下练习方法：在 3～4 个不同颜色的标志组成的区域中间，根据同伴指令向相应颜色的标志快速移动，在此基础上如果要提升难度，可以要求在传接球中完成，同伴传球不报颜色则继续原地传回，同伴传球的同时报颜色，必须在接球后将球运到相应颜色的标志附近。而田径专项班可以设计以下练习方法：在 3～4 个不同器材组成的区域中间，根据同伴指令快速启动跑向相应器材，触碰后返回等待下一个指令，在此基础上如果要提升难度，可升级为同伴报器材不报动作，则继续按原方式完成触碰再返回，同伴报动作不报器材，必须跑到相应器材处完成对应的专项动作（跨栏、跳远、跳高、投掷）。

"双新"课程改革背景下的高中"体育与健康"课程体能模块的教学应注重引导、激发与调节，在改进体能练习内容时充分考虑多样性、专项性、实用性。将传统体能教学单纯的身体素质锻炼转变为"知识、技能与能力相结合"的综合学习行为。在牢固掌握知识、技术、技能的前提下，以学生兴趣为导向，尊重学生专项特长，根据专项技术特点和其所对应的体能，有选择地以替代或相融的形式将一些专项技术与体能练习相结合，弥补传统身体素质练习陈旧和单调的缺点，形成优势互补，赋予体能教学内容新的生机。

四、其他支撑材料

笔者分别在两节课例中各挑选了一位体能水平相当的学生作为负荷测试对象，根据课程环节选取了六个时间节点来测定心率（如表5-1所示）。

表5-1 优化前、优化后体能课心率测定表

测量时间	学习环节	传统体能课心率（次/分）	优化后体能课心率（次/分）
课前	安静时心率	87	85
课中10分钟	热身活动结束	107	121
课中18分钟	第1次循环练习结束	142	153
课中26分钟	第2次循环练习结束	125	156
课中36分钟	体能赛结束	134	171
课后	放松拉伸结束	92	112

传统体能课课中平均心率 =120　　　　心率指数 =120÷87≈1.38

优化后体能课课中平均心率 =142.6　　心率指数 =142.6÷85 ≈ 1.68

经过观察和计算，优化后的体能课学生课中平均心率为142.6次/分，心率指数约为1.68，运动强度为中上程度，处于适宜区间，全课运动密度达到75%左右，学生有效练习时间约为30分钟，且心率从课程开始安静时的85次/分到基本部分结束时的171次/分，心率始终呈逐渐上升趋势，为高峰偏后型。从课程发展目标来看，本课的运动强度安排合理，运动负荷、运动密度等各项指标达到高中体育专项化教学的要求。

传统体能课学生课中平均心率约为120次/分钟，心率指数约为1.38，运动强度为中下程度。经课后统计，本课运动密度为70%左右，学生有效练习时间约为26分钟。该学生在第2组循环练习后心率下降，到体能赛结束后才恢复到134次/分，且全课心率高峰在体能练习第1次循环练习结束，与体能赛心率形成了双峰型心率曲线，与本课预设的心率曲线不符。这与其在完成第1轮循环后感觉枯燥有抵触情绪从而消极完成第2轮循环练习有关，在之后的体能赛中才重拾斗志，运动心率因此上升。

以数学为载体　实现以体育人
——各种单、双脚跳跃方法

徐　琴

（上海市奉贤区教育学院附属实验小学）

一、案例背景

"体育与健康"课程关注的核心是满足学生身心需求和情感体验，为提高学生的综合素养能力，以"新课程、新教材"理念和促进新时代下学生的德智体美劳的全面发展为基础，以《义务教育体育与健康课程改革（2022版）》为设计依据，结合小学体育兴趣化的特点，坚持以"健康第一"的课程理念，秉持学生为本的原则，开设了以"萌宠乐园"为情境的"各种单、双脚跳的方法"课例，努力落实"教会，勤练，常赛"理念，课中基于学情，根据一年级学生身心特点和能力水平，在趣味情境下以数学单、双数为载体，凸显体育与数学学科的融合。

本课以小圆垫和数字贴纸为主要器材，设置了跳跳乐、翻翻乐和排排乐三个环节，层层递进，将"学、练、赛"有效融入，并在信息技术的辅助下，解决学生在单、双脚之间的快速转换以及单、双脚跳的连续性问题，让学生在"学、练、赛"中提高探究、合作意识和能力，掌握单、双脚跳的技能，做到单、双脚之间的协调转换，迅速交替，并能做到连续单、双脚跳时的连贯和协调自然。

二、案例描述

（一）激趣导入，快乐热身——准备部分

课程的开始部分，对于激发学生兴趣以及参与积极性起着重要作用，并在一定程度上影响着教学目标的达成情况，因此根据一年级学生的身心特点和认知能力，采用了趣味导入的方式，让学生在欢乐的氛围中进行热身活动，提高他们的运动兴趣。

本节课的热身部分，采用的是萌小兔开小火车和萌小兔做欢乐操的方式，引导学生积极参与热身活动。在开火车的内容中，采用火车鸣笛的声音将学生拉入到"萌宠乐园"的情境当中，并与教师的"单脚跳一跳""双脚跳一跳""小火车并轨道，两组快快并一组"等口令的录音相结合，配上小步慢跑的方式，将学生带入到情境中；随后在学生热情高涨时，配合欢乐韵律操，让学生在欢快的音乐声中，与萌小兔一起做欢乐热身操，充分活动身体的各个部位。在开小火车和欢乐韵律操当中，均加上适当的单、双脚跳的动作，帮助学生加深动作印象，更好地进行接下来的动作学练。

（二）游戏激发，趣味学练——基本部分

1. 跳跳乐——单、双脚跳单数和双数

在跳跳乐环节中，主要是让学生巩固上节课学习的单、双脚的动作并加强动作技能。

例如，从跳 5 个垫子到连续跳 10 个垫子。本环节主要是以数学中单数和双数的知识为载体，要求学生在反应单双数的同时，快速做出单、双脚的动作，从而提高单、双脚交替跳的反应能力。本环节基于学情，创设相应的情境，与数学学科进行有效融合，帮助学生进一步学习和练习。

本次信息内容中共有圆垫 10 个，数字 0～9，每个圆垫上均有一个数字，要求学生根据单数（1、3、5、7、9）选择单脚跳，双数（0、2、4、6、8）选择双脚跳，按照一单一双的规则进行排列。学生在一定时间内，根据单、双数快速反应单、双脚跳，在积极巩固上节课蹬地发力的重点时，能够做到连续跳跃 5 个以上的圆垫，为后面连续跳 10 个小圆垫打下基础。

2. 翻翻乐——翻数字圆垫，单、双脚跳单数和双数

在翻翻乐环节中，主要解决学生快速反应单、双脚跳的问题。

由于一年级学生注意力时间较短，因此设置了翻数字盲盒的游戏，在两人相互配合的环节中，既树立同伴配合的意识，又让学生在翻垫中体会到快乐和趣味，从而激发学生的兴趣。

本环节将数字圆垫光面朝上，有数字的一面朝下，游戏开始后，一人翻垫并快速说出单、双形式，另一人根据翻开的数字快速做出单、双脚跳的动作，一圈以后，两人互换位置，继续配合学练，在规定的时间内完成相应的组数。该环节适当地加入两人配合，让学生明白合作的重要性，翻垫与跳跃相配合，可以更好地促进动作的掌握，练习时保证两人的距离，可以提高课堂学练的安全性。翻垫的过程中根据数字快速做出单、双脚动作的过程可以让学生在观察—思考—实践中培养动手实操和思维能力，在"勤练"中做到单、双脚的快速转换和交替，从而更好地掌握跳跃技能。

3. 排排乐——排单、双数并进行连续单、双脚

在排排乐环节中，主要解决学生如何更好地进行连续单、双脚跳，做到衔接流畅，转换协调。

本环节分为数字大作战和数学小拓展两个内容。两部分内容通过小组团结合作进行学练。其中，数字大作战旨在提高学生连续单、双脚跳的能力，而数学小拓展则旨在提升学生反应能力的同时，进行不同方向的变化，为后续进行各种方向的跳跃打下基础。

（1）数字大作战：各组成员将手中的数字圆垫与大屏幕中的单、双顺序相对应，单数圆垫（1、3、5、7、9）对应单字，双数圆垫（0、2、4、6、8）对应双字，在规定的时间内，学生需要快速将10个数字圆垫快速与大屏幕中的单、双顺序相对应，然后进行连续单、双脚跳；本环节现需要小组成员团结合作，共同完成任务，哪个小组能够在规定的时间内最先完成三组单、双组合的排序以及连续单、双脚跳跃的任务，则该组获得胜利，同时要求跳跃时，每个成员之间至少间隔两个小圆盘，并注意学练时的安全性。

本内容主要是通过比赛挑战的形式激发学生的积极性，其中根据顺序摆垫子是注重学生思考能力的培养，小组成员之间的合作是注重团队意识的培养，最后是进行10个垫子的连续单、双脚跳，让学生在进步中获得优质的运动体验感，以及提高学生连续单、双脚跳的能力和单、双脚之间交替的连贯性。

（2）数学小拓展：该内容主要是数学小知识的拓展以及下节课内容的简单渗透。小组成员将数据圆垫摆成圆形，然后快速完成屏幕中出现的加法等式，如"1+3＝？"，并做出相应的单、双脚跳动作，且依旧遵循单数对应单脚跳，双数对应双脚跳，在一定的时间和规定区域内，最先完成10个加法等式并做出单、双脚动作的小组获得胜利。在本内容中，由于垫子的摆放是随机的，因此在进行单、双脚跳时，会出现个别同学做出单、双脚跳的方向变化，从而为后面各个方向的单脚跳和双脚跳打下基础。

排排乐环节以比赛的形式让学生将所学知识运用到实践当中，在"常赛"的形式下培养实践思考能力以及树立团结合作意识，充分挖掘体育育人的作用。

三、案例评析

（一）游戏、音乐贯穿课堂，充分调动学生的学习兴趣

本课以三个环节欢快的音乐和游戏贯穿课堂。开始上课时，就以萌小兔开小火车和做韵律操的形式出现，让学生感受到体育课的快乐。孩子们在音乐的伴奏下，充分热身。

（二）基于学情创设情境，以数学学科知识为载体，凸显学科之间的融合

课堂中将数学单双数和体育单、双脚跳技能进行结合，其中主教材中跳跳乐、翻翻乐、排排乐三个环节正对应了认识、运用和实践三个层面，将"教会""勤练""常赛"有效融入，在此过程中充分挖掘体育育人的作用。

（三）多样化评价机制，收获优质运动体验

本课中，教师的评价贯穿于课堂的每个环节。尤其是排排乐环节中，两个环节的比赛，需要更有激励性的语言和评价机制才可以更有效地提高学生的竞赛意识，并将学习的连续单、双脚跳技能运用于比赛当中，如最先完成的小组可以获得"乐园章"，最后以"乐园章"来换取小组奖品；教师巡回指导时，可参与学生的比赛，与学生一同竞赛，并及时鼓励和引导，

使学生收获优质运动体验；在翻翻乐游戏中，两人的配合，可以让学生进行互评，提高学生课堂评价意识和评价能力。

（四）合作探究，共同进步

在排排乐的环节中，学生需要小组合作来摆放数字圆垫，这个过程是小组合作探究的过程，看哪个小组最有策略，配合默契，在最短的时间内完成顺序摆放和连续单、双脚跳的任务，加强学生合作学习，提高生生互动，树立团队意识。

打造高品质的"云上"居家体育健身

吕园园

（上海市奉贤区教育学院附属实验小学）

一、案例背景

2022年3月，突如其来的疫情使上海按下了暂停键，全体上海师生再一次开启了云端学习之旅。奉教院附小体育组坚持"五育"并举，尽最大可能为孩子们提供专业而精准的支持。2022年4月新课标的发布，进一步明确了对学生核心素养培育的要求，体育学科的意义更加重大。然而，由于家长观念问题，相较于语文、数学和英语等学科，居家体育健身活动似乎更容易被学生和家长忽视，不可避免地造成孩子的体质和免疫力下降、视力疲劳以及肥胖等问题。

与传统学校教育相比，居家体育运动由于场景的特殊性和非实时的指导，高度依赖学生的自觉性等成了线上体育健身教育面临的新挑战。如何从"做了"到"做好"？如何将学校的有序"推动"变成学生的自觉"行动"？奉教院附小体育组围绕线上"高品质"的居家体育健身教育开展了积极探讨，确立五维标准（科学、实用、可操作性、趣味和安全）设计居家运动方案；以学习任务单来实现学与教，空中课堂和校本指导联动；开发运动健身微视频资源,支持个性化学习;建立风采展示和过程评价,激发学生参与,开展"云"上运动会,营造居家运动氛围。

二、案例描述

(一)顶层设计,让居家健身"动而有序"

为了激励学生有序地"动"起来、综合地"动"起来、高效地"动"起来,又不增加打卡或上传视频的负担,团队从科学性、实用性、操作性、趣味性和安全性等五个角度来设计居家运动方案。

1. 教材引领,注重科学性

居家运动虽然是基于疫情特殊情况而设计,但也需要注意选择科学合理的运动内容。小学《体育与健身》教材是最权威的教学参考,团队成员本着基于教材的原则,在设计运动内容时要做到既不脱离《体育与健身》教材教学内容,又在原有基础上进行拓展和延伸,使运动内容更加科学合理。

2. 因家制宜,注重实用性

疫情期间,学生每天宅在家里,无法参加户外运动,在家庭有限的空间里完成有效提升体质的项目,这就要求注重实用性。

(1)教学内容"因家制宜"。本着实际可操作性原则,在设计运动内容时,以学生一个人可以独立完成的内容为主,尽量少或不涉及亲子配合项目,使学生可以独立完成体育运动。

同时,根据各年级学生的实际情况,与空中课堂教学内容进行衔接。从教材中选择了支撑、跳跃、跳绳、踢毽子、武术、小球类及趣味体能等内容,这些内容都能够在较小的空间内完成。另外,这些居家运动还会根据实际情况进行改进，比如跳绳、小球类、跳跃等项目可能会扰民及有一定的安全隐患，需要教师对器材、练习方法、练习环境等做出详细的考虑并给出建议。

（2）场地器材"因家制宜"。由于学生居家运动时条件有限，很多器材和场地无法落实到位。除了在运动项目选择时尽量不选择需要复杂器材和场地的项目，对于无法规避的器材我们还会给出一些自制替代物品的建议。考虑到学生居家练习的可操作性，利用家中的椅子、沙发、凳子、桌子和床等一切可利用的物品，开展居家运动的设计。如需要毽子时可以提供使用纽扣、纸球、牙膏盖、毛线等方法自制毽子的图片；没有绳子时可以提供徒手跳绳方法进行练习的建议等。

3. 任务支撑，注重操作性

我们通过书面运动任务单的要求指导和微视频的直观示范指导两种形式，让居家运动能够落在实处。在书面的学习任务单中，通过设计运动项目的名称、方法、次数、所需器材、评价方式以及运动前准备和运动后放松等方面的提醒，让学生能够明确知晓自己需要完成的任务；同时将需要完成的运动内容以微视频的方式进行录制，在视频中明确了项目的名称、器材、完成次数、组数、时间等内容，采用"剪映"App将三个左右的练习内容拼接在一起，加入节奏明显的音乐，使学生能够非常直观地看着视频做运动，这样做不仅能够激发学生学练的兴趣，同时也能进一步提高学生参与运动的可操作性。

4. 情境融入，注重趣味性

小学生的天性就是爱动、爱玩，如果只有单调枯燥的运动练习，学生很可能会失去兴趣。因此，在设计运动内容时需融入节奏感轻快的音乐，通过情景融入、器材辅助等方式来激发学生练习的兴趣，如"运送物资""椅子游戏""盒子游戏""鞋子游戏"等。

5. 细致周到，注重安全性

环境安全：考虑到居家运动环境的特殊性，我们在内容设计时会提醒学生选择阳台、客厅等相对宽敞的场地，并提醒搬开桌椅，避开椅子、桌子等有尖角的地方，避免环境造成运动伤害。

服装安全：考虑到学生在居家环境中可能经常穿拖鞋、棉鞋等较为宽松的鞋子或睡衣，我们在运动项目设计时会提醒学生穿着运动服装和运动鞋，避免学生在运动中因服装或鞋子不合适而造成伤害。

项目安全：选择教学内容时，尽量避免快速跑、跳远等项目，即使选择了跑跳内容，我们也会以辅助练习的方式进行呈现，避免学生因运动内容选择不合理而受伤。

运动安全：设计运动前的热身活动，让身体做好了充分的运动准备，避免因动作幅度过大或运动负荷过高而造成损伤；运动后也设计了适当的放松活动并提醒补充水分等。

（二）学习任务单，让居家健身"动而有方"

1. 统一模板，任务驱动

因为体育课的特殊性，需要准备一些合适的场地和器材，学生在家中可能做不到快速准备到位，或者无法立即掌握动作技巧，导致在线听课的完成率较低，无法达到预定的运动量。为此，体育教研组设计了统一的学习任务单模板，让学生居家能一看就懂，"动而有方"。

体育运动任务单分为两大板块：第一板块是体育练习的名称、方法、次数等内容，让学生能够清晰明了居家体育练习的具体方法和要求；第二板块提供练习的详细评价方式，让家长和学生能够进行相应的对照和评价。在学习单上，教师还会提醒学生在运动前进行适当的热身活动，运动结束后要放松和适当地补充水分等内容。在这样温馨详细的任务驱动下，任务单就是一个"活方子"，让居家健身更具指导性和参考性。

2."空中"延伸，无缝衔接

体育教研组充分利用提前一周了解的"空中课堂"教学进度的时间差，根据空中课堂的教学内容，提前一周设计好每节课的学习任务单，每次课前将学习任务单发送到学校指定的学习平台"钉钉"App上。在空中课堂教学和直播互动之后，学生就可以参照体育学习任务单进行课后巩固练习，这样便与空中课堂的教学内容形成了良好的无缝衔接。

（三）直播互动，让居家健身"动而有导"

体育教师认真设计每一次的互动直播课，除了让学生进一步巩固和复习"空中课堂"体育课的教学内容外，在直播互动课中还需注重学生运动方法的指导和运动积极性的激发。教师设计了"大家来挑战""体能大转盘""盲盒翻翻乐"等富有趣味性的互动游戏，既锻炼了学生的体能，也激发了学生参与的主动性，有效提升了互动课堂教学效率；课中教师通过巡屏指导、优生展示、动作讲解示范等，给予学生更有针对性的教学指导，使学生的居家健身能够安全、正确，动而有导，而不是盲目地练习。

（四）风采展示，让居家健身"动而有乐"

1.周末"运动风采"展示

为了鼓励和督促学生能够有效地完成课后健身练习，体育组设立了"周末运动风采展示日"。在每周六上午9点，各班体育教师在班级"钉钉"作业区建立"运动风采展示"讨论区，鼓励学生从本周所有练习中选择一个自己最喜欢的展示视频上传。教师则对学生的运动风采采用正面鼓励和纠错相结合的方式进行点评，让学生知道老师非常关注自己。特别是针对运动能力较弱的学生，一方面以鼓励为主，另一方面提一些建议，使学生能够有信心和积极性的同时，还能够做到改正错误动作，提高练习效率。

2. 月末"运动之星"评选

体育组还进行每月"运动之星"评选，从每个班级上传的视频中，挑选完成质量最高、上传数量最多、上传最及时的前六名学生，并授予他们"运动之星"的荣誉称号。"运动之星"的评选活动让每个"康康"宝贝更加积极了，参与运动的热情高涨。许多已经过了上传时间的孩子还主动私聊老师，把自己的运动视频发送给老师观看。

3. "云"上学科周激发运动热情

体育组教师精心设计了奉教院附小的"云"上学科周方案，使学生即使隔离在家也能够充分地感受到体育运动的魅力。本次"云"上学科周的设计，以"奥运'星'绽放——健康向未来"为主题，围绕奥运开展了学科周系列活动。通过"奥运我了解""奥运居家练""奥运亲子show"等版块的设计，充分体现跨学科主题融合的特点，在奥运主题的引领下，学生和家长充分地参与其中，学生通过脱口秀、短视频、绘画小报、表演、亲子运动等多种形式，展现了丰富多彩的奥运会知识和比赛项目。这样的活动不仅仅局限于身体的运动，而是综合性的学科周设计，使学生和家长都有更多的空间发挥自己的才华、展示自己的风采，也进一步激发了学生和家长的运动热情。

三、案例评析

在疫情期间，学校体育教研组依托"五维标准"和"三大举措"，努力打造云上"高品质"体育健身教学活动，形成了一些经验，并取得了一定的成效。

（一）学生层面

1. 科学引领，规范学生健身动作

学生根据教师提供的基于标准的学习任务单和基于学情的微视频资源等，因家制宜，就近取材，抓住要领，规范自己的运动姿势，提高自主学习的能力，在保证安全的同时，确保运动的"质"和"量"，使学生的居家运动具备科学性和指导性，做到动而有"方"，动而有"导"。

2. 居家锻炼，促进学生身心健康

通过观看空中体育健身课，结合形式多样、内容丰富的学习单、微视频和直播课，让学生在家中就如同在学校室内体育馆上课一般，循序渐进地学习体育课程内容，提高运动技能，强健体魄，促进身心健康成长，培养学生健康生活的习惯，形成健康意识和终身体育锻炼观。

3. 展示评价，激发学生运动兴趣

通过每周的"风采展示""运动之星"的评选以及"快乐运动册"的记录，增加了学生居家运动打卡的动力，展示了运动小能手的风采，让他们满腔热情地投入到居家体育锻炼中，激发他们的运动兴趣，为学生搭建"居家锻炼不停歇，运动健身我最棒"的平台，为实现"终身体育"的目标打下基础。

（二）教师层面

1. 从线下到线上，改变教师教学理念和方式

在疫情背景下，教师从原来的线下教学转变为线上"主播"，传统面对面、手把手的教学模式被打破，教学理念和教学方式也随之发生改变。新型的教学方式迫使体育教师们开始思考"如何让学生更自律"以及"如何提升学生的自主学习能力"等问题。通过线上教研，教师们聚焦于

如何指导学生对空中课堂学习到的内容进行操练、巩固和延伸；他们花费大量时间研究学习任务单的设计，以确保居家体育锻炼既有效又有趣；教师们录制微视频，指导学生每天都有质有量地完成运动作业；他们用鼓励的语言在平台上对学生的运动进行个性化辅导和评价，规范运动动作；同时利用多元的展示和评价方式，激发学生主动参与运动的兴趣和热情等。在此过程中，教师的在线教学能力也得到大幅度的提升。

2. 开展云端教学，全面提升教师信息素养

疫情期间，平时不怎么接触网络多媒体的体育教师们也不得不尝试、学习和运用信息网络平台进行在线互动教学。他们学会了在线直播，在网络平台推送资源，借助 App 录制微视频，利用互动平台收发作业，也学会了网络评价的方法。通过此次大规模在线教学的开展，教师们掌握了云端教学的技巧，增强了信息意识，提高了信息素养。

（三）家长层面

一系列云端居家体育健身活动引导孩子和家长一起参与，为家长提供了了解孩子的机会，拉近了亲子关系。家长在运动记录册以及网络互动平台中对孩子的运动情况和表现进行评价，以及参与学校关于"居家锻炼教育方式"的调查问卷等活动，都显示他们对孩子的身心健康关心程度较线下体育教学有明显提升，有利于加强家校互动，助推家校共育。

通过本次线上教学的经验，体育教师对于如何提升学生居家运动、小场地运动的有效性和科学性有了更为深入的思考，线上教学也使体育教师运用信息技术的能力得到了大幅度的提升。今后，我们将在如何进一步提升学生居家运动的科学性、丰富性和个性化等方面进行更为深入的研究，为线下体育课堂乃至学生的终身体育观念的树立提供强有力的保障。

"教会、勤练、常赛"视域下
单元教学实施路径
——六年级耐力跑单元案例分析

张毓龙

(上海科技大学附属学校)

一、案例背景

为了强化教学训练的基础性作用,国务院印发的《关于全面加强和改进新时代学校体育工作的意见》中明确提出:"一定要聚焦教会、勤练、常赛,逐步完善'健康知识+基本运动技能+专项运动技能'的学校体育教学模式。"基于此,体育课堂教学应紧紧围绕"教会、勤练、常赛"开展结构化教学,帮助学生在体育锻炼中享受乐趣、增强体质、健全人格、锤炼意志的同时提升课堂本身的教学质量。而耐力跑作为初中体育教学的基本内容之一,也是学生体育中考的内容之一,对于大部分学生来说是一个比较枯燥乏味的运动项目,而且六年级学生对耐力跑的呼吸节奏方法和动作还不了解,对于将之前所学的跑步技术动作和耐力跑融合有一定的困难。因此,为了帮助六年级学生提高耐力跑能力,本研究以"教会、勤练、常赛"为指导思想,对耐力跑单元进行结构化设计,并开展实践教学,课程时长为四周,每周一堂课。

二、案例描述

（一）围绕"教会、勤练、常赛"进行设计，充分体现单元的结构化教学特征

本单元共分为四个课次。第一课次的教学重点是跑的呼吸方法；第二课次的教学重点是呼吸节奏。前两课次主要以技术和技能学练为主，目的是让学生"学会"。第三课次的教学重点是在不同速度下调整呼吸节奏；第四课次以克服"极点"为重点。后两课次主要对呼吸方法和节奏加以应用，目的是让学生"勤练"并"常赛"（如图5-1所示）。

单元基本问题
如何掌握耐力跑正确的呼吸方法和呼吸节奏，提高400米成绩，培养同学之间合作交流的能力？

课时一
关键问题：
如何掌握耐力跑正确的呼吸方法？

环节问题：
（1）跑的时候应该如何进行呼吸？
（2）走（休息调整）的时候如何进行呼吸？
（3）为什么要多跑？

课时二
关键问题：
如何掌握耐力跑的呼吸节奏？

环节问题：
（1）跑的时候应该用什么节奏进行呼吸？
（2）如何控制呼吸节奏？
（3）如何在小组学练过程中增强团结合作意识？

课时三
关键问题：
如何调整不同速度下的呼吸节奏？

环节问题：
（1）不同速度下跑动的呼吸节奏一样吗？
（2）"极点"的产生？
（3）调整不同速度下的呼吸节奏在体育比赛中如何应用？

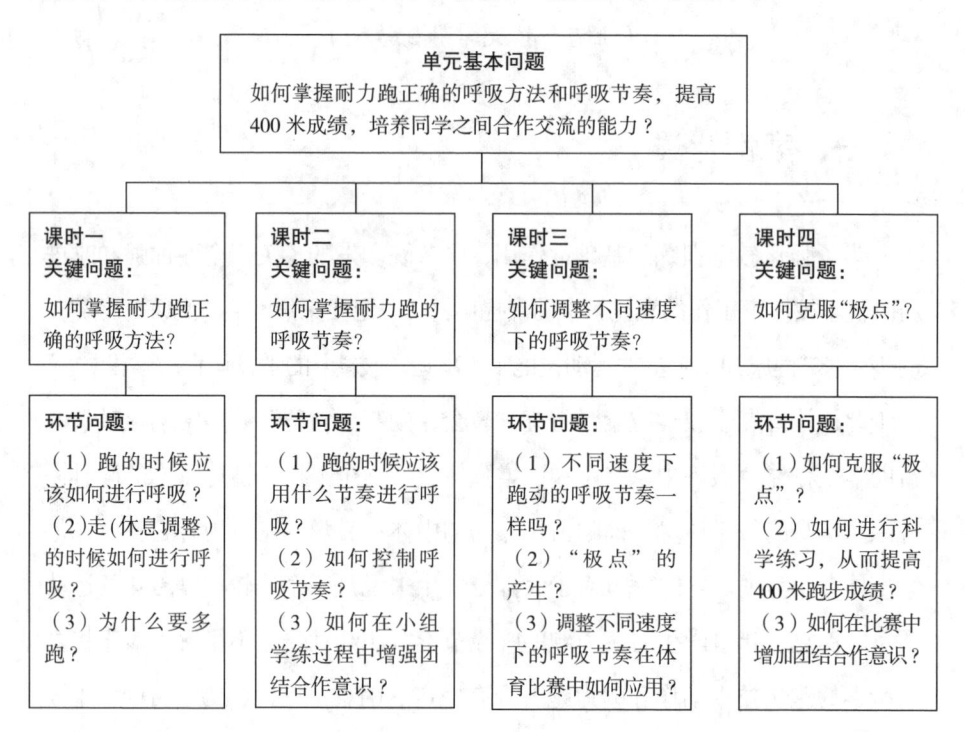

课时四
关键问题：
如何克服"极点"？

环节问题：
（1）如何克服"极点"？
（2）如何进行科学练习，从而提高400米跑步成绩？
（3）如何在比赛中增加团结合作意识？

图 5-1　单元设计思路图

（二）本单元每堂课内容设计上思路清晰，衔接妥当

本单元第一堂课先通过复习30米快速跑的动作技术，再通过走跑交替学练感受跑的呼吸方法；第二堂课先复习走跑交替，再学练匀速跑，进而体会调整呼吸节奏的方法；第三堂课先复习匀速跑，再学练变速跑，从而学习如何调整不同速度下的呼吸节奏，进一步提出"极点"概念；第四堂课先在课的导入部分了解"极点"产生的原因，再在基本部分通过400米考核和"抓尾巴"趣味游戏让学生体会如何在运动中克服"极点"。每堂课在内容设计上都对上一堂课的主要知识点或主要学练内容做一个复习回顾，再进一步引出本堂课的主要学习内容。

（三）每堂课的各教学环节始终围绕"教会、勤练、常赛"进行设计，逻辑清晰，结构化特征分明

本单元每堂课的教学设计和各教学环节始终围绕"教会、勤练、常赛"这一理念，充分体现结构化教学的特征，将已学知识与新授内容相结合，贯穿全课，并应用于实战中。以第二课时为例，本课通过三个问题清晰展现本堂课的设计框架，第一个问题"什么是呼吸节奏"引出本课的"教会"环节，第二个问题"如何调整呼吸节奏"引出本课的"勤练"环节，第三个问题"如何团结合作"出现在本课的"常赛"环节。在课的基本部分，前10分钟以一般技能学习为主，教会学生呼吸节奏；后20分钟以专项技能应用为主，让学生学会如何在匀速跑中用正确的呼吸节奏进行呼吸。整堂课各环节之间结构化特征分明，逻辑清晰。

三、案例评析

（一）教会有导入

"教会"是"勤练"和"常赛"的前提，主要指基本动作技能。在实施课堂教学前，教师需要重点思考的是如何"教"才能让学生"学会"。

1. 先玩再学，在游戏中探索

在教学前，可设计一些简单的运动游戏，让学生在玩中学，激发学生对运动技能的学习兴趣。以本单元第二课时为例，在准备部分，以"贴膏药"游戏作为导入，并询问学生"为什么有的同学即使使用口鼻同时进行呼吸，也会感到呼吸急促，甚至出现岔气的情况"，让学生在游戏的过程中进行思考，从而引出本堂课的学习重点：跑的呼吸节奏。在游戏的过程中，学生的运动心率提高了，同时学习兴趣也得到激发，学生能够更投入、更认真地学习技能。

2. 先练再学，在练习中理解

教师可以安排学生先进行练习，或复习上一堂课所学练的内容，在学生学练的过程中进行提问，在练习中思考探索、加深理解。以本单元第一课时为例，在基本部分，首先复习快速跑，帮助学生回顾跑的动作技术，然后增加跑动距离，由 30 米快速跑增加到 30 米折返跑，让学生感受到跑步时的呼吸困难，并提问学生"耐力跑时应该如何进行呼吸"，在练习过程中引导学生思考，从而引出本堂课重点：跑的呼吸方法。学习技能前先练习，让学生在不了解该技能要领的情况下体验该运动技能，之后再讲解并学练该技能，学生能更好地领会和理解。

3. 先看再学，在思考中内化

教师可以在课前准备多媒体课件，通过多媒体课件进行理论知识的讲解，让学生初步了解该知识点的概念，先理解、再学习、再内化。以本单元第四课时为例，在准备部分，开展"极点"知识小讲堂，解答上一课所提出的"极点"产生的原因，并利用多媒体讲解如何克服"极点"，然后让学生进行400米考核，让学生尝试在400米考核过程中去克服"极点"。通过观看视频，先理解该知识点的概念和意义并加以内化，再尝试体验，让学生在体验的过程中有更深入的思考和认识。

（二）勤练有途径

"勤练"是巩固技术动作、掌握技能的必要条件，"勤练"的时间可以在课上，也可以在课间和课后，一项运动技能需要通过反复练习才能掌握。

1. 课上分组练

课堂教学是"勤练"的主阵地，学生在课上学完基本技能后立刻通过练习加以巩固，将所学的动作技能第一时间加以应用，同时有教师当场进行及时的讲解示范和纠错，让学生练的过程更有效率。本单元在课堂教学中始终以小组合作的形式开展教学，让学生通过组内相互交流和观察，增强他们的团结精神与自主探究能力。以本单元第二课时为例，在整个跑的学练过程中，始终采用"报数跑"的教学方式，各小组排成一列进行跑步，同时从前往后依次报数，当最后一位同学报完第一位同学继续接上，以此往复。让学生通过"报数"来体会跑动中的呼吸节奏，不仅能吸引学生对耐力跑的兴趣，还能使学生在学练过程中增强团队配合的能力，提高班级的凝聚力。

2. 课间集体练

体育大课间可作为学生"集体大练兵"的集训营。在条件允许的情况下，利用大课间让学生以班级为单位对所学运动技能进行练习，大课间以

"少量、低强度、低标准"练习为主,目的是尽量让每一位学生都能完成。对于六年级的大课间耐力跑要求,会根据六年级耐力跑单元的教学进度进行设计:第一周,走跑交替练习,200米跑100米走,绕400米操场3圈;第二周,300米跑100米走,绕400米操场3圈;第三周,400米低配速匀速跑,完成2组;第四周,600米低配速匀速跑,完成1组。利用大课间安排全校学生集体练习,不仅可以弥补课堂练习时间不足的问题,还能营造出浓厚的运动氛围,让每位学生都能积极参与其中。

3. 课后单独练

体育课后锻炼作为课堂教学内容的延伸,是巩固课堂教学成果的重要途径。以本单元为例,每堂课结束后,将不同基础的学生分成两组(水平一组和水平二组),老师布置相应的课后锻炼内容,要求学生完成并记录平时成绩。本单元课后锻炼设计形式为"1+1+X",第一个"1"是理论作业,第二个"1"是运动作业,可在家里完成,"X"为选择性的作业,需要外出完成。体育课后锻炼不仅帮助学生巩固当天所学的技术动作,也可以让学生从繁重的学习压力中解脱出来,达到劳逸结合的效果,帮助学生养成终身锻炼的习惯(如表5–2所示)。

表5–2 六年级耐力跑单元课后锻炼"1+1+X"

课时	理论作业	运动作业	选做作业
1	分别用一句话概括跑的呼吸方法和走(休息调整)的呼吸方法	(1)原地3分钟走跑交替练习(40秒跑20秒走) (2)平板支撑1组	水平一:400米慢跑 水平二:1千米慢跑
2	说一说自己慢跑时的呼吸节奏	(1)原地跑2分钟 (2)平板支撑1组	水平一:500米慢跑 水平二:1千米慢跑
3	说一说如何控制不同速度下的呼吸节奏	(1)原地变速跑3分钟 (2)两头起1组	水平一:600米慢跑 水平二:1千米慢跑
4	(1)说一说"极点"出现的原因以及如何克服"极点" (2)为自己制订寒假练习计划	充分拉伸	无

（三）常赛有方法

掌握基本技术是"会"的基础目标，而能够灵活运用技术才是"会"的最终目标，比赛则是学生运用技术的重要手段，同时也能提高学生的意志品质和合作能力。

1. 趣味教学比赛

在课堂教学中，组织学生"常赛"是不可缺少的教学环节。对于耐力跑，如果仅将常规测试项目，如400米、800米等作为常赛内容，大部分学生可能会失去兴趣，因为只有个别学生能获得第一、第二名，这样会打击大部分学生的自信心。因此，结合学生爱玩的心理特征，耐力跑教学应将游戏融入"常赛"环节中，增加比赛的趣味性。以本单元第一课时为例，在基本环节的后半阶段，学生的体能有所下降，对于单纯跑的学练的积极性也会有所降低。此时，开展趣味教学——"玩球跑"比赛，让学生通过体验运球跑和抛球跑的方式，再次激发学生对于耐力跑学练的积极性，同时帮助他们更深入地理解耐力跑的意义并应用于实践中。课堂教学要以学生为主体，选择学生比较喜欢的方式开展，而趣味教学比赛是大部分学生热衷的"常赛"方式。

2. 校级班级联赛

"常赛"不仅局限于课堂教学，更应覆盖至全校。以本单元为例，整个六年级的耐力跑单元教学结束后，我用一堂体锻课进行班级与班级之间的比赛，比赛方式参考国际田径中长跑的比赛规则，各班分别挑选5名男生和5名女生参赛，比赛分男生组800米比赛和女生组800米比赛，记录前10名名次，第一名获得10分，第二名获得9分，以此类推，最后计算团队总分。不参赛的学生在操场旁边练习原地跑，并为班级参加比赛的同学加油鼓劲。以班级联赛方式开展"常赛"，能加强学生的团结意识和班级荣誉感，学生在比赛的过程中不仅能更深刻地体会到运动技术的运用，更能感受到竞赛所带来的乐趣，这才是"常赛"的意义所在。

（四）结语

经过本单元耐力跑的学习，六年级学生400米测试成绩有显著的提高，且大部分学生表示今后会更加努力练习耐力跑，并愿意为自己制订长期的练习计划。由此可见，本单元的设计和教学开展在实践中取得了一定成效，不仅激发了学生的学习兴趣，为学生创造了一个和谐融洽、身心愉悦、充满活力的学习氛围，还培养了学生终身锻炼的意识。

室内嗨运动　雨天也精彩

朱晓玲，瞿　菲

（平凉路第三小学）

一、案例背景

2015年，平凉路第三小学成为上海市"小学兴趣化"体育课程改革项目试点学校。在"双新"背景下，学校持续致力于从提升学生的运动兴趣出发，提高运动能力，优化体育课程的内容结构和过程指导，从而促进育人方式的改进与变革。在探索体育兴趣化的过程中，我们发现，连绵的雨天和雾霾限制了孩子们的锻炼，学校"阳光体育一小时"无法有效地开展。基于此，我们对室内体育课程进行了重构与再设计，探索了"主题式"室内课程，从室外到室内，让体育课程不再受雨天的限制。

二、案例描述

（一）问题的提出

在此之前通过分析我校体育课程的教学目标、教学内容、时间分配、教学资源投入和课程的考核，以及学生对体育课程的关注等因素发现：体育课程的实施现状与具体预期之间存在着较大的差距，加之上海的雨天和雾霾天较多，传统以室外活动为主要特征的体育课程无法有效开展。因此，室内课的育人作用也被逐渐削弱。为了减少天气因素对体育课程的制约，我们基于以下两方面进行了思考：

1. 问题一：如何应对上海多雨、多雾霾的天气？

随着上海近年雨天、雾霾等天气的增多，学生的体育活动只能由室外转移到室内和走廊。然而，在室内活动中，学生的兴趣逐渐下降。那么如何克服天气因素对体育课程的影响呢？

2. 问题二：如何提高学生对室内体育活动的兴趣？

当前，小学生的身体素质总体呈现下降趋势，肥胖现象日益严重，急需加强体育锻炼。然而在实际教学过程中，雨天、雾霾天以及室内场馆的限制都会影响学生对体育运动的兴趣，如果这一问题不能够被很好地改善和解决，将严重影响小学体育教学质量和学生的身心健康发展。

（二）系统调整：对室内体育课程进行重构与再设计

1. 打破天气因素对体育课的限制

依托校本化的建构，从学生兴趣发生、形成、发展、完善的过程出发，全方位梳理和设计内容结构。将室内体育课程重新构建，主要分为室内体育课、室内体育活动课、室内体锻课，并设立运动型、对抗型、表演型、合作型等7类60多种室内体育运动课程内容，供教师选择。通过这样的调整，确保"每天锻炼一小时"的要求落到实处。基于内容重构，我们摒弃传统的授课模式，采用"长短课结合、班级授课与自主选择相结合、同龄教学与混龄教学相结合"等新形式。同时，还形成了"融评于教"的评价设计，有效提升了学生在体育学习中的信心。

2. 归纳"三变"策略，让室内体育课更有趣

体育课程是涉及学生身心健康的关键课程。为了解决当前室内体育课存在的"无意义、质不高的无效教学"现象，以及减少天气因素对体育课程的制约，我们从室内体育课程着手，提炼出三"变"策略，对课程内容做了重新组合，并且提供了相应的课程资源。

首先，变换内容。将室外慢跑变为室内热身操，室外身体素质练习变为室内体能小竞赛。通过多样化的运动方式，让学生更愿意积极参与运动。其次，变换形式。将室外活动搬到室内与走廊，将室内桌椅变换摆放位置，成为小型体能运动场。最后，变换设计。将体育多媒体资源引入室内课，设计基于 AR 技术的室内活动资源，让学生能够更加快乐地参与运动。

3. 借助信息化手段，让室内体育课更生动

随着数字化信息时代的到来，教学手段更为丰富，我们在课程的教学手段上也有所突破。在内容结构上，我们尝试打破原有的基础知识与实践活动分离的状态，进行室内课程的整合设计，使身体练习与思维活动紧密结合，比拼体能的同时也激发思维。如以"疯狂动物城"体验课为例，教师运用 PPT、Ischool 云软件、PAD 以及魔法秀 AR 平台等网络技术，将韵律知识、韵律活动、节奏感训练游戏三者有机融合，创设场景，激发学习兴趣、促进锻炼、帮助评价，为室内体育课教学带来了新的活力，让学生在有趣的情境中得到丰富体验的同时，也培养了学生在多媒体环境下的自主学习的能力。

4. 进行"主题式"设计，让室内体育课更系统

在技术融入和策略改善后，学生的积极性明显提高了，课堂也更富有活力。然而，要将学生的兴趣持续下去，没有长久有效的课程做依托是不行的。于是，我们又进一步基于课程标准，对《体育与健身》教学参考资料中"知

识链接"板块进行梳理和划分，在特定主题下进行有机地整合与设计，形成了一种"主题式"的课程。基于"新课标"中对于健康教育及健身知识的注重，我们更加关注学生自主健身的意识和习惯，以体现锻炼的科学性与合理性。雨天课程的解决方案为我们提供了较为丰富的课程资源和实践经验，让孩子们雨天锻炼也精彩。

除了依据课程标准划分主题外，我们还围绕不同的项目主题，设计了课内外相结合的各种长任务与短任务，以完善室内课程结构。例如，我们结合学校的手球传统项目，设计了"我们的手球世界杯"为主题的课程，让孩子们畅游于手球的精彩世界。通过项目规则和文化的融入，能够促进学生更好地掌握和运用专项运动技能，这也是基于"双新"育人方式的改变。

5.落实多元、多向的课程评价理念和方式

科学的评价体系是课程有序运行的保障。室内体育课同样需要与时俱进，基于"新课标"中的学业质量标准，关注目标、内容、实施和评价的一致性。在实施过程中体现"统整性，规律性，趣味性"，形成"融评于教"的评价设计，基本形成了"评价规则"的设计操作路径：准确把握课程标准—确定评价指标—确定各指标的水平分级—进行等级描述—拟定评价规则—不断修正与完善评价规则。对学生的过程性学习成果和学习表现能进行及时的评价。

三、案例评析

（一）成果与成效

1.成果——形成了多层级、多类型的课程文本

作为首批试点校，平凉路第三小学重点关注"小学体育兴趣化室内

课"的课例研究，完成了室内体育游戏的开发和实践。形成了"'玩'转三十六计——杨浦区小学体育兴趣化室内优秀课例集锦"和配套的课程资源包，其中包括教案集、游戏手册和录像光盘，并在全区范围内进行了推广。

2. 成效——促进了各层次各维度的学校发展

（1）满足学生体育兴趣，提升了室内课堂教学的效能感。课程改革的最终目的是提升教学的质量。调查发现，经过室内体育课程的优化设计，确保了即使在雨天，学生每天也能有一小时的体育活动。近年来，90%以上的毕业生离校前至少已掌握两项运动技能。近三年来，学生《国家学生体质健康标准》测试的合格率在97%以上，优秀率在10%以上，体质健康标准水平也有了明显的提升，其中很大的原因是科学、正确、合理的评价体系激发了学生参与体育教学活动的积极性。

（2）推动学校整体发展，促进了学校社会影响力的综合提升。在体育课程体系建构与实施过程中，有力促进了学校教师团队的课程建设和实施水平，促进了学校课程管理能力的提升。学校承担了上海市综合改革项目，并多次受到各类公众号、教育电视台、报刊等媒体的报道，产生了良好的社会影响。此外，学校还承办了多项市、区体育活动，学校体育组也被评为上海市体育先进集体。

（二）问题与思考

课程体系建设是一个动态的过程，我们遵循"计划—实施—评价—改进"的模式，实行定期会诊制度持续改进，并在课程实施过程中，对其进行监控与评价，使之不断完善。我们也发现，由于学校体育教师人数有限，雨天活动分散在每个教室里，如何让活动有序、有效、安全地开展，对学校的管理提出了较高的要求。未来，我们将通过向全校教师和学生普及各种室内游戏的方法，使各项活动落到实处，并且不断完善管理制度，提高带班教师的安全责任意识，提高学生的自我保护意识和能力，使学生即使在雨天也能快乐地练习、安全地锻炼、自主地锻炼，养成终身锻炼的好习惯。

专题六：场地器材革新与智慧体育教学

没有足球场的学校获得了足球比赛冠军
——崇明区西门小学校内外联动开展校园足球案例

杨 军

（上海市崇明区西门小学）

一、案例背景

崇明区西门小学秉持素质教育之路，坚守"面向全体、加强基础、培养能力、发展特长"的体育工作目标，坚持"普及为主，兴趣引领"活动宗旨，紧紧围绕"让每一朵鲜花都怒放"的办学理念设计体育活动，让每一位同学都能基于自身条件和兴趣爱好培养自己的特长。为此，学校申报成为上海市首批兴趣化课程改革试点学校、上海校园体育"一校多品"试点学校、上海市体育学科立德树人实验学校……在学校体育的乐园里，学生们编织着金色童年，展现着西门小学生的阳光、礼仪和自信。学校体育更是成为学校对外展示的窗口。然而，有一个问题一直困扰着全校师生：

由于缺乏足球场地和专业师资，我们无法开展足球项目。因此，当足球项目在其他学校火热开展时，西门小学却无法参与，导致毕业后进入中学的男生因不会足球而在绿茵场上感到自卑，被称为"男人运动"的旁观者。为了改变这一现象，让所有喜欢足球的学生踢好足球，真正落实"让每一朵鲜花都怒放"的办学理念，我们需要采取哪些措施呢？

校园足球作为学校体育的重要载体，它的魅力和教育作用是其他体育项目不能比拟的，如果我们能在条件受限的学校开展校园足球，满足那些热爱足球学生的心愿，不仅可以践行学校"让每一朵鲜花都怒放"的办学理念，还可以对其他条件受限的学校开展足球项目起到启发和推动的作用。校园足球不仅可以盘活区域内场地和师资资源，实现"共享优质资源、推进公平教育"，同时也为孩子们的身心健康发展提供了良好的平台。校园足球能够有效发挥学校体育对学生学会终身运动项目的引领和管理作用，帮助学生插上专业发展的翅膀，快速提升学生的专项运动素养和比赛能力，为孩子的未来发展打下坚实的基础。

二、案例描述

在崇明区校园足球联盟联赛中，西门小学的两支球队都进入了区足球联盟比赛的前四名，U9队更是获得了冠军。自此以后，西门小学的足球队在区足球联盟中俨然成了一支强队，进入决赛已经成为常态，还多次代表崇明区参加上海市足球联盟比赛，并在上海市千校万班足球技能比赛中获得了一等奖的荣誉，多名队员进入根宝足球基地，踏上了职业足球之路，出去的毕业生进入中学后不再感到自卑，不再被人戏称为"男人运动"的旁观者。如今，学校申报成了全国足球特色试点学校，足球成了学校的名片和骄傲，这所没有足球场地、没有专业师资的学校，却拥有了众多的足球参与者和追随者,那么,学校是如何做到的?解开学校成功之谜,发现学校根据兴趣化课程改革的需要,切实落实《关于全面加强和改进新时代学校体育工作的意见》,采取了一系列有针对性的措施,做好校园足球的学、练、赛,让西门小学校园足球迈上了高速发展的道路。

(一)丰富师资层次,培养兴趣主动学

1. 挖掘校内资源,普及校园足球

我们积极挖掘学校教师中的足球爱好者,通过参与培训、集体备课、模仿实践、带教指导、课后反思等多种形式,有效提升校园足球兼职教师课堂教学的实效性和教学胜任力。

2. 借力校外资源,提升社团足球

(1)学校向崇明区校园足球办公室申请了足球外教,来自西班牙的洋教练全程参与了教学、训练的全过程,他们把足球教学的思想和足球教学理念传递给我们每一位教师,根植于课堂教学和社团活动中,为提升学生的足球技能奠定了良好的基础。

(2)除了足球外教,学校还定期邀请足球青训教练到校指导足球社团,帮助社团提升足球技能,帮助足球执教老师丰富足球专业素养。

(3)开展"基于小学生运动技能提升的区域内特长教师走校指导"的实践研究。学校向区域内优质足球师资发出邀请,由学区牵头协调,调剂安排足球特长教师进行跨校指导,有效缓解了专业足球师资不足的问题。

3. 购买专业服务,打造精品足球

学校与社会足球俱乐部合作,购买足球训练服务,邀请俱乐部的一线教练走进校园,亲自指导我校绿茵小子。几年来,多名市级教练走进西门小学,躬身执教,手把手辅导,有效提升了孩子们的技战术能力。

（二）共享足球场地，区域有效联动

1. 借用场地，错时练习

利用周中课后服务时间，借用附近的中学足球场开展足球社团活动。与中学足球社团错开活动时间，各得其所、相得益彰。

2. 学区联动，携手共进

周六是我们学区乡村少年宫的活动时间，学区内每个学校都开展足球社团活动，我们制定了学区联合活动制度，学区没有足球场的足球社团，集中于一所学校进行交流活动。学区内五所学校之间的相距不超过10分钟车程，让区域联动成为可能。

3. 社区活动，主动加练

学校近年购买了足球俱乐部服务，足球社团成员同时成为俱乐部会员，俱乐部安排专车接送孩子前往漂亮的足球场，为西小足球小子足球水平的提高提供了专业帮助。

学校开展的假日体育积分记录卡实践活动，也促使孩子们在假日中积极主动地利用社区内开放的绿茵场地开展足球活动，学以致用，巩固所学。

（三）搭建互动平台，学会比赛展自我

近年来，城桥学区各校自发合作举办了五校小学生足球联赛，利用假日，共享学区优质场地，开展足球亲子活动、足球技能挑战、足球对抗赛等，绿茵小子快乐地驰骋于漂亮的绿茵场上，成为一道靓丽的运动风景。

利用俱乐部资源，在节假日约战多方球队，以赛代练，加速了孩子们对足球的理解和比赛能力的提升。

通过以上一系列的足球项目措施，让足球迅速成为孩子们喜欢的运动，足球社团的报名者络绎不绝、家长们也常常围观孩子们的足球活动现场。

足球项目已经成为孩子们健康成长的重要载体。

三、案例评析

（一）案例亮点

本案例针对学校缺乏开展校园足球的条件，寻求多方支持，探索多渠道、全方位开展足球项目的方法途径，形成可复制和推广的足球教学、课余训练模式和经验，为孩子们在小学阶段开展足球项目搭建了优质平台，也为孩子们未来的足球之路和健康成长打下了良好基础。

1. 挖掘跨学科教师兼职足球教学，提升非专项教师胜任力

本案例中，学校挖掘学校自身师资潜力，提升跨学科教师的足球胜任力，一定程度上缓解了"校园足球"课程开设与师资缺乏之间的矛盾，兴趣化课改背景下的足球教学提升了孩子们的足球兴趣，也促进了校园足球工程的顺利实施。

2. 探索与社会俱乐部合作经验，拓展学生专业发展之路

学校根据项目发展实际，通过购买服务，利用课后服务和双休日乡村少年宫活动时间开展教学、训练和指导竞赛，使更多的专业教练或退役运动员为学生提供专业指导，为学生专业能力的发展提供了保障。

3. 用好区域优质资源，共享互助推进学区整体发展

学校联合就近学校，开展学区联赛和走校指导，共用优质场地，推进了学区整体发展，学区所有学校都申报成为全国足球特色试点学校，形成了区域运动特色项目。

（二）案例反思

1. 政策扶持，规范区域联动

本案例中的区域联动为我们提供了很好的启示，如果有上级主管部门协调参与，这样的互动将会更加顺畅和规范。

2. 开放融合，共享学区资源

场地、师资条件受限的学校要主动用好场地开放的政策福利，加强学校间的沟通，相关职能部门更要对校园开放、如何开放进行合理的引导和布局，支持学区内的共享和共用，充分盘活区域内场地和师资资源，真正实现"共享优质资源，推进公平教育"。

3. 准入制度，规范进校资源

本案例中，学校因师资问题，与社会俱乐部合作，将专业元素融入校园足球，有效提升了孩子们的足球素养。相信会有更多的社会资源进校，我们要加强管理，出台准入制度，以提升进校社会资源的质量和资质，并规范其运作，形成完善的制度。

小场地上的大文章
——上海市光明中学因地制宜开展高中专项化体育课程改革

李文耀，姜旭锋

（上海市光明中学）

一、案例背景

光明中学是一所历史悠久且有着优良传统的百年名校。学校由法国人于1886年创建，1951年改名为"光明中学"，是上海市实验性示范性高中。作为上海市首批高中专项化课程改革试点校，由于地处上海市中心，占地面积仅有9.6亩，因此人均活动面积、场地设施和开展的体育项目都比较缺乏。针对这一市中心学校的独特特点，我们如何在小场地上做"大文章"，走出自己的体育特色发展道路呢？既然面积有限，我们就往深来挖，我们用"掘地三尺"的方式：深挖学生需求、深挖教师潜力、深挖体育空间和深挖传统文化，因地制宜实施高中专项化体育课程改革。

二、案例描述

（一）深挖教师潜力，一专多能发展

我们学校是篮球传统项目学校，学校只有四个室外篮球场，因此篮球老师一下就溢出了，要解决这个问题，要么"粥再多一点"，要么"喝粥的人少一点"。学校当时选择了双管齐下，在寻找一些适合学校特点的同时，又选择深受学生喜爱的室内项目。当时想到了跆拳道、空手道这类高中体育课程中的"网红"项目。通过调查得知学生对跆拳道、空手道这类室内项目兴趣浓厚。

就这样，空手道这个项目就以专项课的形式在光明中学试行了，最开始我们整合了大学资源，邀请上海财经大学的空手道老师给学生授课。周老师（周昶，篮球专业，毕业后留校任教）作为学校负责空手道项目的助教老师和空手道结缘，他陪着学生一起上专项课，辅助空手道老师管理秩序与班级点名，课上他一起参与学习，课下利用周末时间深入学习，两年内他获得了国内国际空手道黑带段位，考取了国内外裁判员、教练员，完全能够胜任空手道老师一职。

不仅如此，我校更注重学校体育教师的整体发展，为了满足体育专项化教学的要求，我校通过引进相关专业的体育教师、外聘教师和跨界教学（其他学科教师教乒乓球）等途径，积极为体育教师提供一些专项项目的进修培训，使他们朝着"一专多能"的专业型体育教师的方向发展。现阶段我们学校有13名在职体育教师，平均年龄33岁，均具备本科学历，其中正高级教师和中学高级教师各1名，研究生5名，篮球专项教师4名，健美操专项教师4名，乒乓球专项教师2名，武术、空手道和跆拳道专项教师各1名。通过师资培训，体育教研组内学习和研究氛围非常浓厚，在

此推动下，教师们积极参与区、市级比赛，开展科学研究，获得了诸多奖项。

（二）深挖体育空间，量身打造课程

我校克服了小场地的限制，为这些一专多能的体育教师们提供了发挥专长的舞台。我们对学校室内场地进行了一系列的完善和改造。比如为周昶老师量身打造了空手道的道场。远不止此，我们在拓展室内活动空间上"上天、入地"，将会议室和普通教室改造为现代化的健身房和体能教室并拓建了跆拳道专用道馆；翻新了室外 4 片篮球场，利用地下空间新建了乒乓房。通过"上天入地"的场地设施建设，大幅提升了学校体育的战斗力。

（三）深挖学生需求，促进学生发展

齐伟琛，我校篮球队主力队员，他意气风发，总能在比赛中带领队员获得胜利。他并非体育特长生，初中毕业时还是一位腼腆、害羞，甚至有一些内向的小男生。

刚进入学校时，他就表现出了对篮球的喜爱，第一志愿报名了篮球专项班，但他在篮球专项班里却觉得"有点无聊"，问及原因，才知道"班级里学生的整体水平不高，每次比赛我都赢，太没有挑战了"。老师意识到他对篮球的喜爱，以及他出色的基本功，于是将他推荐给了学校篮球队的教练李老师，并让他加入学校篮球社团。

进入篮球社团一直是他梦寐以求的事情，刚开始他积极踊跃，锻炼认真，但这兴奋劲一过去，枯燥且大强度的体能练习消磨了他的意志，李老师看出了他的懈怠，于是说："我们学校将开展一年一度的 GBA 比赛，如果表现出色，我们将走出校门，参加耐克高中联赛。"齐同学瞬间充满激情，他不再抱怨，而是投身于篮球训练之中。

他凭借对体育的热爱和不断的训练,在耐克高中篮球联赛中成为球队的首发中锋。在过去的高三学年里,齐伟琛带领球队多次获得比赛奖项。他笑称:"是校篮球队、篮球社团和篮球专项课点燃了我高中的生活,让我充满激情,我会继续努力,也不会放弃打篮球这个爱好。"

听完这个学生成长的故事,让我们谈谈如何深挖学生的需求,开展面向全员的专项化教学。为了进一步深化专项化体育课程改革,我们需要更好地帮助学生在锻炼中"享受乐趣、增强体质、健全人格、锤炼意志",促进青少年学生身心健康的全面发展。因此,我们学校从学生的需求出发,对全校学生进行了问卷调查,调查结果发现学生对于形体健美、乒乓球、武术、空手道、跆拳道、篮球等项目比较感兴趣,结合场地条件和学校的特色项目等方面综合考虑,我们确立了这六个项目作为我校的专项化教学项目。

在教学过程中,我们以小班化教学为主,并按学生的能力分为基础班和提高班。课堂时长延伸为80分钟,让他们能够"学"得尽兴;打乱自然班编制,进行合班上课,而且各专项班教学同时开始,让学生们"动"得充分。

学校满足了学生的兴趣,打破了传统年级、班级的概念,采用小班化、体验式、分层教学形式,让学生能真正想学、乐学、会学,并且学有所得。为了进一步激发学生的兴趣,提高学生的能力,我们学校举办了丰富多彩的社团活动和比赛,面向全体学生积极构建篮球专项教学、篮球社团活动、校篮球队训练和体育俱乐部,为学生搭建展示交流的平台,学生们也因此获益良多。

(四)深挖民族体育,弘扬传统文化

通过我们的不懈努力,我们成功突破了小场地的局限,我们的教师发

挥了特长，我们的学生得到了发展。但这不是结束，我们不能止步于此。作为一所人文见长的百年老校，更是中法两国政府教育合作项目中学法语教学执行单位之一，我校的部分学生还会走出国门，走向世界，他们身上肩负着传播中华传统文化的责任。

2019届我校优秀毕业生王玉星顺利考入法国的一所著名大学，在光明中学学习期间，她由于对民族传统体育的热爱，参加了学校的武术专项班和武术社团，在校外的一些比赛中也获得了不错的成绩。在进入大学后，她受法国朋友的邀请参加学校的迎新会，在迎新会上，她为法国学生带来了一段中华武术——二十四式太极拳，她那富有中华武术精气神的表演深深吸引了法国学生对武术的兴趣。充满求知欲望的法国学生不断向她请教武术，她每天早上都带着法国同学们练习武术，随着时间的推移，在她的耐心教授下，武术已经成为她们生活中的一部分，在法国校园里悄然流行了起来。她也因武术在法国交到了很多热爱中国文化的朋友，获得了国外友人的好评与尊重。法国朋友给她起了一个很特别的名字叫 Cultural Ambassador（文化使者）。

三、案例评析

在"双新"背景下，随着高中专项化体育课程改革理念的不断深入，我们通过开展专家讲座、教研活动等，改善了体育教师的知识结构，更新了教育思想，并掌握了新的专项技能。我们关注学生的发展需求和生命的成长过程，积极探索高中专项化体育课堂教学的方法和途径，以适应新教学模式改变的需要。同时，我们也深刻认识到，用理论来指导自己的教学实践，还不足以全面提升教学水平，只有不断地进行教学反思，用科研的方法总结提炼教学中的经验得失，才能完善自己的教学水平。

随着高中专项化体育课程改革和体教融合的不断推进，我校仍将以"健康第一"为指导思想，以"立德树人"为根本任务，以快乐运动和健康生活为基本理念。强化制度建设，提升学校体育的向心力；强化队伍建设，提升学校体育的凝聚力；强化场地建设，提升学校体育的战斗力；强化专项教学，提升学校体育的专注力；强化特色项目，提升学校体育的影响力，朝着更高的目标努力！

巧用辅助小教具　教学实效大提升
——以《十年级技巧啦啦操托举组合二：高托站立举组合6-4》为例

龚　维

（上海市中国中学）

一、案例背景

自我校成为高中专项化试点学校之后，各种体育项目在我校蓬勃发展，技巧啦啦操更是备受欢迎的热门课程。高中阶段的学生对新事物接受能力较强，他们敢于挑战、勇于创新。高一专项班的学生通过一学期的技巧啦啦操学习，已具备了一定的托举基础，但对于托举组合动作的衔接存在技术、能力及心理上的欠缺。为此，季永刚老师在高托举站立举组合这节课中采用了小组合作的教学方法，巧用辅助小教具，引导学生自主合作练习，达到教师精讲、学生多练的教学目标。同时，通过巧用辅助小教具的直观感受，帮助学生体验了高托站立举的重难点，保障学练过程中的安全性，减少了学生对高托站立举的恐惧心理，从而使教学实效大幅度提升。

作为一位专项课老师，我在观摩季永刚老师的这节课后获得了很多启发,也对教学进行了思考。

二、案例描述

技巧啦啦操不同于花球啦啦操,技巧啦啦操对于专项技术要求颇高。托举动作是技巧啦啦操的基本技术之一,它不仅能够体现技巧啦啦操的特点,还是组合创编及抛接、金字塔等动作学习的基础。托举动作不仅能有效发展上下肢及核心肌肉力量,增强关节的灵活性和柔韧性,同时还能提高身体的平衡性和协调能力,对提高学生良好的团队协作能力,培养保护意识都有着积极的促进作用。本节课的重难点是底座高托站立举节奏与高度一致,尖子重心稳定,底座与尖子协调发力。季永刚老师在教学过程中巧妙利用了各种辅助教具,降低了学生的恐惧心理,解决了本课的重难点,提升了体育课堂中的教育实效。

(一)巧用"波速球",提升尖子平衡性,加强队员节奏一致性

本课的主题内容是高托站立举组合,在完成组合之前,学生必须先学会高托站立举的单个动作。季永刚老师借助多媒体,播放了高托站立举动作,然后示范、讲解保护与帮助方法:(前保)站于练习者正前方,双手抓尖子脚踝或成型位抓底座手腕;(后保)站于练习者后侧,双手抓脚踝,成型位双手抓底座手腕或尖子脚踝。随后学生进行尝试性的练习,发现练习过程中会出现底座高托站立举节奏和高度不一致,尖子重心不稳定,最后导致托举失败。面对学生的问题,季永刚老师拿出了第一个辅助教具——波速球,组织学生进行徒手推举练习。尖子站在波速球上,用波速球代替双脚,放于底座手上,完成推举动作。由于波速球表面是个半圆,内部充

满了气体,想要在球面上站稳,必须要有较强的平衡性。这个教学环节设计巧妙,运用波速球让尖子的平衡性得到了有效的练习,同时加强了底座和尖子发力节奏的一致性。

(二)巧用"炮筒",融入情境,缓解恐惧

在第一个徒手推举练习的基础上,季永刚老师拿出了第二个辅助教具——炮筒,尖子用炮筒代替双脚,放于底座手上,完成推举动作。炮筒具有一定的重量,用炮筒代替双脚放于底座手上,是在学生还没有很好掌握技术动作之前的一个辅助练习,既让底座感知了一定的重量,明确了统一的节奏和高度,同时顾及了学生初次尝试的恐惧心理,又保障了尖子的安全,符合体育教学中循序渐进的教学原则。

(三)巧用多样辅助小教具,细化动作细节,提高动作完成质量

通过波速球、炮筒两个辅助教具的帮助,底座已经能够慢慢感知节奏和高度的统一,尖子的重心控制也得到了提高。但是季永刚老师在巡视指导的过程中,发现各小组能基本完成高托站立举动作,但是仍然存在一些细节问题。于是,季永刚老师又拿出一份选择性清单,各小组根据自己存在的问题,选择相应的辅助教具解决问题。如底座有压腕、屈肘现象,可以选择护腕、护肘,对手腕、手肘进行干涉性的固定;如果底座之间距离过远,可以选择阻力带,帮助缩短间距。尖子如果出现屈膝问题,可以选择护膝,固定膝盖;如有双腿外开问题,可以利用大腿内侧夹住花球来解决。

(四)一物多用,合理利用辅助小教具,提升课堂实效

辅助教具不仅仅可以在动作技术教学中运用,同样也可以一物多用。

在体能部分，辅助教具也可以发挥相当大的作用。在技巧啦啦操中，底座和尖子所处的位置不一样，所以他们的体能要求也有不同之处，对于这样的差异性，季永刚老师利用不同的辅助教具设置了不同的练习方法。比如对尖子的平衡性和腿部力量要求比较高，季永刚老师利用波速球，设置了支撑画圆＋开合跳、燕式平衡＋并腿跳等练习；对于底座而言，力量以及灵敏性的要求比较高，所以季永刚老师又利用炮筒进行了左右侧并步练习。辅助教具的充分利用，让底座和尖子的力量、平衡性、协调性，得到了针对性和有效的提高。

三、案例评析

（一）巧用辅助教具，激发学生学练兴趣

在多种多样的体育运动项目中，操化类项目相对而言是比较枯燥乏味的，技巧啦啦操也同样会遇到这样的问题。为了达到最佳的表演状态，先是单个动作练习，解决细节问题，然后组合练习，一遍又一遍地重复，日复一日，难免会有因枯燥而敷衍练习的情况出现。如果在课堂中，学生对所学内容失去兴趣，那么再丰富的教学内容都是没有意义的。这个时候，我们任课老师如果能如上述案例中，合理巧妙地运用一些辅助教具，不仅能够帮助我们有效地教学，而且在新鲜感的促使下，学生的学习兴趣也会大大提高，从被动学习变成主动学习，我们的学生愿学、想学、乐学，促使体育课堂教学变得事半功倍。

（二）巧用辅助教具，保障学生学练安全

技巧啦啦操之所以具有很高的观赏性，是因为在表演过程中会出现很

多托举、抛接等高难度动作。对于技巧啦啦操专项课的老师而言，在考虑如何教会学生技术动作的同时，保障学生学练过程中的安全也尤为重要。教学安全是教师在课堂上必须高度重视的，学生安全是课堂中首要考虑的。在技巧啦啦操教学中，初次尝试新的高难度动作，最大的障碍不是动作本身，而是练习者的心理适应。在这种情况下，如上述案例，借助辅助教具，循序渐进教学，让学生慢慢体会和感知动作过程，只有克服了心理障碍，才能投入学练，保障安全。

（三）巧用辅助教具，提升课堂教学实效

辅助教具给我们的体育课堂教学带来很多便利，但并不是辅助教具越多就越好，一定要注重"巧用"二字。教师在选用辅助教具时，要选择能帮助解决教学重难点的；其次，体育课学生练习密度也是衡量教学实效的重要标准之一，教师在选用辅助教具时，一定要让每个学生有充足的练习时间，提高练习密度，才能增强运动负荷；最后，好的辅助教具不仅能运用在动作技术教学中，还可以"一物多用"运用到体能练习中，真正做到提升课堂教学实效。

辅助教具可以是自制器材，也可以是对原有器材进行二次开发应用，或者是二者组合运用，但是不管选用哪种形式的辅助教具，都需要我们体育教师投入时间和精力去思考、探索、创新，虽然过程可能是曲折、艰辛的，但是能让学生积极投入到体育课堂中的学练，一切都是值得的。

"居家运动健康管理师"
项目化学习案例

代文娟

(上海师范大学附属第二实验学校)

一、案例背景

2022年3月中旬,暴发的新冠疫情使得课堂又转为线上进行,学生的锻炼行为只能在家完成,疫情居家期间锻炼活动有太多的限制,要考虑既不扰邻又增强学生体质、提高免疫力的现实需求。在条件受限的情况下,我们如何保持健康呢?因此我们需要巧妙设计和转变思路,使居家健身成为有趣且科学的活动,以达到运动健康和健康抗疫的目的。

二、案例描述

(一)项目介绍

1. 本项目的驱动性问题

在疫情来袭之际,我们无法外出,然而生命在于运动,请问你有什么好的办法来保持身体健康呢？学生在这个项目中需要学习居家健身的基本原则、基本方法、基本内容、基本评价标准，以及生命科学的基础知识等，作为健身顾问，我们需要了解以下内容。

（1）采集和管理家庭成员的健康信息；

（2）制订健康促进计划，设计锻炼菜单；

（3）调整锻炼菜单；

（4）评估健康管理成效。

最终形成的项目成果是《居家健康管理手册》。

项目涵盖了问题解决、决策和行动等高阶认知能力。学生在项目过程中的创造性问题解决体现在：创造居家健身方式，学生对于练习内容的创编可以利用丰富的线上资源，结合指导老师的建议，修订个性化的《居家健身管理手册》，为同学们提供适合的健身内容。

2. 教材章节

体育与健康：健身动作

生命科学：八年级生命科学（上册）

第 1 章 人体生命活动的基本条件第 2 节人体生命活动需要的环境条件（运动对心率、血压的影响）

第 2 章 人体生命活动的调节第 1 节神经调节

第 3 章 健康与疾病第 1 节认识健康

3. 核心知识能力

核心知识：体育与健康，运动技术和相关体能。

生命科学，运动对心率、血压的影响、摄氧量增加的机制、健康计划内容。

核心能力：跨学科知识整合能力、问题分析能力、创新能力。

4. 学习素养

创造性实践：分析自身不足，选取 1～2 个项目设计亲子互动方式的锻炼计划。

探究性实践：实施锻炼计划的可行性分析与修改。

审美性实践：可视化成果的展示。

技术性实践：体育运动、数据测量。

5. 挑战性问题及高阶认知

本项目的本质问题是：如何通过有效的体育锻炼来保持居家期间的身体健康？

项目涉及的高阶认知包含：问题解决、决策、行动等。

6. 预期成果

预期成果1：项目化学习知识目录；预期成果2："居家锻炼计划"初稿、锻炼周记；预期成果3："居家运动健康管理手册"。

（二）项目化学习的实施过程

项目化学习的实施过程，如表6-1所示。

表6-1 实施过程框架表

环节	进程	评价点	学习支架
1	前期准备：问卷调查	课程设计能力	问卷事项任务单
2	入项：驱动性问题引入确定出项成果形式 子问题一：如果让你自己来设计锻炼计划，你该如何着手？	问题分析能力	教材内容
3	子问题二：如何评估设计的锻炼计划合理性？	知识运用能力	体能评分标准 身体指标参考值
4	子问题三：如何展示自己的"家庭健身手册"？	策划能力，创造性	策划案样张
5	出项：布置线上"家庭健身手册"展台，举行线上"锻炼成果分享会"	团队合作	点评表 闪光时刻任务单
6	反思迁移	反思、手册整理	项目复盘、反思记录表

1. 前期准备

在项目前期准备阶段，进行了问卷调查以了解学生的居家运动行为情况。基于调查结果，教师优化了驱动性问题的设计，并创设了贴近学生现实生活的真实情境。在入项活动时交流，让学生更清晰地认知问题所在，激发他们的积极性，为后续实践做好准备。

2. 入项和子问题一

如果让你自己来设计锻炼计划，你将如何着手？

本项目的驱动性问题是：疫情来了，我们无法外出，然而生命在于运动，请问你有什么好的办法来保持身体健康呢？（如表6-2所示）

表6-2 子问题一的教学设计框架

学生的提问	知识与技能	学习支架
·居家健身能做什么 ·居家健身要注意什么	·能够观察并归纳居家健身的方式 ·能够给出初步的解决思路	支架1 入项学习任务单 支架2 "居家健身"视频 支架3 "KWL表"

实践环节及内容，如表6-3所示：

表6-3 子问题一的实施环节及内容

环节	教师活动	学生活动
创设情境 激发兴趣	展示调研结果，引导学生关注真实问题	关注自身与同学们面临的共性问题，了解现实因素，思考解决办法
真实情境 引入问题	提供支架1 "入项任务单"，引导学生通过问题链理清核心概念和知识，明确教材内容和课标要求	完成任务单中的问题链，明确核心知识与核心概念，确定设计目标；学生观看视频，了解篮球的不同玩法，明确篮球游戏的元素
层级推进 提升思维	提供支架2 "居家健身"视频，展示练习类型及作用，组织分组	初步形成解决问题的逻辑线条，按照居家健身方式分组，选出小组长
入项小结 认知升华	提供支架3 "KWL表"，引导学生对照检查，提升认知水平	成果汇报

过程性评价量规，如表6-4所示：

表6-4　过程评价量规

		优秀	良好	及格	需努力
体育核心素养	知识与技能	具备突出的身体素质、运动技能，能够较好地完成知识技能的转化及运用	具备良好的身体素质、运动技能，能够认真学习知识技能	具备较好的身体素质、运动技能	学习缺乏动力，知识技能不足，不能学以致用
	过程与方法	积极参与各环节实践任务，表现出浓厚的兴趣，能够积极探索，主动思考	积极参与各环节实践任务，能够积极探索	全程参与各环节任务，但积极性一般	不能积极参与各环节任务，学习比较被动
	情感态度价值观	团队协作分工，有责任感，热心帮助同学完成各项任务，是团队骨干	团队能够协作分工，认真完成分配任务，明确职责	能够团队协作，完成分配任务	不能与团队成员合作完成任务，缺乏主动性，工作不积极

3. 子问题二

如何评估设计的锻炼计划合理性（如表6-5所示）？

表6-5　子问题二的教学设计框架

学生的提问	知识与技能	学习支架
• 如何评估锻炼计划的合理性 • 评价标准是什么	• 能够理解基础知识并运用	支架4　锻炼情况记录单 支架5　评价方式与标准 支架6　"闪光点推荐"

实践环节及内容，如表6-6所示。

表6-6　子问题二的实施环节及内容

环节	教师活动	学生活动
锻炼计划实施情况汇报	组织小组依次展示，提供支架4"锻炼情况记录单"，引导学生总结同学们的反馈	小组展示游戏方法与规则，反思游戏设计合理性，填写"游戏实操记录单"
学习评价方式与标准	提供支架5"评价方式与标准"，引导学生评价并提出有效建议	参考支架5上的评价方式与标准，评价自己的锻炼计划
锻炼计划升级	引导学生根据评价结果升级锻炼计划	优化修改方案后实操，将升级前后的练习情况进行对比
表现评价	提供支架6"闪光点推荐"，引导学生自评、互评	学生将升级版游戏较好的体验感受记录下来，完成自评、互评

4. 出项和子问题三

如何展示自己的"居家健身手册"（如表 6-7 所示）？

表 6-7　子问题三的教学设计框架

学生的提问	知识与技能	学习支架
如何应对答辩问题	从问题的提炼寻找应对办法，确定成果形式，具体设计实施，让学生在完整的运动体验中提升学科素养	支架 7　出项记录表 支架 8　出项评价表

实践环节及内容，如表 6-8 所示。

表 6-8　子问题三的实施环节及内容

环节	教师活动	学生活动
完善细节 落实规划	引导学生合理安排展示环节	完善工作细节，做好出项准备
出项展示 评价反馈	提供支架 7 "出项记录表" 提供支架 8 "出项评价表"，安排小组长作为答辩组成员	完成汇报比赛及答辩，完成出项记录表
材料收集 项目总结	项目总结，帮助学生汇总材料，指导宣传栏布置	将项目过程产生的所有材料"工作留痕"，为反思迁移做好准备

5. 反思迁移

实践环节及内容，如表 6-9 所示。

表 6-9　反思迁移的实施环节及内容

环节	教师活动	学生活动
项目复盘	提供记录单，引导学生记录实践过程的感想和收获	回顾项目过程，记录收获与不足
主题反思	提出问题"如何提升居家健身质量？"	思考问题，把居家健身影响因素举例说明
有效迁移	引导学生将解决居家健身问题的思路迁移到别的体育项目或现实问题	吸收本次项目经验，在生活中遇到类似问题可以变通思维，求实创新

（三）项目成果

通过入项活动的引入，以及解决子问题的学习过程，学生获得了阶段性成果和最终成果，形成了《居家健身管理手册》。手册内容包括项目介绍、居家健身的基本原则、数据自测参考标准、入项活动、居家锻炼菜单设计、锻炼数据对比分析以及居家健康管理的总结与反思。在线上展示中，三位同学重点介绍了自己的学习过程和心得体会。

三、案例评析

（一）项目成功的要点

（1）激发学生兴趣，培养锻炼习惯。真实的问题情境能够激发学生观察自己和周围环境的能力，将学习与现实生活相连接，产生长远的影响。兴趣是学生坚持运动的动力，将知识技能转化为创造力，通过不断升级和挑战，学生获得的不仅是完整的运动体验，更是不同角色的体验，促进了学生学习素养的综合提升。

（2）学习支架辅助帮助，学习过程重点突出。从阶段任务和过程性评价中体现学习效果，反馈学生的真实体验，从而影响教师后续教学策略的取舍，帮助教师优化教学环节。

（3）自主意识贯穿全程。通过发现问题、解决问题的方式，学生以主人翁的姿态考虑问题，明确学习主体责任。解决问题的成就感深刻地影响学生的学习积极性，角色的深刻体验、个人与集体的成长，锻炼了优秀品格，体现体育学科育人的价值。

（二）项目需改进的地方

（1）项目评价方式，虽然有过程性评价和总结性评价，但仍然不充足，反馈的即时性很重要，有些环节过时再评价没有指导意义，要像裁判一样当机立断。

（2）作为项目设计者，要加强换位思考，从学生的角度去设置学习环节，因人而异、因地制宜，对学生的监督管理方式要与时俱进。

（三）学生能够在项目中学到的可迁移能力

在项目实践过程中，学生通过设计居家健身计划激发了创造力，提升了运动能力和身体素质水平。在团队协作中提升了学生的社会交往能力，培养了良好的道德品质和心理素质。在解决现实问题的过程中，学生的思辨力、领导力和执行力都有一定的提升，为今后创造美好生活打下了基础。

玩转"木砖高跷"培育核心素养

施 琴

（上海市杨浦区齐齐哈尔路第一小学）

一、案例背景

新颁布的《义务教育体育与健康课程标准》（2022年版）最显著的特点是以核心素养为纲，要求体育与健康课程的所有要素和环节都要围绕核心素养展开，其中课程目标要基于核心素养，课程内容要针对核心素养，教学方式要利于核心素养，学业质量要体现核心素养，学习评价要围绕核心素养。

民间民族体育是中华民族文化的重要组成部分，是民族智慧、民族精神和民族性格的具体体现，民间的传统体育教学内容是培育学生核心素养的重要载体。民族民间传统体育很多，也很丰富，如"踩高跷"就是其中的一种。这项活动不但有一定的娱乐性，还有一定的技术性。以往高跷的器材是两根金属，既重又难以调节，而木制的高跷没有调节功能。为此，我开发了"木砖高跷"，即用绳子与几块类似砖头的木块组合成可以随意调节高度的高跷，并将木砖"积木化"，使木砖一物多用，通过"调节木砖高度""木砖间距改变节奏""木砖设置障碍"等方法进行"踩高跷"教学，着意培育学生：（1）平衡能力、协调性、位移速度、灵敏性，以及动作技能和竞赛能力（运动能力）；（2）体育锻炼意识与习惯、环境适应等能力（健康行为）；（3）积极进取、超越自我、遵守规则、公平竞争、团队精神等品德（体育品德）。

二、案例描述

如何发挥木块的积木式功能，在"踩高跷"教学过程中激发学生的兴趣，注重"学、练、赛"一体化教学，培育学生的体育核心素养是达成课堂学习目标的关键所在。以下是我进行"踩高跷"教学的一些课堂教学切片。

（一）氛围渲染，感知激趣

课堂开始，教师通过投影向学生展示了"踩高跷"的各种图片和视频，让学生初步认识"踩高跷"这项运动及其动作特点，感受民间传统节日里欢庆的氛围，并饶有兴趣地期盼快速投入到学习中去。

师：同学们，这些"踩高跷"的演员走起来和我们平时走路有什么不一样？

生1：我们日常走路很轻松，但"踩高跷"时脚下有两根棍子，一步可以走很远。

生2：演员虽然站得很高，但依然站得很稳。

师：这么高难度的技能，你们想学吗？

生：想！

呈现给学生视觉上的感受，学生立刻喜欢上了本节课的"踩高跷"内容。

师：今天，我们就来学一学"踩高跷"。老师用可以叠加的"木砖高跷"

来代替视频里的高跷,在学习之前,老师先带大家活动一下,和我们的"木砖"做个亲密的接触。

从小游戏"抢位置(木砖定位)"开始热身活动,随后进入多彩的木砖操活动,学生随着音乐的节奏,整齐地拍着木砖,学习兴趣一下子高昂起来,并且与手中的合作伙伴"木砖"建立起了感情。

(二)创设情境,习得技能

新课程倡导在创设的情景中进行学、练、赛,在这堂课的教学中,积极创设"高跷杂技团"情境,营造童趣课堂,提高课堂实效。

师:同学们,今天,我们齐一小学"高跷杂技团"成立了,大家都成了其中的一员。但是,要当一名合格的高跷运动员,大家都需要好好地练习,老师给大家准备了"木砖高跷",请同学们自己尝试一下,想要走稳,走好,需要什么诀窍?

有趣的情境立刻抓住了同学们的心。大家积极参与,但不少同学都摔倒了。通过初步踩"木砖高跷",让同学们结合自己的实际感受交流"踩木砖"时的动作要领和注意事项。

师:小朋友们,小王摔倒了,你们一起来帮助小王找找他摔倒的缘由?

生1:"老师!是因为他加的木砖太多了,所以才会摔倒的!"

生2:"老师!他走得太急了!"

生3:"老师,他的手脚没有配合好。"

师:是的,踩高跷是有动作要领的,老师送给你们12个字的要领:手提脚压、踩准节奏、手脚协调。

当同学们逐渐适应了"木砖高跷",老师提出了新的要求,通过木砖创设"走过独木桥""绕过水坑""学螃蟹走"等情境,让学生能够快速掌握"木砖高跷"动作的技术。

师：同学们，你们已经通过了第一轮的考验，成为一名高跷运动员，现在，为了增加表演的视觉效果，老师要给你们提出新的表演要求，增加木砖数量，调整高跷难度。

（同学们自主练习：增加高度。）

师：运动员们，表演的场地中出现了一条小河，请你们跨过独木桥，绕过水坑。

（同学们自主练习：步子跨大。）

师：运动员们，前方道路狭窄，能否横着身子行走？

（同学们自主练习：侧过身子行走。）

通过各种动作尝试，用"我问生答"的形式巩固技术动作。提示学生在活动中思考"加砖后等情况下怎样走得稳"，强调"手提脚压、踩准节奏、手脚协调"的动作要领。

师：小朋友们，想不想挑战一下自己，加更多的木砖来进行练习？

生：想！"我要多加几块木砖！"

在此基础上，引导学生进行形式多样的踩木砖练习。每个孩子都想加更多的木砖来展示自己的能力。他们享受着高跷带来的乐趣，尽情地表现自己，并享受成功的喜悦，每个人的脸上都洋溢着灿烂的笑容。

（三）玩转高跷，练赛结合

随着同学们的热情不断高涨，教师继续借助情境、扩展情境，对学生的合作能力、创新能力提出了新的挑战。

师：运动员们，你们都已经学会了，但是在高跷演出中，不仅仅是个人表演，更需要全体的合作，再来看一段视频，观察一下，他们是怎么进行表演的？

生1：四个人一排走的时候很整齐。

生2：所有演员走的速度都差不多。

师：是的，只有保持相近的步伐，才能保持队形的一致性。接下来要请大家小组合作，在各自的队列中走一走，赛一赛，比谁走得稳，更比哪个组走得齐？如果能够设计出变化的队列来，就更好了！

（同学们自主设计队形、配合练习。）

师：齐一小学高跷表演赛开始啦！请每个队的高跷运动员尽情地展示你们的技艺吧！

（四）分享感受，拓展延伸

师：比赛结束，我想采访一下我们的运动员，在今天的比赛中，你们有哪些感受呢？

第一组学生：我们觉得"踩高跷"很有难度，尤其是木砖数量增加后，高跷运动员真了不起！

师：是的，任何一项运动要做好都要付出极大的努力。

第三组学生：我们发现集体走比个人走难多了，要考虑到大家的步伐。

师：是的，团队合作是很重要的。

第四组学生：我们觉得"踩高跷"很有趣！

师：是呀，古代人民非常智慧，他们在生活中发现踩高跷后能走得很远，站得更高，并把它发展成了一项运动。

……

师：看来小朋友们收获还是挺多的。了解中华传统文化，学会"木砖高跷"，能够相互合作，注重规则意识，真是太了不起了！

通过最后的采访环节，同学们对这堂课进行了回顾，共同享受达成蕴含核心素养学习目标的喜悦。

三、案例评析

（一）智创器材，激发兴趣

根据学生的年龄特点和内容学练的需要，我大胆研制了适合的器材，发挥木砖叠加，轻便、安全、多用的特点，不仅制作了更适合低年级学生的"木砖高跷"，还让木砖一物多用、一课通用。器材的创新有效激发了学生学练的积极性，化解了教学难度，提高了目标达成度。

（二）传承文化，健身育人

以"踩高跷"内容为载体，通过情景渲染，让学生体会民间体育运动的独特魅力。通过合作学练，创设相互信任、积极配合、共担责任的氛围，从而提高了学生们的团队意识和协作精神。在学练和竞赛中有效培养了学生诚信守规、合作互助、积极进取、不怕困难的观念和精神。

（三）创设情景，体验成功

创设趣味性的学习情景可以牢牢地抓住学生的注意力，大大激发了学生的学习兴趣。在本课"踩高跷"的活动中，创设了"高跷运动会"的场景，引导学生"学习高跷""增加难度""合作表演"，并通过"走独木桥，趟小水沟，绕小山丘"等小活动开展动作练习，学生玩得不亦乐乎。使每一位低年级学生身上注入了核心素养的"营养液"，享受了成功的快乐。

"木砖高跷"使学生大开眼界，也使民间的传统项目踩高跷活动延续到学生的课余活动中，利用身边的"废弃物"，如铁制的易拉罐、毛竹筒等进行踩高跷活动，提高学生动手能力的同时，传承我们的民族传统文化。

整合学练情境　提升互动实效
——以四年级空中课堂"投的游戏：打雪仗"为例

顾剑君

（上海市浦东新区福山花园外国语小学）

一、案例背景

在学习本节课之前，学生已经在空中课堂里学会了原地单手肩上投掷的方法，在横向衔接在线学习中的投掷单元后，借助现代信息技术，重构了单元投掷教材内容，其中融入了多媒体情境互动教学，创设了打雪仗的真实情景，激励学生在游戏比赛中开展单手肩上投远和投准的自主学练，将枯燥的原地投远、投准与游戏相结合，并在难度上层层递进。这不仅激发了学生参与的兴趣，而且使投掷技术在"打雪仗"同屏对抗中得到了实践运用。根据小学生的身心特点，给学生营造了一个互动式的在线教学模式，以此来激发他们学习的动力，并利用同屏互动，增进了学生和教师之间的线上情感交流。

二、案例描述

（一）"雪花"飞舞 直切主题

课程开始时，我展示了一幅美丽的雪景画面，并用语言导入："银装素裹的冬季让我们欢欣雀跃，你们知道下雪天可以开展哪些体育活动吗？"同学们既好奇又兴奋地告诉我："打雪仗！可是室内怎么打雪仗呢？"

于是，我第一时间出示了本节课最重要的道具——纸巾，并告诉大家：打雪仗之前，先考考你们能不能接住空中飘落的雪花？我提示学生分别尝试在不同的高度接住纸巾，在头上一个手掌的高度拉一根横线，离开横线一步的距离，用力掷过红线，然后在落地之前接住！

"屈臂侧身手过头，蹬地转身快挥臂"我用口诀直接引出单手肩上投掷的学练主题。在这里，我巧妙地利用原地向上抛接轻物的活动，让学生体会双脚用力蹬地和快速挥摆的动作，并激发他们的创造力。因为纸巾非常轻，小朋友必须快速挥臂，且保持一定的出手高度才能完成飞舞"雪花"的动作，游戏的同时复习前面单元中"快速挥臂、蹬地转体"的投掷要领。

（二）巧制"雪球" 以赛代练

我提示同学们自己动手制作学具："打雪仗之前我们先来制作一个雪球，将纸巾团起来，外面再包一张纸巾，揉一揉、压一压制作成一个雪球。在横线位置后退一步，将雪球掷过横线上方。"

学生观看视频，学习制作雪球，提高了开发学具的意识和居家动手能力。紧接着，我提出新游戏的规则："请同学们站在横线的后面一步，将雪球掷过横线上方。投过之后你就可以挑战线后两步距离了。让我们一起去试试吧。"学生每后退一步投过横线可以获得一颗星，通过自评可以得到更多的星数，从而提高了出手的速度。

（三）"雪"中互动，提高运用

教师投掷雪球来"攻击"屏幕，提示学生："当雪球过来时，你会躲避吗？老师要向你扔雪球了，准备！开始！你蹲下来了吗？你还可以跳起或者身体左右晃动来避开雪球的攻击。真厉害，你们成功躲过了三连击！"

电视机前的学生在独自学练的过程中感受到了老师的陪伴，通过面对面的互动，他们提高了灵敏性和躲避能力，为下一个游戏躲避多个雪球打下了基础。这时，我播放第一视角的打雪仗视频，并说道："现在让我们到室外来一场打雪仗吧！穿好鞋子，戴好装备，出发了！看，很多个雪球朝我们飞过来了，注意躲闪，不要让对方击中你！轮到我们反击了，快速挥臂，试试蹲下来进攻，正中对方头部，神投手非你莫属。"

三、案例评析

（一）身临其境，增添趣味

学习兴趣是学生对学习活动或学习对象的一种力求认识和探索的倾向。本节课的教学内容根据居家性、简易性和安全性原则，将纸巾这种家中必备的物品进行设计和创造，制作成雪花和雪球。在信息技术上，通过创设真实的"飞雪花、掷雪球、打雪仗"的情境，让学生身临其境。游戏活动将枯燥的原地投远和投准与游戏相结合，形成了生动、有趣的新学练内容。

通过对教材的二次开发，注重对知识的结构化处理，从复习、体验、学习到运用，抓住学生居家必要的运动经历为核心要素，提升学生主动参与锻炼为主要目标的同时，将知识的运用体现在快乐的游戏比赛中，不经意间既使学生达到愉悦身心、展示自我个性的目的，又使投掷技术在游戏中得到实践并运用。

屏幕那端的孩子们通过空中课堂产生的"运动兴趣"必将不断延伸、延长，直至成为他们复课后的一种运动和生活方式。

（二）同屏游戏，提升互动

在"打雪仗"的同屏对抗中，可以实现教师与学生间的双向互动，增强学生的参与感。通过"我投你躲、室外打雪仗"的游戏环节，让学生扮演画面中的人物，更易使学生投入其中，代入感更强，实现了居家环境中的互动体验，大大提高了学生的学练兴趣和锻炼效果。

"打雪仗"直接采用第一视角的视频，创设虚拟现实下打雪仗的场景，满足孩子居家锻炼的同时也具备很强的代入感。让学生感到是自己在操纵画面中的人物，促使孩子投入其中，可玩性强。游戏视频激发了学生的挑战欲望，提升了学生参与居家体能练习的积极性。

这类屏幕内外的师生互动趣味游戏融合了现代信息技术，增强了空中课堂的有效性。今后我们可以多多利用信息技术进行同屏互动的方式，让学生在遵守游戏规则的同时，达到人机互动的目的，在潜移默化中提高运动技能，同时也可以增进学生和教师之间线上的情感交流。

（三）安全学练，立德育人

由于没有教师的现场指导和保护，学生居家学练的安全尤为重要。本节课采用安全的"纸巾"作为主要器材，并在教学过程中通过语言、图片、口诀等提醒学生时刻提高自我保护意识，掌握自我保护和预防安全事故的方法，这对孩子的健康成长具有积极意义。

空中课堂不仅是居家锻炼，还肩负着育人的重任。通过游戏愉悦身心，使身体得到锻炼的同时拓展学生的思维能力。通过提供趣味化、多样化和个性化的学习任务，让学生在学练情境中培养自主学练和独立判断的能力。

学生在"打雪仗"的游戏过程中，从一片片雪花开始到互相投掷的情景，从热爱大自然到学会规避障碍的活动，使学科德育达到了"润物细无声"的效果。同时，"纸巾"也激发了学生对"学具开发"的再思考。在课堂结束前用语言提醒学生废纸再利用和争做环保小达人的倡议，确保学生在体育课堂以外的育人活动能够有效并持续地开展。

专题六：场地器材革新与智慧体育教学

创新巧用器材　助力勤练常赛
——多功能跳高架的制作与使用

陈　哲

（上海市金山实验中学）

一、案例背景

在 2021 年颁布的《〈体育与健康〉教学改革指导纲要（试行）》中，多次提到要全面把握"教会、勤练、常赛"一体化系统性教学思路与方式，实施更有效的教学，有效促进体育教学改革目标的达成，全面提高教学质量。然而，在体育课堂实施中，难免会遇到器材、场地等现实问题，影响着学生的练习次数和兴趣，从而制约了教学目标的完成。因此，在器材创新与巧用教具方面下功夫，以提高教学效果，是许多体育老师探究的课题。我在执教七年级跨越式跳高一课中，通过改造器材、巧用教具，让学生感受到了跳跃的乐趣和挑战成功后的喜悦。

二、案例描述

有位学生气冲冲地跑到我身边说:"陈老师,我在旁边等了好久才轮到我跳一次,真没劲。"同时,另一位同学也说:"陈老师,我想和他比谁跳得高,可是这跳高架上根本没有刻度。"

听到这两位同学的真实想法后,我也在思考:"跳高课是否能像球类课一样,每人一球或两人一球进行练习呢?"那这样就意味着,要自制出很多副跳高架。可现实情况是:由于价格昂贵,且跳高器材不易搬运,在中小学校园内数量有限,给日常的跳高教学带来了诸多不便。可在一次下班途中,让我注意到了路边用注水旗杆做的移动广告和跳高架的特征非常相似,于是我便将它应用于教学。经过一番改造、试验和运用,4人一副的多功能跳高架(中间的横杆可拆分、可合并,两端的柱子可上下调节,上面挂上动作图示和小球)呈现在学生面前。当学生看到这个跳高架时,他们一个个生龙活虎地在场上奔跑、跳跃,脸上挂满了开心的汗水。接下来,我们看下它在跳高教学中的创新运用。

(1)利用多功能跳高架能上下调节高度和自制悬挂球的特点,可以进行3~5步助跑起跳,手触球、头顶球过渡到摆动腿脚尖触球练习,不断激发学生的学练兴趣,帮助改进助跑与起跳动作。

(2)利用跳高架横杆一分为二的特点,可以进行上一步起跳、3~5步起跳过杆练习,帮助改进过杆动作。

(3)利用多功能跳高架进行完整动作练习和挑战赛,帮助巩固完整动作,激发学生积极挑战自我的品质。

(4)在体能练习中,充分利用网柱可伸缩的特性,设置了头顶球、手触球等练习内容,有力地发展了学生的跳跃能力,为学生跨越式跳高的学习奠定了基础。

三、案例评析

场地和器材在一定程度上会影响我们体育教学的效果。然而，只要我们善于发现周围的事物的特点，勤于思考教学内容的特征，从学、练、赛的角度出发，积极尝试、勇于实践，就能解决问题。

（一）自制跳高教具，提高教学实效

本课摒弃了传统的跳高场地布置和器材,利用自制的可伸缩跳高架（每4人一个）和新颖的教具。通过横杆的分、合、限制区域跳跃、增加高度以及模拟跳高比赛等。让学生在不同的练习中体会有力起跳摆腿动作，避免枯燥单一的练习内容。同时，每2人或4人共用一个跳高架进行练习，大大增加了学生的练习次数，从而提高了学生的练习密度，充分达成了教学目标。

（二）巧用跳高教具，激发学练兴趣

在教学过程中，通过准备活动的手摸横杆；基本部分的头顶球、脚触球、过橡筋、过横杆；体能练习时跳横杆、钻横杆等多种练习手段，循序渐进，由易到难，全面发挥自制教具的各项功能，让学生体验跨越一定高度的乐趣，建立自信，进而不断提高学练兴趣。

（三）创设各种情境，彰显育德功能

本课中的起跳摆腿练习需要学生两两配合将教具调节到一定的高度或进行拆分才能完成。在跳高挑战赛中，同学们遵守规则、不畏失败、积极挑战的精神也感染到其他同学。充分发挥了跳高项目积极挑战自我、永不

言弃的体育精神。在体能挑战赛环节中，将生活中常见的爬、跳、跨等技能融合在一起，能充分挖掘跳跃项目的德育内涵。让学生在合作和竞争的氛围中完成本课任务。

（四）利用器材特点，拓展其他功能

除了在跳高项目中的使用，我们还可将多功能跳高架用于其他项目的辅助教学，如用于羽毛球中击高远球。可以将球挂在横杆上进行击固定球的练习，便于找准击球点，尽快掌握击球时机；用于排球上手和下手发球的练习。在练习排球上手和下手发球时，可以将球挂在横杆上进行发固定球的练习，便于找准击球时机。同时，将球挂起来可以增加练习密度，避免发球后需要到处找球；用于蹲踞式跳远的腾空练习，在进行蹲踞式跳远起跳和腾空练习时，可以将球挂在横杆上进行头顶球练习，便于用力起跳并增加腾空高度。

专题七：校园体育和体教融合

教会、勤练、常赛一体化教学与学校体育一条龙项目合力构建体教融合育人新平台
——以交大附中篮球项目为例

王　健，郝金振，杨　广，孙国保，曾　腾，孙凯文，曾祥威

（上海交通大学附属中学）

一、案例背景

（一）政策依据及学校现状

1. 政策依据

为全面贯彻党的教育方针，落实立德树人根本任务，推动上海市学校体育工作改革发展，帮助青少年学生在体育锻炼中"享受乐趣、增强体质、健全人格、锤炼意志"，2012年上海市以高中专项化体育课程改革为突破口，率先启动学校体育课程改革工作，开展以"小学体育兴趣化、初中体育多样化、高中体育专项化"为特点的体育课程改革，构建小学、初中、

高中各学段相互衔接、逐级提升的学校体育体系。

2. 课改推进

2021年6月23日，教育部办公厅印发了《〈体育与健康〉教学改革指导纲要（试行）》（以下简称《纲要》），《纲要》指出："要深化体育教学改革，强化'教会、勤练、常赛'，构建多元化的体育教学模式，帮助学生掌握1至2项运动技能。积极消除体育与健康课程在教学中长期存在的繁、浅、偏、断现象，组织开展逻辑清晰、系统连续的结构化内容体系的大单元（模块）教学"。

3. 学校现状

自2019年起，上海市相继印发《关于加强本市中小学体育艺术工作的指导意见》《上海市中小学体育工作管理办法》等文件，组织开展学校体育"一条龙"人才培养体系建设工作。2019年9月1日，上海市人民政府办公厅印发的《关于加强本市中小学体育艺术工作的指导意见》正式施行。根据文件精神，上海市实验性示范性高中阶段学校将按照项目与一定数量的初中和小学共同实现"一条龙"布局发展。2020年，上海交通大学附属中学作为杨浦篮球项目龙头学校并布局建设篮球"一条龙"项目学校，我校篮球运动项目发展紧跟时代步伐，结合学校办学特色，逐渐走出一条校园篮球发展特色之路。

交大附中作为杨浦区篮球"一条龙"项目龙头学校，有责任和义务继续做好区内篮球项目发展的领头羊，起到引领、辐射作用，促进区内篮球水平进一步提升。

（二）拟解决的问题

（1）在上海市"一条龙"项目建设的总体布局下，构建以"教会"为目标的篮球"一条龙"一体化课程体系。

（2）利用杨浦区篮球联盟发展盟主单位这一平台，以"勤练"为常态，加强区域校篮球运动的学习和训练，做好区内篮球项目发展的引领者。

（3）不断丰富和完善区域篮球赛事活动，以"常赛"为抓手，起到引领、辐射作用，推动区内篮球运动水平的不断提升。

（三）价值意义

"一条龙"项目在全市范围内的广泛开展，带动了越来越多的学生参与到体育运动中，为体育运动项目的发展带来了无限生机和活力。上海交通大学附属中学将继续落实新时代体育工作及深化体教融合的要求，推动高质量篮球教学普及实施，培养全面发展的篮球优秀后备人才；努力建设校园篮球体育文化，承载"立德树人"之责，实现"以体育人"之梦；不断提升篮球"一条龙"项目龙头学校的育人能力，促进学生体育素养水平的提高。

二、案例描述

根据上海市体育"一条龙"项目文件精神和进一步要求，结合我校运动队的发展现状，为了切实有效提高全区中小学篮球运动整体水平，我校在过去两年积极协同各方资源，初步构建了篮球"一条龙"项目雏形。

（一）构建篮球"一条龙"一体化课程资源体系

围绕篮球"一条龙"项目我们组建了优质课程团队，以篮球一体化课程资源为抓手，为篮球"一条龙"项目篮球技能的教学提供有力的课程资源支架，为以"教会、勤练、常赛"为主线的"学练赛"平台奠定了课程教学基础。

（二）加强校外学训联络，做好区内篮球项目发展的领头羊

为了真正落实篮球"一条龙"项目建设的各项工作，在充分挖掘自身优势的前提下，积极协调，利用各方优质资源，取得了篮球项目工作上的新进展。

区域内：

（1）定期为区域内的中小学生运动员提供校内和校外的参训机会，通过一起训练，及时了解他们的训练现状，发现他们平日训练中的不足并帮助加以改正，有效提高训练质量和水平。

（2）积极与区域内的中小学教练进行沟通和交流，定期组织线上线下座谈会，不断了解他们的发展所需，多次组织大家参加区级和市级带训理论和技能培训，以及裁判员培训，不断丰富教练员带训思想和方法手段，为运动队训练提供理论支撑的同时发掘更多服务"一条龙"项目的专业裁判员。

（3）利用现有专项经费支持和学校硬件设施，不断完善区域内中小学校运动队的训练环境和条件，逐步提高运动员训练的全面性和针对性，确保训练课的成效。

区域外：

积极加强与上海市篮球青年队的沟通交流，多次赴东方绿洲学习、合练，以发现不足并提升整体训练水平；借力上海交通大学的优势资源，多次邀请教练团队来校指导训练，积极促进大学与附中的一体化操作模式；充分运用地块优势，保持与上海体育大学篮球学院和篮球教研室的长期合作，借力专业团队促进校园篮球运动的不断发展，为篮球"一条龙"项目的整体布局提供坚实基础。

（三）积极组织、开展区域内篮球赛事活动

不断加强中小学间的交流与合作，以比赛为抓手，通过比赛带动训练，站在新的发展起点，以"一条龙"项目文件精神为指引，利用区篮球联盟这一平台，起到引领、辐射作用，不断提升区内篮球运动水平。

篮球"一条龙"项目的不断推进，带动了整个区域内校园篮球的运动氛围，学生在篮球项目中的参与度大幅提升，课堂、课外参与篮球运动的人数都远超之前，校园内外的篮球赛事掀起了篮球运动的一股热潮。2020年，在第四届"交中杯"线上赛事期间，网上点击率超过百万，充分调动了区内学校、老师、学生、家长的热情和参与度。根据上海交通大学附属中学在杨浦区举办的"交中杯"赛事数据统计，现阶段杨浦区参与区内联盟活动的小、初、高三个学段的学校数量共有35所，教练员数量接近60人，学生运动员的数量超过550人。参与区内联盟篮球活动的小、初、高三个学段的学校数量稳步提升；体育老师兼职篮球教练员数量也在稳步发展，学生运动员的数量不断增加，特别是小初阶段，低龄球员数量明显增加。

三、案例评析

（一）特色经验

（1）学校领导高度重视：在双新课程和体教融合背景下，学校篮球运动得到了校长的亲自布局和分管副校长的直接领导，在各部门和全体师生的共同努力下，一步一个台阶，稳步发展。

（2）篮球文化传承已久：20世纪70年代的交中篮球队，就是上海滩有名的运动队。在当下双新课程改革如火如荼地开展中，在体教融合的时代大背景下，交大附中早已将体育和教育融入学生发展蓝图中。也正是这

种文化的传承，实现了学校篮球运动的再次飞跃。

（3）项目平台逐年提高：杨浦区篮球项目代表学校、杨浦区校园篮球联盟盟主单位、体育传统项目校、全国首批篮球特色校、二线运动队、篮球"一条龙"项目龙头学校，层层的发展蜕变，让交大附中的优势更加突显。

（4）活动比赛不断丰富：交大附中作为区内龙头学校，周末固定时间提供场地和教练，对全区的优秀篮球学生球员进行指导，并组织年度赛事活动，2020年的交中杯篮球文化节网络点击率超过百万。

（5）项目成绩不断突破：2019年成功申办篮球二线队，具有面向全国招收体育特长生的资格。2021年至今，篮球队连续四次在上海市重大赛事中夺冠，并数次代表上海市参加全国篮球赛。

（6）课程建设整体覆盖：学校篮球课程在篮球队的引领下，全面完善。除篮球队训练外，学校还面向全体学生开设了篮球选项课、篮球社团课、篮球选修课。

（7）团队教练更加专业：目前球队拥有多位校外指导专家：王勇（上海市青年队）、徐扬（上海交通大学）、上海体育大学篮球学院、篮球教研室的体能训练师一位、学训专家一位。

（8）学训时间更加科学：周一至周六，寒暑假固定时间训练，预留出运动员文化课学习时间，利用课余时间为运动员提供指导和答疑。

（9）硬件设施不断提升：学校补充了多种训练器材、改善了篮球馆的专业性、修缮了操场、增加了室外悬浮篮球地板，市区的专项经费更加充实。

（10）发展意愿更加强烈：在体教融合的新形势下，交大附中愿意通过自己的努力，五育并举，培养全方位发展人才；愿意全力激活上海市中学篮球运动的良性竞争机制，促进中学篮球运动整体实力的提升，进而提升全国影响力。

（二）我们的思考

面对新一轮的教育改革，上海交通大学附属中学愿意通过自己的努力，整合区域内外的篮球资源，扎实推进"一条龙"项目的有效实施，在未来的发展道路上，我们立足于自身发展的同时，努力带动区域内篮球水平的稳步提升。经过多次全国大赛的锤炼，我们拓宽了视野，球队变得更加自信和成熟，我们也更有能力通过自己的努力为上海市体育"一条龙"项目做出突出的贡献，上海交通大学附属中学篮球队将坚定地向着更高的目标迈进！

（三）发展愿景

在上海市"一条龙"项目的整体布局下，在双新课程和体教融合的背景下，上海交通大学附属中学未来将从以下几个方面不断完善和发展。

（1）努力整合各方资源，打造一流的专业化篮球师资队伍，保障训练的科学性和针对性，更好地为篮球"一条龙"项目提供服务。

（2）站在新的发展起点上，我们将继续夯实自身基础，不断加强篮球"一条龙"特色校本课程建设，并与区域内外的学校进行学训联络，努力营造区域乃至全市范围内良好的篮球氛围。

（3）利用好篮球联盟发展盟主单位这一坚实平台，做好家长、学校、社会这一中间纽带，全力推进篮球"一条龙"项目的有效实施，努力提升区内篮球运动水平和影响力，构建和谐、稳定、健康的篮球发展蓝图。

多学科融合促学练 构建体育活力课堂

张育民,杨 杨

(上海市崇明区正大中学)

一、案例背景

体育与健康课程以身体练习为主要手段,以体育与健康知识、技能和方法为主要学习内容,以发展学生核心素养和增进学生身心健康为主要目的。在日常教学中最让体育教师头痛的是耐力跑教学,其枯燥、易累,且学生对呼吸的方法、跑动节奏、合理分配体力等情况把握较为困难,同时在环形跑道上教师很难及时提供有效指导。

美国教育学家和心理学家加德纳提出的多元智能理论认为,每个人都拥有多方面的智能,智能的结构是多元并存在差异,多学科融合教学就是关注学生的个性差异。[1] 在体育耐久跑课堂教学中融入其他学科知识可以帮助学生掌握呼吸节奏与步伐的配合方法,体验并选择适宜的步频,建立

---

[1] 陈宗炫. "多元智能"理论对学校管理的启示[J]. 中小学校长,2004(4):2.

良好的跑步节奏和速度感。并通过对心率的监测，提高自我健身能力。发展耐力、力量、速度、协调等身体素质与相关体能，提高呼吸系统、心血管系统机能与有氧代谢水平。激发学生耐力跑学练兴趣，培养学生勇敢顽强、锲而不舍、团队合作的优良品质以及拼搏与坚持、竞争与合作的校园体育精神。

将数学几何图形和音乐的相关知识融入体育课堂教学，从而构建体育的活力课堂，使体育课堂成为目标明确、多元的课堂，科学、高效的人本课堂，能够有效整合并合理开发课程资源的课堂。通过自主探究、合作分享，形成开放的课堂，智慧生成的课堂，科学精神与人文精神相融并立的课堂，充满激情的课堂和链接生活的课堂。

二、案例描述

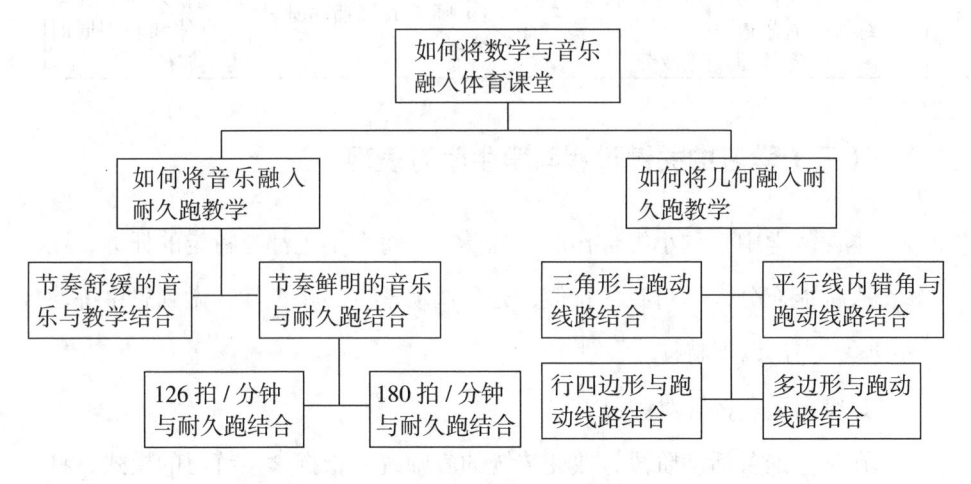

（一）学习核心问题与问题链

学习核心问题与问题链，如图 7-1 所示。

图 7-1 学习核心问题与问题链

（二）教学过程及策略

在教学中，通过将听音乐与几何图形跑相结合，将数学和音乐融入体育与健身的课堂教学中，主要的教学形式如表7-1所示。

表7-1　主要教学过程及策略

主要流程	教学实践	核心问题	学习策略	相互联系
慢跑+关节操	音乐伴奏下练习	做好充分的准备活动	（1）听音乐节奏慢跑 （2）根据自身及小组特点选择练习内容 （3）以小组学练为主	通过音伴节奏练习提高学生练习的积极性
不同图形跑	按图形听节奏进行慢跑	根据要求画出三角形、平行四边形、平行线内错角、平行线同旁内角	（1）小组纸上画出图形 （2）学生进行实践 （3）进行规定数量比赛	通过不同图形和音乐节奏提高学生练习积极性
不同节奏跑	按不同节奏跑动	每分钟120拍和每分钟180拍的节奏进行练习	（1）学生熟悉跑动的线路 （2）按照不同节奏在不同图形上进行练习 （3）规定数量内看哪一小组完成得快	通过音乐节奏培养学生耐力跑的节奏
齐心协力	小组合作练习	进行上下肢及腰腹较为全面的身体练习	（1）分小组进行比赛	以不同图形、节奏欢快的背景音乐提高学生的学练热情
放松练习	听舒缓音乐进行练习	由运动状态过渡到平静状态，消除疲劳	（1）师生共同听音乐进行练习	通过音乐伴奏让学生身体和心理同时得到放松

（三）学习的关键过程与学生学习表现

本课教学中强调小组合作的学练模式，每个学生都有特定的任务，让每个人都能充分发挥自我的价值，充分调动学生的积极性，做到思中练、动中学，突出以下特征。

1. 突出重点，针对练习

在学生准备活动阶段，改变传统的教师统一指挥学生练习的模式，将全班学生分成8个小组，同时结合耐力跑准备活动的相关要求在场地中设置几个任务点，提供练习的任务菜单，让学生在慢跑中找到适合的准备活动方式，例如，一号位安排上肢运动＋原地后踢腿跑、二号位弓步压腿＋提膝击掌、三号位体测运动＋原地高抬腿……这种将跑步与其他练习相结合的方式，同时给予学生选择练习内容的权利，提高学生练习的积极性，使学生提前进入学练状态，养成运动前充分准备的习惯。

2. 规划线路，安全通行

将学生分成8个小组，在篮球场布置16个均衡对称点，让学生规划三角形、平行四边形、平行线内错角的"Z"字形、平行线同旁内角"U"字形等图形，在此期间学生能够积极思考、相互交流和合作、积极投入到课堂中。通过小组间的协商确定行进路线，避免跑步时的冲突和相撞情况的发生，增强学生的交通安全意识。同时，配上一定节奏的音乐，让学生在跑步中养成两步一呼、两步一吸，或三步一呼、三步一吸的习惯，做到呼吸与步伐的节奏保持一致。同时在篮球场空间进行练习也便于教师及时跟进并提供针对性的指导。

3. 节奏鲜明，提升强度

体育课是以身体活动为主，只有通过一定的运动量才能达到提升学生的耐力跑能力。因此，教师通过不同距离的任务单、不同节奏的变化、不同练习数量的改变来提高学生的能力。例如，在距离上通过三个点到五个点再到十个点逐步增加；节奏上从每分钟126拍到每分钟180拍逐步加快。同时结合比赛的形式（若干图形、若干圈哪一小组先完成）提高学生练习的积极性。

4. 集体探索，共同谋划

为激发学生合作探索、实践运用的能力，教师通过告知学生学校篮球场的尺寸（26米×15米），字母、数字之间的间隔为6米，数字距离最近边线距离为5米等相关信息。布置不同的跑动距离、经过标志点（就近原则）数量的限制等相关要求，让学生进行讨论和规划，并画出草图进行实践，最后进行实践比赛等形式来实施。这样做既提高了学生运用几何图形相关原理计算和规划跑动图形与距离的能力，又增加了学生之间合作探索的机会，增强了学生合作交流的能力，使原本枯燥的耐久跑课堂充满活力。

5. 齐心协力，共同发展

学生运动能力的提升需要进行科学全面的练习，提高上下肢及腰背力量尤为重要，本课安排8个小组每组围成一个图形同时进行集体的"俯撑击掌、仰卧起坐、仰卧举腿、圆周跳"等练习，增强学生相关部位力量的同时，培养学生的集体荣誉感，提升学生的团队协作意识，并培养学生不怕苦、不怕累、积极进取、勇于拼搏的优良品质。

三、案例评析

在本课的教学中，教师将音乐的节奏感、数学几何图形和平行线的相关知识融入耐力跑的课堂教学中，既有成功之处，又有值得我们思考且要关注的问题。

（一）学科融合教学的成效

1. 培养意识

课堂是落实学科育人的主阵地，在学练图形跑的过程中，难免会出现队伍之间的冲撞。通过强调右侧通行和相互礼让，提高了学生的规则意识和安全意识。在小组学练过程中进行合理的分工，培养了学生的合作意识和能力。

2. 培育节奏

体育是以身体活动为主，学好体育运动技能不仅需要具备一定的力量、速度和灵敏度等身体素质，更需要具备良好的节奏感，通过音伴节奏改变相对枯燥的跑步练习，让学生在节奏鲜明的背景音乐中练习，增强趣味，提升学生学练的积极性，更能培养学生良好的节奏感。

3.培育思维

体育课中融入数学知识，通过绘制相关几何图形与体育练习相结合，让学生在思考中判断、选择本小组的练习内容，促使学生集思广益，提出自己的观点，并在实践中不断完善，提高学生的动脑实践能力，从而达到提高学生思维能力的目的。

（二）学科融合教育的思考

学科融合不是简单的可有可无的学科点缀，更不是多门类学科知识的杂糅和混搭，而是基于一定的教学需要进行的有效链接，需要我们关注以下几点。

首先，需要关注学科融合是否有效地解决所探究的问题。在教学上，学科融合的目的和价值主要体现在解决问题上，也就是说，学科融合的目的在于有效地解决问题。一切学科融合都是为解决问题服务，这是学科融合的根本取向；其次，需要关注学科融合能否围绕一个核心目标展开。每一课教学，都有明确的目标。教学上的每个环节以及每个知识板块的处理都要指向一定的目标。在目标引领下，无论是教师的教还是学生的学，都要形成一条清晰的认知路线，任何探究活动都必须沿着这条路线行进。由此可见，学科融合不是诸多学科简单无序或不疼不痒的粘连和介入，而是经过筛选具有目标导向的有价值的参与；最后，学科融合要注重模糊学科界限。学科融合的最佳境界就是模糊学科界限，就是在教学中分不出知识的来源，只是需要时信手拈来，恰到好处，发挥出各自独特的功能和效应。

学科融合是时代发展的必然，也是新时期教师的必备素质和教学的努力方向。唯有坚持学科融合，我们的教学才会有真正的突破，并实现新的生长和跨越。也唯有这种教学，才能真正拓宽学生学习的路径，并培养出无愧于这个时代的创新人才。

踔厉奋发勇前行·"1758"筑成长

马燕红[1]，施　琴[2]

（1. 上海市杨浦区怀德路第一小学；2. 杨浦区齐齐哈尔路第一小学）

一、案例背景

2013年，我校初步组建了校韵律操队，2016年更名为"怀艺宝贝"啦啦操队，随后连续荣获上海市阳光体育大联赛啦啦操比赛一等奖和特等奖。为进一步推进"小学体育兴趣化"课程改革，落实"一校一球一操"的深入开展，我校于2017年10月成功申报了区级创新实验室"1758律动体验馆"，"1758"意即"一起舞吧"，旨在让每位学生都能学习啦啦操并传播啦啦操文化，从而打造学校体育特色品牌。

啦啦操在我国应运而生是源于2008年北京奥运会。2009年，国家体育总局正式批准开展全国啦啦操联赛官方赛事。到2012年，啦啦操进入了高速发展阶段。近几年来，上海市啦啦操的普及率和整体水平有了显著提升，但在我区，开展啦啦操的学校还较少，参与各类赛事的积极性不高。基于此，我们希望通过在校内推广和提升啦啦操的水平，为我区小学啦啦操的发展增砖添瓦，并为其他学校提供实证性的参考和借鉴经验。

二、案例描述

（一）从"孤军奋战"到"全员参与"

"马老师，有时间能指导下我们班的啦啦操吗？""马老师，听说班主任上场参与比赛能加分啊？"自校长宣布本次庆祝六一儿童节将举行全校啦啦操比赛以来，班主任们纷纷向我求助。万事开头难，在我为全校进行啦啦操培训后，班主任们陆续带着学生在操场上热火朝天地练了起来，不禁让人感叹行动的力量真美！最终，我校成功举办了首届啦啦操比赛，上海市啦啦操委员会秘书长、街道各级领导等代表出席了活动。师生们富有创意的编排和充满活力的演绎，让现场掌声不断、惊喜连连。此后，我还尝试编写了啦啦操的相关教案，以图文并茂的形式让班主任及其他教师能更好地理解并指导学生，促使每年校啦啦操比赛水平不断提升。

（二）从"拉扯周旋"到"和谐共进"

"你看看他数学才考几分？""人家写五六百字的周记，他敷衍了事才写了这点字！"自校队组建以来，尽管我一直督促队员，但难免会出现这样的声音。为了"保"住队员，我需要与主课老师周旋，打起人情牌。同时还需要处理家长的关切。"我女儿放学后还有钢琴课，时间冲突了""我们家住得远，训练完回家太晚了"……面对这些问题，我会像朋友一样与家长坦诚交流，让家长了解啦啦操对孩子的影响和收获，邀请家长观看训练、一起参加比赛，产生共情力；让啦啦操队员担任升旗手，设置学校"啦啦操专栏"等，营造啦啦操校园文化，取得了良好的效果。近几年，啦啦操校队选拔已从过去的"无米之炊"发展到了"一席难求"。即使在疫情期间的线上教学中，啦啦操也活跃于课堂，让更多的家长了解了啦啦操，并为学生提供了方便的练习时间和空间。我认为，正是在学校、教师和家长的共同努力下，在校队取得显著成绩的推动下，才使啦啦操的发展形成了良性循环。

（三）从"常规标准"到"破格入选"

市级比赛任务重、时间紧，遇到主力队员相继生病、转学等情况，就需要临时增补队员。就在这时，一位班主任对我说："给我们班双胞胎一次机会吧，她们非常喜欢跳操，也非常刻苦！"实际上，双胞胎的身高不够突出，协调性和柔韧性一般，外加马上五年级，并不符合常规的选拔标准，但她们认真的态度感动了我。在备赛期间，每次的开胯练习，被压得疼痛流泪，而当我还于心不忍时，她们已擦干了眼泪对我说："老师，你继续替我压吧，我忍得住。"就这样，她们挺过了高强度、高密度的集训，最终正式上场并获得了市一等奖，我为她们感到骄傲，也为这次的"破格选拔"感到庆幸。

（四）从"以体健身"到"以体育德"

"你过去安慰下她吧，她哭了。"在刚刚结束的比赛中，校队的"王牌"彭同学接连失误，为此她充满了自责和愧疚，并在之后的训练中精神不振。与"王牌"相反的是替补角色，有人坚持到底成了正式队员，也有人半途而废说："马老师，我总是跳错，不想练了。"在团队项目中，当有人做错动作或走错队形时，难免会有埋怨和指责的声音。面对这些不良氛围，我时常会与队员们交流谈心，通过丰富的团建活动增强凝聚力，让队员懂得理解与体谅，学会互相帮助与鼓励，让他们产生"家"的认同感，为了共同的目标而努力。

一次次的训练与比赛中，我们挑战过很多高难度的动作，也面对过很多强队。有人会畏难地说："他们也太厉害了吧……"也有人会自信地说："怕什么怕，我们也很棒！"这时，我伸出手掌说："来，我们为彼此加油，老师相信你们一定行！"于是，大家纷纷伸出手掌相叠，齐声喊道："123，加油！"气氛瞬间达到了顶点，士气得到了鼓舞，队员们用坚定的目光和灿烂的笑容彼此给予着强大的能量。此时，还有什么矛盾不能化解，又有什么困难不能克服？啦啦操训练带给孩子的不仅是体能与技能上的习得，更是奋斗精神和思想道德的锤炼。

三、案例评析

（一）同频共振，"多方聚力"促发展

我校啦啦操经历了从无到有、从有到优的心路历程，从最初只有我一个人带队到现在成为每天的室内操和每年举办的比赛，各班拥有了自己的啦啦操队、口号和队服。同时，在日常的体育课、大型活动和体锻课等时间，每班每周都会进入"1758律动体验馆"进行啦啦操练习，让每个孩子都能感受到快乐，这凝聚了许多人的努力和付出。

在我国，啦啦操课程还未正式列入教学大纲，也没有统一、规范的啦啦操教材，结合我校实际，我尝试编写的《1758少儿啦啦操》校本课程科目方案和教案集，为我校教师参与啦啦操教学提供了一定的便利和参考。我认为，只有通过"全员参与、多方渗透"的推行模式，才能使啦啦操项目持续推进、蓬勃发展，才能让每一位学生怀揣热情和梦想，并争取实现"从优到精"的超越。

（二）与时俱进，"三位一体"促保障

近一年来，课后服务的开展促使了各种课后社团的涌现，学生有了更多的选择空间。所以，在训练中，我们不仅要与主课老师"抢"人，与家长协调时间，还需要提升啦啦操在学生心目中的地位和吸引力。学生、家长和教师之间应充分交流，以心交心，共同制订学习计划，安排学习时间，记录学习变化，实现训练与文化课的"双赢"，校内与校外"共存"。努力让更多的孩子加入啦啦操，见证孩子在训练中的汗水、比赛中的自信、收获时的喜悦与不曾展现出的品质，我想这正是体育训练的魅力所在。

2020年至2022年，在疫情特殊背景下，为推进全校线上啦啦操学习，我校师生自行拍摄了许多啦啦操视频，作为网课的热身进行了练习。期间，学生们争相自主打卡，将练习视频发到群里，彼此分享和交流，虽隔着屏幕，仍能感受到热情洋溢。利用现代信息技术使啦啦操学习在线上线下都能跃然而动，这是教育未来发展的必然趋势，为此我们行而不辍，履践致远。

（三）活化标准，"多元选拔"促人才

"当一个人把注意力集中到一个焦点上，那就会做出连他自己都感到吃惊的成绩来。"要让更多的体育人才涌现，就要突破选拔标准的主观性和局限性，做到察纳雅言。双胞胎姐妹以强大的意志力突破了自身的不足，打破了选拔的常规，不禁让我反思怎样的选拔更合理？班主任是班级中最能够全面观察学生、了解其家庭背景和优点的人，听取他们的意见，不失为一条很好的选拔途径。体育教师需有效地制定选拔模式和培养机制，给那些看起来天赋并没那么好但充满热情和毅力的学生机会与时间，用发展性的眼光看待他们，才会有更多的学生"破格"而出，绽放绚丽光彩。

（四）兼蓄竞攀，"五育并举"树新人

在小学阶段开展啦啦操，不仅为了促进学生的身体发展，更为了让学生懂得体育即生活。队伍中，无论是"王牌"还是"替补"，都会面临失败，学生需学会在逆境中成长，以平常心面对得失，明白无论个人能力有多强，都要学会与他人同荣辱、共进退。对于集体性项目，团建活动是不可或缺的，要以各种方式为师生、生生之间的交流提供机会和途径，促进学生心理成长，让训练队成为学生心灵的港湾。

习近平总书记曾在全国教育大会上强调要在培养奋斗精神上下功夫。练习啦啦操，从一个动作到一个组合、一场比赛，学生需从树立一个小目标开始到克服一个个困难，最终展示自我、收获自信，这是将奋斗精神融入课堂的缩影。体育教师应深入研究教学内容，将学科育德价值落于平常，让学生于细微处体会奋斗精神之所在，并积极探索跨学科主题学习，深入践行"五育并举"，融合育人。

让我们在行动中聚力，在反思中汇智，在炫舞啦啦的逐梦道路上踔厉奋发、赓续前行！

项目引领 玩转体育课堂

苏 涛，杨 婕，李珉洁，施小屹
（上海师范大学附属卢湾实验小学）

一、案例背景

本案例基于体育学科勤练"为主"、思考"为辅"的学科特性，项目化学习"学生经历高级认知活动，对信息进行整理、综合、分析"的本质，以及体育学科核心素养的融合，针对真实案例提出驱动型问题："学校的'丽园篮球队'在去年的上海市中小学校园篮球锦标赛中遭遇强劲对手GL小学战队，获得了第二名。请你作为助理教练为球队出谋划策，制定方案。"

我们选择了三年级学生作为试点年级，在线下推进项目化学习的过程中，我们将学习内容分为篮球规则、篮球文化、篮球技术等不同侧重点，让孩子们通过"玩中学，学中练，练中悟"的方式将身体活动与思维活动联系到一起进行学与练。

在这个过程中，学生充分运用已有的体育知识，例如，如何运用所学篮球运动知识、篮球技术的动作要领等剖析比赛中出现的问题，以及如何在小组合作中分工进行问题的探索等。学生们通过访谈、实践研究、小组讨论、查阅资料等方式，为篮球队下一阶段的训练出谋划策。最终，他们设计出了一套完善的训练方案或教学训练过程中某一项练习的整改方案等。通过各类方式，如 PPT、座谈、微视频、情景剧等形式进行团队讲解和宣传，最终评选出优秀助理教练团队的方案被应用到实际篮球队训练中，极大地激发了孩子们的团队荣誉感和作为学校主人翁为学校体育工作出一分力的责任担当意识。

二、案例描述

（一）入项：组建项目团队，理解驱动性问题

学生观看驱动性问题视频后，老师鼓励学生自由组队，并为自己的小队取名。组建小队是项目化学习中小组合作的特征表现，目的是让学生在小组合作过程中，通过交流和互相交换意见，对信息进行筛选和优化，让学生们体验"社会性互动"的实践过程。

所以为了让每一位学生更好地参与其中，初期老师制定了个体思考问题："你是否理解了驱动性问题，围绕这个问题你需要收集哪些信息？需要的理由是什么？"通过问题激发组内每位学生主动思考并收集信息，效果远远超过被动地接收信息，真正做到全员参与，更好地调动每位学生对篮球运动认知的积极性，也让学生真正理解团队合作和共同参与的本意。由于每个学生对篮球项目所掌握的知识不同，老师在初次组队后请每位学生回家查阅与篮球相关的知识，根据所收集的信息和比赛视频进行独立思考和分析。团队合作解决问题依托于个体独立思考，这些分析为后续小组头脑风暴奠定基础，使分析面更广、更全面，避免单一性。

个体思考问题:"你是否理解了驱动性问题,围绕这个问题你需要收集哪些信息?需要的理由是什么?"

最终,以小组形式展开了关于"信息需求"的研讨,将上述同学们概括出的主要信息和主要问题提炼为以下三类,如表7-2所示。

表7-2 小组围绕驱动性问题提出的信息需求(部分)

需要的信息	需要的理由
篮球文化与精神	促进篮球队形成对篮球的认同感
篮球技战术	帮助篮球队解决技术上的难题、提高得分效率以及防守强度
篮球规则与游戏	将篮球技能、规则等融入创编的篮球游戏中,帮助队员摆脱机械的篮球训练,持续保持篮球运动的热情

(二)设计初步方案

学生们在深入理解驱动性问题后,选择了一个主题尝试进行第一轮方案设计。经过讨论,初次设计各小组决定以绘制小报的形式呈现。然而,老师发现学生们并没有完全理解设计海报的内涵。

以"篮球技、战术"为例,同学们搜集了篮球投篮、传球、突破、防守等技术,并提出了相关的练习方法,但过分地聚焦在技能动作上,没有考虑方案是否适用于本校球员。

为此,教师围绕上述问题,再次组织了一次交流分享活动,让学生们各自介绍自己的方案,其他组对他们的方案提出优点赏析和合理建议。为了使优点和建议更聚焦、更有效,能逐渐凸显问题的本质,项目组设计了学习支架,引导学生进行细化。

学习支架:"如果你是球队的一名队员,在看了他们的方案后,是否清晰你们日后的训练将在哪些方面进行着重练习?"

在"篮球技、战术"方案交流后,同学们通过角色代入式的支架问题,站在篮球队员的角度认真审视自己的方案。

"我觉得我们篮球的进攻和防守技术确实需要提高，但你们提出的方案太笼统了，我们的技术有不足之处，但也有做得很棒的地方，如果每个方面都进行练习而没有重点，那技术仍然无法得到有效提高。"一组同学在肯定他们方案的可行性后立即提出质疑。

"我们着重要提高的是投篮技术，通过观察比赛视频我们发现，我们的队员能够很好地发起进攻，但最后投篮的命中率不高。"汇报小组的同学及时进行补充。

"那么该如何练习呢？单一的原地练习吗？练习的次数或者组数呢？"同学们继续追问。

汇报小组的同学沉默了片刻，说道："我们需要规划练习方法，从简单到困难，并且设计内容不能枯燥，这样才能提高队员练习的积极性，队员的命中率才能更高。"

老师听到学生就练习内容需要进一步细化时，及时抓住这个契机，引导学生就核心问题"如何既保证练习效率，又不缺乏趣味性"展开深入性的思考。

"如何既保证练习效率，又不缺乏趣味性？在练习内容的设计上，你们有什么可以融入的吗？"主教老师继续引导。

"我们可以设计投篮游戏，利用游戏或比赛的方式提高练习的趣味性和队员的积极性。"

"设计最好由简到难，从定点投篮过渡到跑动投篮，从两分到三分，层层递进。"

"最后，根据每个队员的不同位置来设计相应的投篮练习，内线和外线分组进行对抗，这样更能提高练习的时效性和比赛的公正性。"

……

教师及时引导后，学生们根据讨论内容和他人提出的建议对方案进行修订。

（三）方案迭代升级

经过第一轮方案设计和线上积极的讨论，各组对原方案进行了具体的细化，对于方案的呈现方式，每个小组通过商议逐渐形成了自己的思考和选择。

（1）有些小组将汇报的呈现方式进行了迭代升级：原先只使用单一的文字叙述方式，升级为逻辑性更强的思维导图和以SWOT优劣势分析表的方式来展示，更能凸显出想要表达的观点和想法。

（2）还有些小组将内容改编成情景剧演绎的方式，通过游戏化的设计，直观地演绎出来，把体育运动中技战术的训练方式进行了生动的、趣味化的设计和安排，对枯燥单一的训练手段和方法进行了迭代升级，更符合小学生的生理和心理特征。学生们在思考的过程中，逐步摸索到一个很重要的特性，即体育运动的提高不仅仅是技战术，还涉及心理抗挫能力和面对胜负时的心理状态。这个维度的思考非常有价值，提升了学生对事物发展中本质问题的理解和思考能力，对学生今后的成长与发展，有着非常大的格局观的提升。

（3）而我们的主教老师们在这个阶段主要运用了"比较辨析"的学习方法，协助学生们一起跟进并完善各组的方案细则。在组织方案修订前，就各组多种形式的汇报方式与方案推进的思路进行了追踪式跟进与协助，帮助学生们在探索和领悟的过程中，瞄准既定的目标与方向，勇敢地大步前进。

（四）方案再次优化设计

第二轮方案后，将班级顺序打乱，进行部分优秀方案的展示与小组介绍，学生通过对比，寻找他人方案中的优点和自己方案中的不足，对方案进行再次优化,如小组分工如何纳入并呈现在方案中。因为是线上呈现的方式,对于音频、视频、PPT 的制作,都做出了明确的小组分工与合作。

通过老师与学生们的共同探索和认真梳理,每组学生的思维都发生了前所未有的迸发与变化。通过对自己小组方案的迭代升级和思考,学生们的思维方式也发生了巨大的改变。学生们在探讨的过程中,自己系统地总结、梳理、分析"产物",而这也是项目化学习中最有价值的过程所在,值得老师和学生们琢磨与回味的过程。

三、案例评析

本项目的本质问题主要包括三个方面。

一是关于篮球文化,"了解篮球运动的起源和精神,我校篮球队是否具备?";"GL 小学的篮球队历史与我校篮球队的历史有哪些差异?";"GL 小学的师资训练方式对比我校的篮球队有何异同点?"。

二是关于篮球规则,"如何合理充分地在比赛场上运用篮球的基本规则为我队获益?""分析比赛中我校篮球队常见的犯规现象和违例现象等,如何进行学习改善?"。

三是关于篮球技术,"如何正确合理地在比赛中运用所学的篮球技术?""训练过程中如何在练习过程中提升运动员对于技术练习的兴趣?"。

基于以上本质问题,老师们带领学生进行"篮球项目化"的探究,通过探究,学生们的各项素养得到了提升,主要体现在以下三个方面。

(一)体育学科素养

1. 运动能力

学生在篮球项目化的探索过程中,通过参与自主设计的体育运动过程所表现出来的综合能力。包括体能状况的提升、运动认知、技战术的合理运用和方案的展示等。

2. 健康行为

学生在整个方案研究探索过程中表现出积极向上的求知欲望和适应整体外部环境的综合素养。包括小组间遇到问题时的情绪调控、现实篮球比赛中的环境适应、在整体研究探索中保持良好心态、适应自然与社会环境等。

3. 体育品德

篮球项目本身就是一个团队合作项目，学生在整个探索过程中，学生形成了坚持不懈、团队合作、勇于克服困难的精神面貌。

（二）学习素养

1. 探究性实践

项目团队要理解驱动性问题，根据实际问题进行需求信息的初步收集，如篮球基本知识信息、现有的篮球队训练计划等，对收集到的信息合理性、有效性进行判断，并形成问题解决方案；实践体验后反思问题解决的过程，对自己或他人的方案进行合理的解释或提出建设性意见，遇到他人的质疑能基于论证表达观点，能自我反思改进设计，过程中提升了逻辑表达能力和自我反思的能力。

2. 社会性实践

组建项目团队，学会头脑风暴的讨论方式，认真倾听他人发言，欣赏悦纳他人优点的同时，表达自己的设想，每个人都参与方案的出谋划策；分成项目小组，形成小组分工和职责表，与团队成员共同参与运动项目，运用语言、肢体等进行交流互动。能根据不同阶段的任务需求和组内成员的特长进行合理分工，如表达能力强的学生负责方案的汇报，擅长绘画书写的同学进行方案的海报宣传等。

3. 调控性实践

项目团队能够依据项目调整团队分工，能从不同视角切入，找出问题所在，设计相匹配的解决方案，针对目前比赛中和训练中出现的弊端，提出新的设想；能对设计的方案进行优劣势分析，在调控方案中，反思问题、解决问题，不断用新思考和新路径优化方案，促进思维缜密和全面。

4. 审美性实践

项目团队能够了解关于篮球文化等信息，感悟篮球精神，培养对篮球运动的热爱之情；在进行方案成果汇报时，对团队呈现的调研成果进行美化（包括海报的美化、PPT 的美化、视频的美化等）。

5. 技术性实践

项目团队通过实践，将所掌握的相关篮球知识和技能运用到新的问题情境中，在此过程中运用信息技术搜集信息或展示创造性的汇报。

（三）情感价值观

积极主动参与到项目活动中，明确并理解项目目的，有主动承担组内任务的责任意识，为项目成果出谋划策，遵守项目活动过程中的规范和要求，具备学校主人翁的意识和态度，通过项目阶段性成果"篮球队的改进方案"促进个人和团队价值的实现，并由此在项目中实践体验和感受体育运动带来的魅力，培养终身体育锻炼的意识。

大手牵小手 "云"前同相守
——家校合作提高小学生线上体育课学练主动性的实践案例

茹晶晶

(上海市嘉定新城普通第二小学)

一、案例背景

自疫情发生以来,上海市中小学体育教师主要通过在线教学完成教学计划,他们事先录制教学视频,并将体育课程学习资料共享到学生学习群或相关技术平台上,学生在家长的支持、指导和监督下进行居家体育学习和锻炼。然而,疫情期间学生居家体育学习和锻炼行为并不乐观,特别是小学中高年级学生中仅有不到50%的学生能够坚持每日运动打卡,锻炼效果更无从考察。大部分学生想参与体育锻炼和线上体育课程,但家长不予支持和配合。更甚者,父母公然向教师说明不支持学生参与居家体育锻炼的各种理由。因此,当前最重要的任务之一就是加强家校合作共识,在不断改善家庭体育锻炼环境的同时,提高家长参与体育线上课堂和锻炼互动的意识,以便让学生在家长的监督、配合和支持下,让学生形成良好的线上体育学习和锻炼的主动性，进而提高小学体育线上教学的实效性。

基于如何提高家长支持孩子参与线上体育学习和线下体育锻炼的积极性，我们尝试摸索出了几条实践措施：进行提前沟通，达成"锻炼合作"共识；增设亲子互动教学，提升家长的辅助性；强化亲子作业内容，以提高家长的参与度；设立评价家长制度，加强亲子积极性等。这些措施有效地提高了学生的参与度以及家长的支持和配合度，使学生得以在良好的家庭环境中进行体育锻炼和学习。

二、案例描述

我和体育组教师们对增强家校合作、提高家长参与和配合进行体育线上学练和线下锻炼的积极性进行了探索。

（一）进行提前沟通，达成"锻炼合作"共识

首先，老师通过线上家长会、班级钉钉群等与家长进行沟通，提出体育课与课下锻炼的必要性和可行性，并向家长传达疫情下实施体育锻炼的理念和益处，让家长明白体育老师的出发点和目的。另外，各班体育教师可以在班级群为家长和学生排忧解难，提供相应的指导。向学生传达终身体育的意义和作用，倡导家长带领学生在课后积极进行体育锻炼，以达成为孩子服务的合作共识。

（二）增设亲子互动教学，提升家长角色感

在线上体育教学环节中，增加了亲子合作进行学练的亲子体能操、亲子游戏、亲子辅助练习等环节，让家长和孩子们共同进行学习和练习，让家长在陪伴孩子锻炼的过程中，认识到自己在锻炼中的重要性和角色分配，

从而更能感受到参与体育互动的优势。

（三）强化亲子作业内容，提高家长参与度

在作业完成过程中，如果家长参与到孩子的体育锻炼中，则亲子锻炼对孩子是最好的激励，特别是对于低龄阶段的孩子来说，和父母一起运动的效果最佳。因此，在对学生进行课后锻炼的作业布置中，通常会安排亲子作业的相关内容。家长可以通过体育家庭作业这一形式，主动陪伴孩子一起参与体育锻炼，让体育锻炼从家庭作业转变成全家的生活方式，让孩子在家长的陪伴下使体育锻炼走向"生活化"。

（四）设立评价家长制度，加强亲子积极性

家长作为学生体育锻炼和体育家庭作业的主要监督者，鼓励家长在钉钉群晒出孩子的锻炼照片或视频，并为积极锻炼的家庭和家长颁发荣誉证书。对于积极支持并配合完成学生体育家庭作业和体育锻炼，以及参与体育线上课堂的家长，可以为他们颁发证书，并评选出学期的"体育优秀指导师"，这在一定程度上可以激励家庭成员参与到体育锻炼和体育家庭作业的队伍中。

三、案例评析

（一）案例成效

1.学生想动、乐动、会动，打卡激情不断

随着线上课堂学习和线下作业的有效实施，学生们的打卡激情与日俱增，每天关注作业提醒的人数达到百分之百，而对作业内容或布置产生疑

问的学生数量明显减少。学生们参与体育线上教学的互动性也得到了显著提高。从作业的效果和质量来看，学生们渐渐形成了想学、乐学、会学的积极性，因而作业质量也大幅提升。

2.家长支持、参与、配合，积极响应锻炼

由于课堂学练内容、课下作业中涉及亲子合作，家长也逐渐形成了支持、参与和配合的氛围。而家长的参与大大提升了孩子们参与体育家庭作业和体育锻炼的积极性。有家庭成员的参与，有竞争、有比赛，为学生参与线上课堂学习和完成作业提供了良好的氛围，让学生在体育作业完成的同时，既提高了他们的身体素质，又提升了孩子们继续做作业的兴趣。

（二）案例分析

1.转变不良观念，实现合作信任

在实施家校合作过程中，一些教师和家长存在一些疑虑，"体育锻炼和体育课堂的学习是否会影响主课的学习时间、线上体育学习是否有必要实施、时间多久为宜"等一系列问题。体育教师可以通过教师例会向执教主课教师解答疑惑，解释体育锻炼和作业的必要性和可行性。通过家长会和家长钉钉群向家长传达学校实施体育锻炼和作业的理念和益处，让家长明白学校的出发点和目的。另外，各班体育教师可在班级群为家长和学生排忧解难，提供相应的指导。最后，通过班会课、午会课、体育课向学生传达终身体育的意义和作用，倡导家长带领学生在线下积极进行体育锻炼。

2.制定激励机制，调动持续热情

为鼓励学生能更好地坚持锻炼，持续性参与线上体育课学练活动以及完成线下体育家庭作业。以学期为单位，如果学生积极并持续完成线上体育学习和锻炼活动，学校德育处将颁布校级优秀"小健将"。另外，学校每学期还可以进行线上体育学练和作业的积累考察，对达标的学生，学校校长亲自为其颁发荣誉证书和勋章以示表彰和鼓励。

做好家庭方面的体育锻炼就是为体育教育开辟绝佳的"第二战场"。家长作为学生线上体育学练和体育家庭作业的主要监督者，鼓励家长在微信公众平台或钉钉群晒出孩子参与线上体育学练活动和课下锻炼的照片或视频，学校可定期推出"最美锻炼娃"的主题公众号进行推广，为积极参与线上体育课和锻炼的家庭或家长个人颁发荣誉证书，这可以激励家庭成员加入到体育线上学练和线下体育家庭作业的队伍中。

3. 丰富沟通渠道，赋能孩子锻炼

疫情期间，大都需要线上进行沟通。通过线上平台——微信群、钉钉群或相关App建立沟通机制，教师发布线上学练或课后作业可通过钉钉、App平台发布提醒，提醒家长登录平台并查收学练内容和作业，家长或学生点开学练要求之后就能清楚地知晓练习方法、目标、时间、难度和作业截止时间等信息。家长接收消息后，与孩子沟通并选择合适的时间参与体育线上学习和完成作业任务。如果教师或校方对于体育课上要求或家庭作业有关通知需要进行私聊的，也可以在平台上与相关家长进行沟通了解，让家长及时掌握学生课上学练状况和体育作业动态，通过建立教师、家长、学生、平台"四位一体"的沟通反馈机制，提升线上体育课学练和参与的效率。